吉尾　寛編

海域世界の環境と文化

東アジア海域叢書4

汲古書院

海域世界の環境と文化　目次

東アジア海域叢書4

第三部　海洋環境と近代

序　文（岡元司氏の遺志とともに）

吉尾　寛

一

「海域の交流史が陸域の交流史と根本的に違うところは何でしょうね？」

今から三年ほど前、このようなことを亡き岡元司先生と話したことが、本巻発刊にむけての第一歩であったように思う。当時岡先生はすでにフェルナン・ブローデル著『地中海』を熟読しておられ、私も〈黒潮〉について中国史の分野からどのように本格的にアプローチするか考え始めていた。互いに十分な議論をしたわけではなかったが、《環境》の位置づけ方が関鍵になるという見通しを共有するまでに多くの時間はかからなかった。

この時共有された課題を、私の言葉で敢えて述べさせてもらうならば、凡そ次のようになる。

［一］「東アジア海域」世界の歴史において、周期性のある自然環境のありかたは、海域から陸域に及んでいかに見いだすことができるのか。

［二］「東アジア海域」世界は、ブローデルが説いた「地中海」世界に対して、どのような独自な歴史的過程と特質をそなえていたのか。

［三］［一］・［二］の点を考慮に入れ「東アジア海域」世界史を叙述することは、一国史の立場から〝グローバル・

ヒストリー〟の視点への転換にも等しい試みになるのではないか。

かくして、この三点が本巻を通底する最も根本的なテーマとなった。

論文集の序文というと、論文一篇ずつ具体的な紹介をするのが一般的であろうが、本巻の場合は、三部構成「日常文化の構造」、「渡海と環境」、「海洋環境と近代」全体として映し出されるであろう「東アジア海域」世界史の環境とそこに育まれた文化のありかたをここに披瀝し、序文にかえたいと思う。

二

先ず、本巻がいう「東アジア海域」とは、東シナ海を中心とし、北は黄海、南は中国広東省沿岸の南シナ海におよぶ海域を指す。この海域に関して、各執筆者は、以下のような自然環境の特徴に留意して考察を試みていく。例えば、第一部・岡元司「海をとりまく日常性の構造」には、陸域・海域合わせた「東アジアの気候」について次のように書かれている。

東アジアの気候に大きな特色を与えているのは、季節風（モンスーン）の存在である。巨大な大陸塊と巨大な海洋の直面する東アジアでは、大陸性気流と海洋性気流がはげしく交流しあうことによって季節風現象をうみだし、両極に分裂した気象状況を存在させることになった。すなわち、季節風によって沿海地帯では高温多雨の湿潤地区がうまれたのに対し、内陸地帯は乾燥度のきわめて高い草原・砂漠地区となっていた。そして湿潤地区では、単位面積あたりの収穫量がきわめて多い集約的な水田農耕がおこなわれることになり、世界的にも人口密度のきわめて高い地域を形成していくことになる。この地区では、農耕のかたわら豚・鶏・水牛などが飼われているが、規模は小さく、食生活は菜食的な傾向が強かった。これに対して、中央アジアからモンゴル高原にかけての内陸乾燥地区では、大草原に牛・羊・馬の大群を放牧する遊牧経営がおこなわれ、人口はきわめて稀薄であった。
（第八頁）

そして、海域に重点を置く第二部・吉尾寛「（前文）風をつかみ海流にのり又のりこえる」は次のように記している。

一方、海流については、暖流の黒潮、対馬海流、朝鮮沿岸流等、寒流の中国沿岸流等がある。最も強くかつ広域的に影響を及ぼすのが、黒潮である。「海洋の大循環」を北半球において北太平洋海流、カリフォルニア海流、北赤道海流とともに形成する黒潮は、台湾東岸で最速一〜三・五ノット、東シナ海東部で一〜二ノットで流れる。これに対して対馬海流は〇・四〜〇・八ノットで、黒潮の影響を受ける場合もある。
（第六四頁）

こうした環境についての共通認識とともに、本巻は、東アジア海域交流の歴史にはっきりとその活動の記録をのこした船舶群の航路に留意し、当該海域を大きく四つに区分する見方を有している。第二部・山内晋次「前近代東アジア海域における航海信仰——海神祭祀・海の境界・観音信仰——」における「小海域」という言葉を借りるならば、次のようになる。

（1）朝鮮半島を中心に中国、日本の九州（博多等）にいたる航路を軸とする「小海域」
（2）浙江—九州間の航路を軸とする東シナ海中央部の「小海域」
（3）福建—沖縄間の航路を軸とする東シナ海南部の「小海域」
（4）台湾海峡および台湾周辺の「小海域」

本巻は、これらの「小海域」の特徴から「大海域」としての「東アジア海域」の特質に迫る形をとっている。

では、各論ではいかなるテーマが追求されているのか。ここでは、各論固有の主題には敢えてふれず、複数の論稿をつないで客観的に見出されるであろう本巻の横断的テーマを示すことにしたい。

三

第一は、「日常文化」の特徴を、当該海域世界の陸・海域の環境との関係、ならびに交流の視点からとらえ直すことである。第一部全体がこの問題を扱っている。

岡元司「海をとりまく日常性の構造」は、氏の遺稿の中でも本発刊の基礎をなすものであり、本巻の構成に照らしてごく一部を技術的に手直しし、収録したものである。東アジア海域をとりまく地域の地理的条件を俯瞰したうえで、東アジア海域を取りまく地域における環境が、その地域に生きる人々の日常的な生活に対してどのような影響を及ぼしていたのか、とくに環境と関係が深い食生活や病気に関わる側面、すなわち農業・医学やその技術・知識を中心に論じ、それを通して東アジア海域史を研究することの意義を考察している。

山口聰「寧波地域の仏教寺院と茶文化の興隆」は、元々中国南部の少数民族が「チャ」樹利用を開発して誕生した茶文化が、唐代に開花し、宋（南宋）にかけて寧波地域を中心に日本に伝播した過程を、自然環境との関係を軸に跡づけている。即ち、揚子江河口部に土砂の堆積し、大型交易船の航行接岸が期待できるようになると、日本からの交易船に乗ってやってきた大勢の僧侶は経典を持ち帰っただけでなく、修行中になじんだ茶の文化を本国に伝えた。交易の中心地寧波地域は、揚子江の作り上げた沖積平野が右岸に広く展開し、八〇〇〇年近い昔より人口が集中し、稲作農耕も始まっていた。後背丘陵地帯は、浸食も激しく、急峻な山々が幾重にも屏風を立てたように連続している地形をなし、山岳仏教の発展し始めた頃からたくさんの修行の場としての寺院が建立され、唐代から宋代にかけては最大の宗教都市集中地域となった。当然、寺院での修行に必要な茶の生産も発展し、銘茶産地が形成されていった。冬期の乾いた風を遮る深い谷筋の斜面、下を流れる河川からの湿気、蓄熱性の高い海水面による保温効果が複合して、温暖な気候の下を好む茶樹の生育に好適な地理的環境を保証した、と。

第二は、歴史上の海洋環境の実態とそれに対する認知のありかたを解明することである。

本巻は、この点に関して、船舶の模型を用いた工学的研究の成果を収録している。第二部・八木光「進貢船航海に関する工学的検討（福州—那覇）」である。「進貢船」は、羅針盤も利用していたが、帆による推進を行っていたため、風向、風速影響と潮流の影響を強く受け、航路を大幅にずれていることもあったとした上で、「冊封使」の記述を読み取りつつ実験・理論両面から関係の数値を解析する。即ち、「速度」（福州➝那覇の往路）は平均四〜六ノット、浅水域の航行に柁を上下させる「浅海航行」、「海水打ちこみ」や非常に強い船酔いをひき起こす「船体運動」（復路）、風が綱を切るほどの強さで損傷を起こす状況（？）を確認する。強調しておきたいのは、この解析によってその時代の〈黒潮〉の実態の一端が具体的に明らかにされていることである。

北緯二五—二六度、東経一二二—一二三度の海域で分析した結果から見ると、黒潮の平均流速は通年では一ノット弱であるが、五月—八月では最大流速は二—三・五ノットであり、その方向は三〇—五〇度方向（北東）に向いている。従って、福州から那覇への航海においては、台湾海峡を過ぎた海域からは船の対水速度を増加する役目を果たしていることが分かる。船の速度が四—五ノットであるとすると、海流による速度増加は東向きに約一ノット以上にも相当する場合もあり得る。従って、海流を利用することにより進貢船の速力は非常に速くなることはこのデータからもうなずける。一方、那覇から福州への航路では秋、冬の季節となり最大二—三ノットの潮流が〇度（北）から三〇度（北東）の方向に流れるため、那覇への航海とは逆に船速を弱める働きを持ち、長時間の航海を要することも理解できる。もちろん、黒潮の影響は単なる船速にとどまらず、黒潮は各年、時期により大きく変化することから、時として船首方向と針路（船の進む方向）が大きく異なるという操船上の難しさも与え、黒溝とも呼ばれ恐れられたものであり、黒水溝祭を執り行い無事を祈る儀式もうなずける点である。

（第一七一頁）

無論、個別の航路上の何処がどのように難所であったのかという点について、文献史料に依って実証的に追求することも怠っていない。実際、本巻には、外交使節の航海記録、地方志、文集、さらには檔案に記載された海洋環境の断片が多数鏤められている。例えば、第二部・徐仁範「朝鮮使節の海路朝貢路と海神信仰——『燕行録』の分析を通して——」は、十七世紀前半、明王朝の都・北京に向かう朝鮮使節船団が使った二つのルート「西海北端航路」（平安道の宣沙浦→西海の北端である長山列島と廟島列島→登州）、「渤海航路」（旅順→鉄山嘴→渤海→覚華島→寧遠衛）をとりあげ、その中で危険視された「渤海航路」の「険難な覚華島」、「その名を聞くだけで恐怖におののいた所が鉄山觜」等々の実態が具体的に紹介されている。他方、松浦章「十六—十七世紀の台湾海峡を通過した人々と環境」では、台湾海峡の航海に関して、厦門から澎湖島を経由した後、大海原で波の荒い海峡を横断するには、必ず大型船でなければならなかったと記されている。そして、吉尾寛「風をつかみ海流にのり又のりこえる」は、漠然と「尾閭」、「落漈」と称されてきた（東方の）海が、十二世紀～十九世紀にかけて徐々に具体的に認知されていった過程——揚子江河口付近の「黄水洋」、「白水洋」、「黒水洋」に始まり、その内の「黒」の海のイメージが、人びとの活動の拡がりを背景に恰も中国沿岸流に沿うかのように台湾海峡に及んで「黒水溝」、「溝」等の呼称を生み、ついには「万水朝東」等とも呼ばれて大海流〈黒潮〉につながっていく過程を素描する。

第三は、海洋環境の情報を把握して渡海していく人びとの「心性」の解明である。山内晋次は「前近代東アジア海域における航海信仰――海神祭祀・海の境界・観音信仰――」で次のように述べる。

［ヒトによる］航海はしばしば、自然の猛威にさらされ、あるいはヒトによる妨害をこうむった。そのような航海におけるさまざまなトラブルに対処するための一手段として、航海者たちは神や仏などの超自然的存在に航海安全の祈りを捧げ、その神秘的かつ強力な力に守られているという思いを支えとして、さらに航海を発展させていった。とすれば、海域史研究において、ヒト・モノ・情報などの動きを検証する分野とならんで、それらの動きを支えた航海者たちの心性の問題として、航海安全を願う彼らの祈りの問題が、研究の射程におさめられてしかるべきであろう。（第一二〇頁）

ただし、本巻は、この「航海信仰」の航海神を、いわゆる「媽祖」に収斂させて理解する方向をとっていない。徐仁範前掲論文は「仙女や女人が天妃だとは断定できない。なぜならば朝鮮の人々に信奉された観音信仰も女性であるためである。あるいは民間で崇尚されたム―ダンかもしれない」とし、「朝鮮の使節たちは基本的には大海神と朝鮮の人々に親しみやすい姿で現れた龍王とを信奉していたが、次第に中国の天妃を第一の海神と認め、航海の安全を祈願するようになったことが分かる」と述べる。他方、「こうした信仰がそれ以後も朝鮮の沿海地方に広く伝播していたかどうかは、あらためて考察すべき課題である」と提起しつつ、渡海者の心情に立ち入って「興味深いのは、淫祀の代表的存在と認めても差し支えない船神を信じ、祭祀を執り行なっている点である。その理由は、茫茫たる大海を渡って王事を完結する一方、個人的には無事に帰国し、身内や家族たちに再び対面させてくれる陰の存在として、信奉する価値があると感じたためであろう」と記している。片や、山内晋次前掲論文も、〈朝鮮半島―九州〉ルートにおける「中国で古来より祀られてきた四海神（東西南北の海神）のひとり」「東海神・阿明」、〈浙江―九州〉ルートにおける「普陀山・観音信仰」、および〈福建―沖縄〉ルートにおいて「一八〇〇年来琉の冊封使」の諭祭文に「天后」が出現する以前の「海神」の表記に対して、徐仁範と同じ方向の問題関心を示している。

そして、「航海信仰」がいわゆる難所だけでなく、〝海の境界〟というべき海域で行われていたとする執筆者の指摘も、読者の注意を喚起することになるであろう。徐仁範論文においては「椵島の次の停泊地である車牛島は、明朝と朝鮮の境界となる島であった」とし、渡海者の意識に触れて「境界」と見なされた「島」について述べているが、山内晋次論文は、海域即ち〈朝鮮半島―九州〉ルートにおける「水宗」(「『朝鮮の海』とそれ以外の海、あるいは『朝鮮の世界』とそれ以外の世界をわかつものとして認識された」)、〈福建―沖縄〉ルートにおける「黒水溝」(「漠然と青い『中国の海』=『中国の世界』から黒い『琉球の海』=『夷狄の世界』にはいるあたり」)に注目し、それぞれの祭祀の共通性、さらには近代の渡航者の意識にも影響した点を明らかにしている。

第四は、海域世界の環境を視点にして東アジアの近代への道のりを探ることである。

第三部・黄順力「清代中国の海洋観略論」は、「海洋観」を「人類が海洋を認識し、海洋を利用し、海洋を開発するという社会実践活動を通して、経済・政治・軍事などを含む実践活動が獲得した、海洋に対する本質的な属性の認識」と定義した上で、十八世紀以降西洋世界が海軍力増強によって海外殖民政策を拡大したのに対して、中国の「海洋観」は重層的な「近代的」「発展の軌跡」(王朝中央の志向「重陸軽海」、それとは異なる東南沿海部の地方官・知識人の「通洋裕国」の思想、「正確な世界地理知識」による世界の「解釈」)を辿ったことを描きだす。吉尾寛「台湾の黒潮流域圏における鰹漁業の近代化と環境」は、〝海流の認知〟に〝海洋資源の開発〟の問題を重ね、「十六世紀以来の台湾をめぐる黒潮のイメージ『海の際限に落ちゆく流れ』(落漈)、『総ての海・河の水の集まる東の海』(万水朝東)は、いかなる具体的な人的営為を経て、〝台湾の水産業振興のための重要なキーワード〟に変わっていったのかという問いを立てる。その結果、以下のような基本線を導く。即ち、日清戦争以降一九三〇年代にかけて、台湾総督府（殖産局）は、当地の黒潮流域圏（東北部、東部、南部各沿岸）において鰹漁業の近代化を図るべく、水産調査に始まり、漁具・漁法の改良、加工業の振興、さらには動力船の〝導入〟とそれに対応する築港事業を進めた。この過程で、黒潮自体が沿岸部との間でひき起こす複雑な動き（旋回流、反流等）のみならず、流れに対抗する冬季の季節風、陸地が海岸線ぎりぎりまでせり出し、鋭い岩礁が沿岸に潜む地勢状況等が明らかになり、嘗て「万水朝東」・「弱水」等と称された海域――黒潮ないし黒潮流域圏の実態が徐々に浮かび上がっていった。ただし、かかる近代化政策は、その後、鰹と生き餌（鰮）の漁期のズレなどに帰結する当該海域の環境に進路を遮られる形となった一方、現在でも台湾原住民の中に日本統治時代以前と基本的に変わりなく〈黒潮〉そのものを受け入れる漁撈の営みが見出される、と。

四

最後に、本巻に明らかにされている「東アジア海域」世界を総括的にとらえる手がかり、およびそれに関連する課題を記し、岡元司氏の遺志をふまえた本巻の序文を結びたいと思う。

岡元司は、「東アジア海域」世界の陸域・海域全体を見据えた上で、「江南地域、朝鮮半島南部、西日本を結んで、〝東アジア夏季高温多湿トライアングル地域〟として捉えることができるのではないか」と問題提起した。他方、吉尾も航海者の二つのタイプに注目した。一つは、〝追風、横風をつかんで順流乃至横断の形で海流を越える人びと〟であり、いま一つは、〝強い追風を利用して流れに逆らいながら海流を越える人びと〟である。しかも、かかる人びとはいずれも東方を動く黒潮の本流に入りこむことに躊躇があった。「東アジア海域」世界は、「地中海」世界がほぼ四方を陸で囲まれた海の世界であったことと大きく異なり、いわば東方に〝潮流（黒潮）による境界〟をもつ世界として特徴づけられるのではないかと卑見を示させていただいた。

しかしながら、仮に以上のような指摘が当該の総括のための手がかりとなるとして、抑も「東アジア海域」世界の人びとは厳しい環境の中——しかも良好でない時期においても何故（何を支えに）海を渡っていったのであろうか。この基本的な問いが再び持ち上がる。例えば、松浦章「十六—十七世紀の台湾海峡を通過した人々と環境」は、澎湖島を経由地として、漂流の危険のある台湾海峡を渡っていく人びとの群れ（米穀の般運者から密航者まで）を克明に描き出している。そして、山内晋次、八木光の研究によれば、台湾海峡にも影響を与えた黒潮の本流に対してさえ、前近代の人びとは事があれば果敢に渡海を試み、巧みにそれを果たしている。とりわけ、山内が提起している「東アジア海域」の渡航者の「心性」は、今後も追究されるべき最も重要な課題の一つと考える。この点に関しては、前近代の渡海者たちの「心性」のありかたが東アジアの「近代」の中において必ずしも消えなかったとする見方にも、留意すべきであろう。

海洋環境に対する正確な把握にむけての人びとの欲求は、前近代末期から確かに強まったであろう。この過程はそれ自体として実証的に具体的に跡づける必要がある。一方、台湾が日本の統治に入って以降中国からの渡海者の数が減少していったとする松浦章の指摘は、東アジアにおける国民国家の形成が従前の海域交流を何らか制御する方向に動いていたことを示唆している。しかしながら、環境に絞っていえば、「近代化」——とくに国民国家による「近代化」政策は、今なお海洋環境を自らの手中におさめてはいない。例えば、フィリピン沖で黒潮の汚染がおこった場合、その影響は台湾、日本、ひいては太平洋の北半分に広く及ぶ。こうした現状をしっかりと意識することが、今後「東アジア海域」世界史を環境の観点から且つ〝グローバル・ヒストリー〟の文脈の中で構築する上での、リアリティある姿勢であるのではないかと考える。

海域世界の環境と文化

東アジア海域叢書4

第一部　日常文化と環境

海をとりまく日常性の構造

岡　元司

はじめに――問題意識

フランスの歴史学者フェルナン・ブローデル（Fernand Braudel）『地中海』は、海域史研究の嚆矢としてよく知られる著書である。『地中海』のなかでブローデルは、ヨーロッパ各国の個別の歴史ではなく、国を超えた「地中海」という枠組みにより、ヨーロッパ・西アジア・北アフリカの各地域にまたがる歴史の連動性を俯瞰的に考察した。この目的を達するため、ブローデルは、単に歴史学的分析に限定されず、冒頭の第一巻を「環境の役割」と題し、地理学的な視点を導入することにより、地中海およびその周辺地域の特色を浮かび上がらせている。この巻において、ブローデルは、単に「海」を取り上げるだけでなく、「海」と「陸」の関係を強く意識した考察をおこなっている。(1)また、ブローデルは、『地中海』と並ぶ大作『物質文明・経済・資本主義　一五―一八世紀』を著し、近代における経済史の過程を世界史的視野で比較分析をおこなっており、そこにおいては、ヨーロッパだけでなく、アジア諸国にも強い関心を示している。(2)本書では、冒頭の第一巻が「日常性の構造」と題され、経済史を考察する前提として、食べ物・飲み物、住居・衣服、技術などといった日常的な生活についての分析を歴史学の領域に導入している。

海域史の著書、あるいは経済史の著書でありながら、ブローデルが示したこのような幅広い関心の持ち方は、海域史に関する他の名著にも形をかえて見られるものである。たとえば、アンソニー・リード『大航海時代の東南アジア』は、時代の変化のもとでの国家の役割を重視するとともに、文化の多元性についても強い関心を抱いており、本書は海域史の研究書でありながら、東南アジア文化史全体をも見通す幅広い視角を備えたものとなっている。

従来の東アジア海域史研究においては、外交・国際秩序、貿易・経済、文化交流などについて、多数の優れた成果を蓄積してきたが、本巻の吉尾・岡の論文では、[3] [補註] さらに上記のブローデルの問題意識を参考とし、東アジア海域交流史の舞台となった東シナ海、および、その海をとりまく中国大陸、朝鮮半島、日本列島、琉球・台湾などの島々を含めた地域について、「環境」がいかなる歴史に対していかなる役割を果たしていたのかの分析を試みたい。非ヨーロッパの海域史研究においては、時として〝地中海〟と同様の海域世界が当該地域に存在することを強調するものの、当該地域の海域世界が、他の海域世界と比較してどのような特色を具えているのかの分析が十分に進んでいるわけではない。ともすれば〝地中海〟というレッテル貼って海域史のイメージを強調することはできていても、[4] 地域的差異についての視点は等閑視されていることもある。その意味で、「環境」を視野に入れて考察を進めていくことを通して、東アジア海域史研究の今後の展開をさらに考える観点を見出す契機にしたいと思う。

また、こうした地域的な多様性を比較史的に論じようとする場合に、「国」「国境」の枠組みを当然とせず、可能な限り「地域」の視点から発想していくことも、たいへん重要なことである。ブローデル同様にアナール学派を代表する研究者であるマルク・ブロックは、『比較史の方法』（高橋清徳訳、創文社、一九七八年）において、「比較史がわれわれに与えてくれる最も明瞭で説得的な教訓は、われわれが社会的諸事実を閉じ込めようとしているもはや古くさくなった地誌的仕切りを、今や破壊するべき時だということである」（四七～四八頁）と述べている。現代の国家領域は、歴史的な変化のなかで形成されてきたものであり、前近代における領域とはかなり異なっている。また、国境がもつ意味も、現代の国境が前近代に同様に認識されていたわけではなく。さらに、国に対するアイデンティティも変化があり、古代や中世の人々が現代のわれわれと同様のものとして国籍を意識していたわけではない。東アジア海域やそれを取りまく陸域において、「環境」や、その影響によって形成されたさまざまな地域性を多層的に認識しておくことは、こうした問題の前提を考えるうえでの示唆を得ていくうえで不可欠の作業となるものと思う。

「環境の役割」の中で、岡が担当する「海をとりまく日常性の構造」では、東アジア海域をとりまく地域の地理的条件を俯瞰したうえで、東アジア海域を取りまく地域における環境が、その地域に生きる人々の日常的な生活に対してどのような影響を及ぼしていたのか、とくに環境と関係が深い食生活や病気に関わる側面、すなわち農業・医学やその技術・知識を中心に論じ、それを通して東アジア海域史を研究することの意義を考えてみたい。

一　東アジアの気候と地形

(1)　降水量・地形

東アジアの気候に大きな特色を与えているのは、季節風（モンスーン）の存在である。巨大な大陸塊と巨大な海洋の直面する東アジアでは、大陸性気流と海洋性気流がはげしく交流しあうことによって季節風現象をうみだし、両極に分裂した気象状況を存在させることになった。すなわち、季節風によって沿海地帯では高温多雨の湿潤地区がうまれたのに対し、内陸地帯は乾燥度のきわめて高い草原・砂漠地区となっていた。そして湿潤地区では、単位面積あたりの収穫量がきわめて多い集約的な水田農耕がおこなわれることになり、世界的にも人口密度のきわめて高い地域を形成していくことになる。この地区では、農耕のかたわら豚・鶏・水牛などが飼われているが、規模は小さく、食生活は菜食的な傾向が強かった。これに対して、中央アジアからモンゴル高原にかけての内陸乾燥地区では、大草原に牛・羊・馬の大群を放牧する遊牧経営がおこなわれ、人口はきわめて稀薄であった。

こうした東アジアの状況をヨーロッパと比較してみると、ヨーロッパにおいても、湿潤寒冷で北欧の湿潤気候と南欧の乾燥気候との違いがあり、湿潤寒冷の平原地区である北と、温暖乾燥の丘陵地区である南とでは、もともと生産様式が異なっていたが、互いに他の生産形態を受け入れぬほどの強烈な差異をもつほどではなく、中世以降には南北形態が複合化して農牧一致型の社会が成長することになった。他方、東アジアでは、湿潤地区と乾燥地区の漸移地帯があるとはいえ、農耕型社会と遊牧型社会との分離は、ヨーロッパに比べて顕著であり、たがいに容易には相容れない二つの社会の政治的対立をはぐくむこととなった。(5)

この結果、東アジアの大陸部では、漢民族の側の王朝は、北辺の防衛のために、軍事施設の設置、兵力の配備を積極的におこない、さらに南方からも食糧輸送など、大規模で広域的な軍事・補給体制を構築する必要があった。また、逆に、遊牧民族の側も、その軍事的優位性を活かしてしばしば漢民族居住地域を占領し、征服王朝として恒常的な支配をおこなう場合も少なくなかった。

現在の東アジアの大陸部は、G・W・スキナー氏による“macroregion”(6)論によって知られるように、川の流域などによって、地域に区分して把握することが可能である。しかし、かつて冀朝鼎氏が四つの「基本経済地帯(7)」として示した黄河中下流域、長江中下流域、四川盆地、広東のうち、黄河中下流域と長江中下流域の両地域は、とくに下流部においてこれを隔てる大山脈はなく、隋代以降は大運河によって連結されることにより、中華帝国の一大経済基盤として長く機能し続けることになる。

こうして東アジア大陸部は、広域的な統一国家が形成されることが多く、たとえば現在の中華人民共和国は、ヨーロッパ全体に匹敵する広大な面積を占めるに至っている。この点でも、地形的に森林・山岳などによってそれぞれの中核地域が互いに分離し、「諸国家併存体制（states system）」を形成していたヨーロッパ(8)とは対照的であった。

ヨーロッパとの比較からいえば、海との関わりについても地形的な相違が存在した。ヨーロッパ大陸は、「ヨーロッパの周縁の三辺は海である」（ミシェル・モラ・デュ・ジュルダン（深沢克己訳）『ヨーロッパと海』、平凡社、一九九六年、一七頁）とされ、海に突き出た一つの大きな半島のような形をしている。また、ボスニア湾、バルト海、北海、ビスケー湾、ティレニア海、アドリア海、エーゲ海などは、半島や島々に囲まれ、入り組んだ海岸線を形づくり、海岸線の総延長は長い。これに対して、東アジアの大陸部は、大陸部の北側、すなわち西北から北東にかけては広大なシベリア高原と隣り合い、また西側から南側はヒマラヤ山脈・チベット高原などの高い山岳地帯に囲まれ、海に接しているのは、主として大陸部の東から東南に限られている。このような地形的特色は、東アジアの半島・島嶼部の諸国に比べて、中華帝国の国家政策・外交政策に占める海・陸の要素の比重の置き方に相違をもたらすことにつながった。

（2）　東アジアにおける水上交通と海

しかし、海との関わりについて、一部、消極的な要素があるにもかかわらず、海、そして河川・水路も含めて、水上交通の視点から東アジアをとらえるならば、時代の変化とともに、水・海との関わりはしだいに深いものになっていった。そしてそこには、東アジア各地の地域的な差異も見出すことができる。

まず、中華帝国の首都が置かれることの多かった華北では、黄河・大運河による幹線輸送ルートは航運によっていたが、華北平原の大部分においては陸運が圧倒的であった。また海運についても、元代になって海路の利用は積極化し始めるが、必ずしも順調ではなく、とくに山東半島の突端にある成山角の外洋において遭難が多く、(9) 南北輸送に海路が安定的に利用されるのは清代を待つことになる。

これに対して、華中においては、「南船北馬」という言葉に象徴されるように、大運河やそれに連接した浙東運河、そして長江といった幹線輸送ルートが航運によるだけでなく、長江の数多くの支流、各平野・盆地に整備された水路網などを通じて、航運が幅広い地域に通じていた。海運についても、宋代になって、吃水を深くて波浪の衝撃に対抗できる尖底船がつくられるようになり、船の大型化が進むとともに、羅針盤も使用され、華南地域と結びついて、海上の利用は格段に積極化することとなった[10]。

その華南は、福建から広東にかけて海上航運が最も盛んな地域であり、たとえば福建は、宋代の蘇軾によって「福建一路、以海商為業」と称されるほどであった。スキナー氏の“macroregion”区分において、浙江省東南部（台州・温州）から福建省を経て広東省東部（潮州）に至る地域は、“Southeast Coast Macroregion”（東南沿岸大地域）となっている。この地域は、各平野が狭く、河川も平野ごとに独立し、それぞれの小地域が孤立的に存在しているため、「強度の小地域化」が特色であった。また、近くには台湾や諸島嶼があり、それらが「海峡」地域としての密接な関係をもっているため、歴史的に見て、海上に基盤をもった勢力が中央政権に抵抗するなどの独自の動きをおこすことが、他の地域に比べて多かった。

ついで、大陸部以外の地域に眼を移したい。

朝鮮半島は、東部の脊梁山脈から櫛の歯状に西に向かって伸びる多くの山脈に沿って大小の河川が流れ、その流域に沖積平野が形成されているため、それぞれの地域に多様な文化が形成されてきた[11]。漢江をはじめとして、それぞれの河川の水上交通、また河川に沿った陸上交通が盛んであったとともに、それぞれの沖積平野を結ぶ海上交通も早くから発達していた。海上交通はとくに黄海に面した側の西海岸において頻繁であり、とくに南西から南にかけての海岸の海上交通路が繁華であった[12]。古代に遡っても、貿易国家としての色合いが濃かった百済は、この地域を本拠としていた。また、十七世紀以降には、海上運輸の発展がめざましく、船舶が寄港する港口数の増大と航路の拡張はとくに西海と南海地方でめざましく、さらに、船舶数の増加と船舶工学理論の発展が見られた。[13] ただし、朝鮮王朝期の対中国貿易は、巨商が集中していたものの、高麗末期以後の中国の統制政策の影響で、漢城―開城―平壌―安州―義州という陸路を経由していた。

日本列島は、いずれの地域も海に囲まれているが、糸魚川―静岡構造線を境として、東北日本と西南日本で地形的に特色を異にする。[14] 東北日本は、火山噴出物で覆われた地域が広大な面積を占め、盆地および沖積平野の規模が比較的大きい。このため、利根川・信濃川・石狩川・北上川といった大河川が多く、舟の河川利用に適していた。これに対し、西南日本の内帯（中央構造線・臼杵―八代構造線より北）では、花崗岩類と古生層を主体とする古い岩層が広く分布し、地形的には小規模な盆地群がよく発達しており、濃尾平野・大阪平野・筑紫平野も、東北日本の大平原に比べれば規模は小さく、流域面積の小さい独立した中小河川が多い。このため、舟運路は淀川以外はほとんど発達せず、瀬戸内海や九州北部では早くから海運が発達した。

また、とくに九州は東シナ海に開けた位置にあり、しかも九州西北部の対馬・壱岐などの「海峡」地域は朝鮮半島と近く、九州南部は南西諸島と接していた。このため、「鎖国」下の江戸時代に、長崎が中国・オランダとの窓口となっただけでなく、対馬藩は朝鮮との窓口になり、薩摩藩は琉球との窓口になることにより、独自の外交活動をおこなっていた。

前述のように季節風が強い東アジアにおいては、ギリシア文明時代の地中海のように早期から大量の物資が海を通して運ばれていたヨーロッパとは異なり、海域を通して商品が盛んに交易されるのは、船自体や航海技術の進歩が達成されてから後のことになる。また、そうした歴史的変化のなかで、東アジア大陸部においては、華中から華南にかけての地域が海域発展の牽引的な役割を示し、それと同時に半島・島嶼部においては、朝鮮王朝、江戸日本、琉球王朝、鄭氏台湾など、独立性の強い政権が多く生まれ、東アジア海域という舞台が、一国独尊的ではなく、相互関係的・ネットワーク的な関係へとしだいに移行してきたことも、注目されるであろう。

二　東アジアにおける地域開発と環境

以上の第一章では、気候や地形を中心として、東アジア海域の環境が歴史の構造にどのような影響を及ぼしてきたかを見てきた。つづいて本章と次章では、日常的生活に関わりの深い環境の状況が、東アジア海域交流にどのような影響を及ぼしていたのかを考えてみたい。まず本章では、人間の日常に最も不可欠な食生活を支える農業と地理的環境との関係を取り上げ、その歴史的・地域的な特色を考察したい。

(1)　東アジア各地域における地域開発の進行

東アジアの農業は、早期には、粟や麦を中心とした畑作地帯が中心であったが、しだいに稲作地帯が拡大することとなり、そのことは東アジア海域の発展とも大きな関わりをもつことになる。大陸部は華北・東北と華中・華南に分け、それ以外に、朝鮮半島、西日本、東日本、そして台湾を加えて、その地域開発の概略を簡単に示したのが次頁の図である。(15)

東アジア大陸部においては、黄河文明以来、隋唐時代の頃までは、粟を主穀とする黄河流域に経済的な重心があったが、隋唐時代以降、江南の開発が進み、宋代以降は、稲作地帯である長江下流域に経済重心がシフトすることになった。これにともない、農書が対象とする地域にも変化が見られ、北朝・山東の高陽郡太守・賈思勰によって著された

東アジア各地域の農業開発（「西日本」・「東日本」は糸魚川・静岡構造線を境にした。）

<table>
<tr><th>華北・東北</th><th>華中・華南</th><th>朝鮮半島</th><th>西日本</th><th>東日本</th><th>台湾</th></tr>
<tr><td>春秋戦国～秦漢：粟が主穀／黄河流域を中心に治水灌漑
6C：『斉民要術』</td><td>初期は小盆地を中心とした開発→人口粗放なまま</td><td rowspan="2">三国～：各地で堰堤がつくられる</td><td rowspan="2">3～8C：ため池灌漑が進む〔例〕狭山池（行基・重源らが改修）・満濃池（空海）</td><td rowspan="2">扇状地の付近に古墳文化</td><td rowspan="4"></td></tr>
<tr><td colspan="2">7C初（隋代）：大運河の建設</td></tr>
<tr><td rowspan="2">7～10C：二年三毛作（粟・小麦・豆）の普及</td><td rowspan="2">7～10C：二毛作（稲・麦）の定着
10～14C（唐末～元）：江南地方（水田稲作地帯）の開発が本格化（囲田・圩田・海塘）／茶栽培の盛行
1149：『陳旉農書』
1313：王禎『農書』</td><td rowspan="2">12C～：沿海岸の低湿地や干拓地の開墾と定着が進む←旱魃・低湿に対して適応力の強い品種の導入</td><td colspan="2">9～16C半ば：二毛作の普及／平野の水利開発が拡大（在地領主の用水開発）／二毛作の普及</td></tr>
<tr><td>干潟の「塩堤」、デルタの「島」</td><td>畠地開発が進む</td></tr>
<tr><td>14～17C：棉花栽培の普及
18C以後：東北地区に漢民族の移民が増加</td><td>16・17C以後：長江中流域（両湖平原）や華南（珠江デルタ）で開発が本格化／デルタ地域は桑栽培も盛ん／新大陸作物（甘藷・とうもろこし等）導入→長江上・中流域の山地開発</td><td rowspan="3">15世紀以降：沿海地域（とくに慶尚道・全羅道などの南部）の開墾・干拓が急速に進む
水田比率も増加→人口増が顕著に
1430：『農事直説』</td><td colspan="2">16C半ば以降：大河川に対する土木工事
1697：『農業全書』</td><td rowspan="3">17Cの鄭氏政権期以後：漢民族の移民が増加→台南から北部へと開発が拡大</td></tr>
<tr><td colspan="2" rowspan="2">→18～19C：大幅な人口増
1639：徐光啓『農政全書』刊行</td><td rowspan="2">〔西日本〕干潟の干拓→四国・中国・北陸・九州の人口増</td><td rowspan="2">〔東日本〕湖沼の干拓</td></tr>
<tr></tr>
</table>

『斉民要術』が、旱地畑作中心の農書であったのに対し、南宋・陳旉『農書』および元代・王禎『農書』は、稲作中心の農書であった。

稲作の展開は、さらに明清時代にも進み、長江中流域の両湖（湖北・湖南）平原では「垸田」開発が進み、華南の珠江デルタでは「沙田」開発が進むなどして、米の生産地はさらに広がりを見せた。四川から湖広・江西を経て江南に至る長江、および東南沿岸の航路において、米の長距離交易が活発となるのは、こうした稲作地帯の広がりと密接な関わりをもっている。

また、朝鮮半島・日本列島では、早期においては堰堤やため池による灌漑の段階にとどまっていたが、九～十二世紀以降、平野の低地開発がしだいに進むようになり、とくに十五・十六世紀以降は、開発が大規模化し、低地の干拓なども積極的におこなわれた。朝鮮半島は、南北で気温・降水量の差があり、十分な降水量を必要とする稲作は南部で盛んとなった。また日本列島では、地質的に花崗岩類のマサ（真砂）化作用が近畿・中国地方でとくに進み、深い部分まで水を含みやすく、それを徐々に流し出す性質があったため、この地域の耕作は比較的容易で、水田経営のための用水利用にも便利であった。このため、古代の技術でも開発が進みやすく、大和盆地、吉備・出雲、北九州などが早くから発展したのはこうした条件と関係が深かった。そうした特色は、西日本で稲作の比率が高く、東日本で畑作の比率が高いことにもあらわれているが、江戸時代になると東日本で湖沼の干拓が進み、江戸幕府の置かれた関東平野では各地でとくに本格化した。そして、こうした稲作の進展は、朝鮮王朝期の朝鮮半島、江戸時代の日本列島における人口増をもたらすこととなった。

このように稲作が展開して経済的な成長を示した大陸部の華中・華南、朝鮮半島南部、日本列島、そして十七世紀以後急速に開発の進行した台湾は、その後も、近代から現代にかけて更なる飛躍を示し、二十世紀末以降、世界諸地域の中でも重要な拠点経済地域を形成することになる。

(2)　農業に関わる技術と交流

こうした各地の地域開発を支えたのが、農業に関する技術であった。技術伝播は、東アジア海域交流においても、重要な役割を果たすことになる。

先にも述べたように、東アジアの地理環境において季節風がもたらす影響はたいへん大きいものであった。農業に密接に関わることとして、東アジアの降水量は、季節風のために、ヨーロッパや西アジアと比べて、季節によって大きく異なるという特色をもっていた。このことは、穀物の生産にも密接に関わる。とくに、東南から季節風のために夏に雨が多いことは、雑草の繁茂をもたらし、雑草とりは、地域をとわず東アジアの農業にとって欠かせない煩瑣な作業となった。また、江南地方に比べても秋から春にかけての乾燥が厳しい華北地方では、古くからの主穀であった粟の播種期に発芽をも脅かす春旱があった。このため、地沢保衛のため苗間の裸地に入っての鋤地は不可欠であり、また、夏の雑草除去も必要であることから、畑の作物はあらかじめ正条播きにしておく必要があった。ヨーロッパ農業で穀作における条播が標準技術化したのはようやく十八世紀のことであり、それ以前の農作業が散種から収穫に直結し、中間の管理作業がほとんどおこなわれていなかった夏涼冬湿のヨーロッパに比較して、大きな相違である。こうした条播・除草などに象徴される集約的な農業は、東アジアの農業を特色づけるものであり、その技術は早くも秦代の『呂氏春秋』農書などにも記されていた。さらに、唐末以降、盛んとなった水田耕作において、農具利用の高度化、地力維持・増進技術の急速な進歩、排水のための水路網の整備などが広く見られ、「近世高度稲作」と言われる段階を迎えることとなった(16)。

稲作の展開に不可欠であった水利技術は、朝鮮半島、とくにその南部および半島西岸の地域にも影響を与え、十四世紀後半以降、これらの地域では江南農法の水利技術の吸収が進んだ。たとえば、十五世紀以後、従来の山谷をせき止める堤堰方式から「川防」への転換がはかられ、河川に構造物を設置して水を溜め、そこから水路で水を引いて灌漑がおこなわれた。この方式は、とくに三南地方（忠清・慶尚・全羅の南部三道）を中心に成果を挙げた。また、十六世紀以降は、海水を防ぐ堤防を築き、開墾して水田にする「堰田」が盛んにつくられた。これは宋代以降の「海塘」に該当するもので、とくに西海（黄海）沿岸地域で進展した[17]。

農書については、朝鮮半島でも、当初は王禎『農書』や『農桑輯要』など、中国の農書に依存していた。ただし、これらは中国の気候と土壌に基づいて叙述されているため、朝鮮半島での農業にそのまま適用するには問題があり、朝鮮王朝期に入ると、『農事直説』『衿陽雑録』『農家集成』などが刊行され、これに続き多くの農書が刊行された。また、『農事直説』（一四二九年編纂）はとくに、現地の農業経験を探査したものに基づいて叙述され、朝鮮半島独自の条件に合致した独自の農書が発展を見せることとなった[18]。

日本でも、たとえば鎌倉時代の堤防築造や河川開鑿において、明州（現在の浙江省寧波）出身の石工集団である「伊派」の石工たちが活躍をするなど、江南地方の土木技術は日本各地に伝播していった[19]。また農書では、徐光啓『農政全書』が日本でも広く読まれ、江戸時代の宮崎安貞が十七世紀に『農業全書』を著す際に参考にしていた。しかし同時に『農業全書』では、宮崎安貞が実際に農業を営み、また各地への遊歴で知り得た知見を試すなかで記述した部分も多く、以後、多数著された江戸時代の農書においても、日本各地の地域性に即して記述する傾向が強くなっていった[20]。

三　東アジアにおける疫病と医学

稲作の展開は、高い人口密度と地域の経済発展をもたらすものではあったが、プラスの側面ばかりではなかった。開発のおこなわれた地域は、乾燥期間の長い華北とは異なり、人間が疾病に罹患しやすい湿気の多さと隣り合って日常生活を送ることを意味していた[21]。

このことは、江南と同様に稲作の拡大が進んだ日本列島、朝鮮半島でも多かれ少なかれ同様の問題をはらませることになり、これらの地域では疫病をはじめとする各種の病気にいかに対応するかが、あらためて社会全体のきわめて重要な問題となった。当該地域において医学を通じての対応は本格化し、その技術・知識は東アジア海域交流においても関心の高い対象となる。同時に、当該地域の日常生活のなかで、病気や死は人々にとって身近な問題であり、宗教活動を通じて精神的な安定を求める人々の動きにもつながった。このことは、東アジア海域交流における信仰の伝播にも影響を及ぼすこととなった。

（1）　宋代以降の江南における疫病の多発と医学の発展

宋正海氏が歴代中国における「大疫」の記述を整理した研究成果によると、最も多かったのは浙江省であり、次に多いのが山東省、さらに江蘇省が続いている[22]。いずれも沿海の平野をかかえる地域であり、いずれも人口密度の高い地域である点で共通している。

人口が急増した南宋時代の両浙路は、とくに疫病の発生が記録にも多く見られ、人口の密集した沿海都市の低湿地、中でも水の澱んだ場所が、しばしば疫病の感染源になっていた。[23] さらに明清時代の江南地方でも、伝染病は多発しており、「温病」と総称される急性伝染病が猛威をふるうこととなった。傅維康氏によると、「とくに江南地方（揚子江下流以南の地域）は気候が温暖で、河川は網の目のごとくに流れ湿潤である上、人の往来が激しく人口稠密であるため、最も頻繁に温病が流行した。このため、これらの温病・疾病の流行をいかに抑え、発病した際はいかに治療するかが、医家たちによる重要な研究上および、実践上の課題となった。」（傅維康『中国医学の歴史』、東洋学術出版社、一九九七年、五四一頁）とされている。

こうした疫病への対応を含めて、さまざまな病気を治療し、また未然に防ぐため、江南地域は、宋代以後、医学の発達した地域となった。経済的に富裕な地域となり、文化的な水準が高かったことも、医学発達には有利に作用した。宋代の陳言らの永嘉医派、[24] 元代の朱震亨らによる丹渓学派、清代の温熱学派などは、いずれもこの地域を主な活動範囲とした医学派であった。[25]

また、明清時代の寧波（浙江省）は、全国的薬業の拠点都市としても知られており、この方面の全国的市場での寧波出身の活躍は、近代における「寧波幇」発展の基礎になっていった。[26]

（2）　日本列島・朝鮮半島における医学の展開

平安時代から鎌倉時代の日本においても、疫病の発生はしばしば史料に登場し、人々は疫病や戦争を通して「死」と隣り合わせの日常生活を送っていた。宋代中国は医薬書の出版文化の開花した時期であり、日宋・日元交流により医薬書が日本にも大量に伝来した。[27] 栄西の『喫茶養生記』で知られるように、日本における茶の伝来・普及も、「仙薬」としての役割が強く意識されていた。室町時代には、竹田昌慶・田代三喜らが入明して医学を学び、曲直瀬道三が広める。江戸時代初期には、李時珍『本草綱目』が刺激を与え、日本でも貝原益軒『大和本草』が刊行されるなど、本草学に対する研究が進んだ。江戸時代の医学は、しだいに日本漢方が独自化の歩みを見せるようになり、江戸時代中期以後は蘭方の影響も受けるようになった。[28] 清末から民国期の中国では、中国の古医書をたよりに注釈・編集した日本漢籍が大量に中国に流入することになる。[29]

朝鮮半島においては、新羅統一時代以後、唐医学の影響を受けるようになり、高麗時代[30]には宋医学・元医学の影響が強くなった。朝鮮王朝時代になると、唐薬（中国薬）からしだいに郷薬（朝鮮薬）へシフトするようになり、世宗朝（一四一九～五〇）の二大医書とされる『郷薬集成方』（一四三四）・『医方類聚』（一四四五～七七）、さらに朝鮮医学の最高峰とされる許浚『東医宝鑑』が刊行されるなど、日本よりも早く独自の医学開発による全盛時代をむかえていた。朝鮮におけるすぐれた医学書の存在は、日本人の間でもしだいに知られるようになり、豊臣秀吉による文禄・慶長の役で略奪され日本に持ち帰られた書籍のなかには医学書も多数含まれていた。[31]

江戸時代の日本では、鎖国体制下の制約にもかかわらず、医薬に関わる朝鮮との交流は盛んであった。朝鮮半島からの窓口となっていた対馬藩は、とくに江戸時代前半に、医学書の入手、薬用人参の輸入、倭館への医師留学などを積極的におこなった。江戸時代中期になると、早くから朝鮮医薬に関心をもっていた八代将軍徳川吉宗は、朝鮮薬材調査を命じ、その成果は丹羽正伯が完成させた『庶物類纂』に結実した。『庶物類纂』は、漢字こそ当時の東アジア社会における共通言語（国際語）であることを強く意識して全文漢文で書かれており、その序文も朝鮮通信使や琉球国使節から得ており、田代和生氏は「日本の交隣国である朝鮮と琉球の使者の〝お墨付き〟をもって、ひろく東アジア世界へ向けて発信し、その存在を認知されたいとする、日本の本草学者の秘めたる自信と願望を感じ取ることができる」（田代和生『江戸時代朝鮮薬剤調査の研究』慶應義塾大学出版会、一九九九年、三一四頁）としている。

（3）　信仰の伝播と病気

日本では平安時代から鎌倉時代にかけて、東アジア大陸部の信仰の伝来がさらに積極化する。たとえば、薬師如来や観音菩薩に対する信仰は、病気の治癒を願う当時の人々の願望とも関係の深いものであった[32]。また現在にまで伝わる京都の祇園祭は、疫病除災神としての祇園信仰がもとになっており、これは牛頭天王信仰が日本に渡来して神仏習合化したものであった[33]。鎌倉時代における禅宗伝来の過程において、羅漢信仰も日本に伝来し、羅漢は現在でもとくに禅宗寺院に多く残存している。治病伝説をもつ賓頭盧尊者（十八羅漢筆頭）は、「びんずる」信仰として民衆に親しまれる存在となり、とくに江戸時代には「なでぼとけ」として病気治癒を願う人々の身近な信仰の対象と信仰して広がった[34]。

またこうした病気に対する民衆の意識は、年中行事にも色濃く反映している。たとえば、中国大陸部の端午節を例にとると、端午節のおこなわれる旧暦五月は、農耕にとって重要な時期であり、雨期は万物を育み盛んとするのだが、その一方で、悪疫をもたらすものであった。ことに湿潤な梅雨を有する長江流域以南では、『荊楚歳時記』に「五月を俗に悪月と称す」と記されているように、この観念が強かった。邪気を祓う行為はほとんどの年中行事に見られるものとはいえ、端午節はとくにこのことが重視される行事であった[35]。端午節は、朝鮮半島や日本においても重要な年中行事としての地位を占め、各地の風習とまじりあいながら長く存続することになる。

おわりに——環境と日常文化

（1）東アジア海域をとりまく地域の環境面での特色

十二世紀における日宋貿易に象徴されるように、東アジア海域における船の往来は、その頻度をしだいに増加させることになる。東アジア海域の経済が活力をもつ過程は、それをとりまく地域における開発の進行とも時期が重なっていた。その開発とは、主として水田稲作地帯の発展であり、地域としては、大陸部の江南地方が先導的な役割をにない、朝鮮半島とくにその南部、および西日本でも、しだいに同様の開発を進行させた。いずれの地域も共通して、沿海地域の沖積平野を有し、そこが開発の舞台となった。単位面積あたりの収穫が、粟や麦など他の主穀に比べて多い米は、これらの地域の人口増加をもたらし、その経済成長は海域交流を促進することとなった。

ただし、安定した降水量のおかげで灌漑をほとんど必要としないヨーロッパの農業と異なり、東アジアでは、いかに灌漑・排水をおこなうかが農業にとって不可欠の問題であり、地域開発のためには環境システムの大規模な改変が必要とされた(36)。とくに小規模な陂塘やため池による灌漑の段階から、低地開発が本格化するためには、いかに排水をおこなうかという課題が解決されなければならず、それにともなって開発の技術はさらに高度化した。

また、これらの地域は、夏季高温多湿の気候のため、疫病をはじめとするさまざまな病気に罹患しやすい条件を有しており、開発が順調に進行するかどうかは、他方で医学的な対応がいかにとられているかにもかかっていた。また、この地域に暮らす人々にとって、信仰活動や年中行事にも病気との関係は多様にあらわれており、それらはいずれも人々の生活に密接な関係を有していた。

“東アジア夏季高温多湿トライアングル地域”（江南、朝鮮半島南部、西日本）

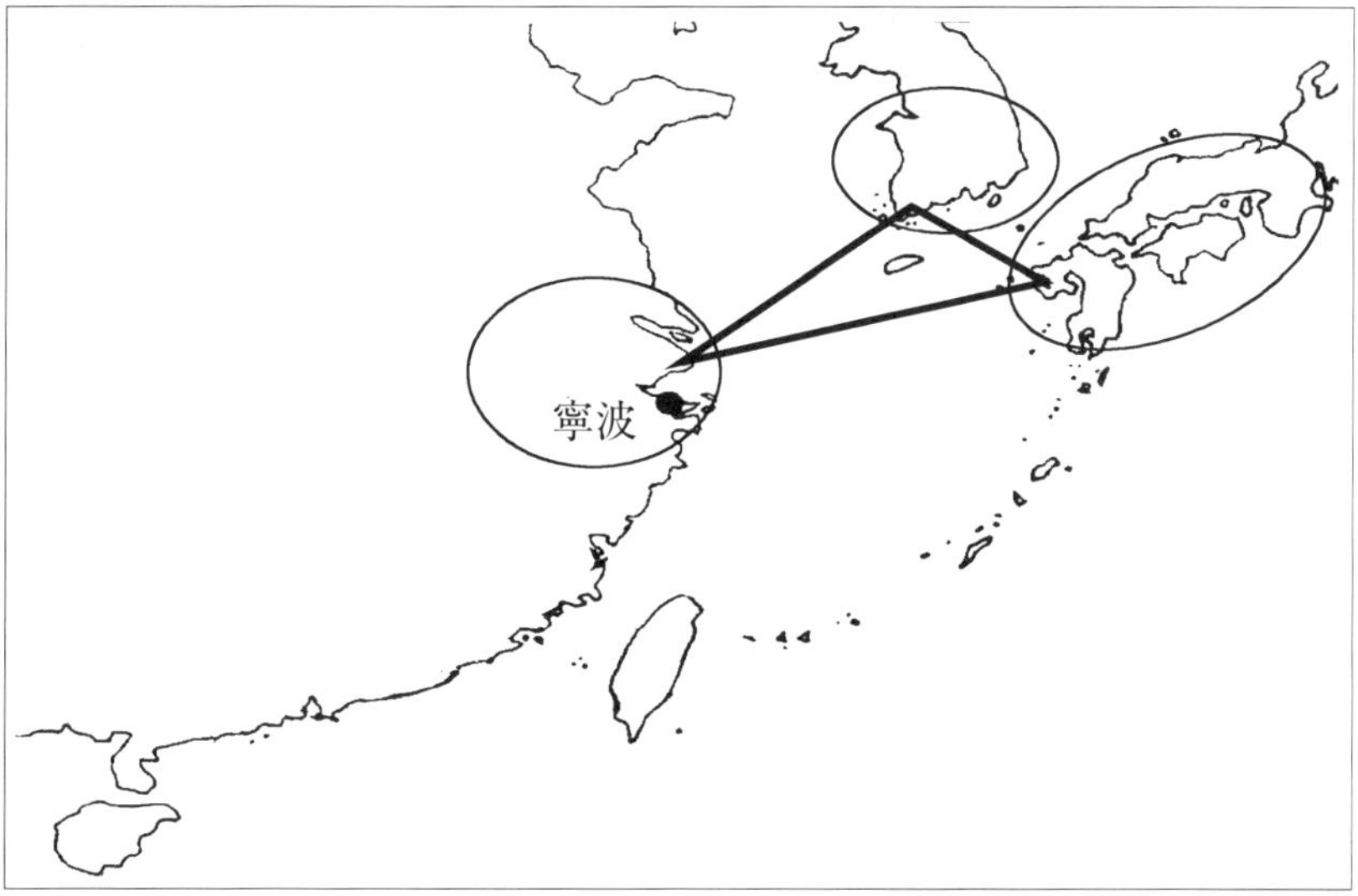

江南地域、朝鮮半島南部、西日本を結んで、〝東アジア夏季高温多湿トライアングル地域〟として捉えるならば、ここには以上のような生態環境面における共通性を見出すことができるように思う。決してたやすく御することのできる環境条件ではないが、それ故にこそ、これらの地域では、人々が共通の課題をもち、その課題をいかに解決するかについての知識・技術は、東アジア海域交流においても重要な要素を構成することになった。その交流の歴史的過程において、政治的関係が疎遠になったり、人の行き来自体が少なくなった時期が含まれているにせよ、農学・土木・医学などの高度な先端的技術・知識から、基層社会の日常的な活動にいたるまで、文化的には相互に深い影響関係を維持していた理由の一つとして、こうした環境の地域的共通性を認識しておく必要があろう。

（2）東アジア海域と文化

ところで、農業の技術にせよ、医学の知識にせよ、東アジア諸地域においては、それらが高度の水準を維持していた。そして、農業・医学に関する技術・知識は、数多くの農書・医学書に著され、しだいにその刊行が盛んになるとともに、地域的にも広がりをもっていった。こうした技術や知識が書物の形で記録されることは、知識が「蓄積」[37]されることにつながり、さまざまな戦争や飢饉・疫病などの社会的混乱を経たとしても、技術・知識の水準は長期的に維持され、また後の時代に更に発展することにもつながった。また、印刷物を通して広く世に出回ることで、それらの技術・知識は普及度を増すことになった。しかも、大陸部と朝鮮半島・日本がともに漢字文化圏であったことは、鎖国的な政策によって人々の動きに制約があった時でさえ、書籍を通じて、各地域の人々は、貪欲に他地域の知識を学ぶことが可能であった。こうした高度な技術・知識の交流をささえた背景として、東アジア諸地域における高い教育・学習水準に注目しておく必要があろう。たとえば日本においては、鎌倉時代から室町時代にかけて文化伝播の主要な担い手となった僧たちは、漢字・漢文に対する高い理解力をもっていた。この時期の日本の医者には僧が多く、彼らは医学以外にも、土木・兵学など、多様な技術・知識を有するものも少なくなかった[38]。また、江戸時代における教育熱については、既に数多くの研究書で繰り返し論じられてきているところである[39]。こうした教育・学習水準の高さは、大陸部においても確認することができる。エヴリン・ロウスキ（Evelyn Rawski）氏の研究によると、十八～十九世紀の中国における男性の識字率は三〇～四五％であったと見積もられている[40]。

このように教育・学習水準の高さが東アジア諸地域に共通していたことにより、低地開発の進行などを通じて朝鮮半島、日本列島、琉球、台湾など、東アジアの半島・島嶼部地域の発展が見られるようになると、大陸部の優れた文化が周辺各地に伝播するあり方から、知識や技術が相互的なネットワークとしてやりとりされる関係へと、しだいにシフトするようになった。本稿では触れていないが、朝鮮半島や日本から漢籍が大陸部へと逆輸入されたことや、先に触れた江戸時代の朝鮮薬材調査などは、その事例と言える。

ただし、東アジア諸地域におけるこうした教育・学習水準の高さにもかかわらず、技術・知識の交流は、国家権力のあり方によって、微妙な影響を被る場合もあった。もともと日本は海に囲まれ、平野・盆地が各地に分散し、山によって隔てられていたため、地域の独自性が高くなりやすい地形構造をしていた。江戸時代の日本も、幕府の将軍による支配によって統一国家の形をとるものの、実際の地方の運営は、数多くの藩にまかされる幕藩体制をとっていた。そして鎖国体制のもとでも、長崎・薩摩・対馬などには海外への独自の窓口が存在し、江戸時代末期には、そうした海外への窓口からの情報に敏感であった「西南雄藩」で、ヨーロッパの軍事・工学の技術吸収が急速に進み(41)、明治維新の原動力となった。その一方で、幕末日本の学者文人たちは、ヨーロッパの事情について蘭学を通して学ぶと同時に、依然として中国からの文献からも多くを学んでおり、アヘン戦争直後に著された魏源『海国図志』は、佐久間象山・横井小楠・吉田松陰・橋本左内ら幕末の思想家たちに強い影響を与え、さらに薩摩藩主島津斉彬は、この著の意義をいちはやく察知して、薩摩藩の藩校造士館で教材として活用した(42)。これに対し、中央集権的な統一帝国が続いていた大陸部では、海域を利用した民間の活発な交易が見られた(43)にもかかわらず、清朝の軍事体制は「重陸軽海」の方針が貫かれた(44)。清朝による文字獄や禁書は、明代から続いていた自由な議論を展開させる場を漢人知識人たちから失わせることになり、海外情報への彼らの積極的な関心もしだいに低くなっていった(45)。山田慶兒氏は、イエズス会士が漢文に翻訳した科学書の輸入を認めた一七二〇年以降、日本が「知的開国」へと向かったとするのに対し、同時期の中国の学問状況が「知的鎖国」であったと指摘している(46)。

しかし、近年の“Global History”の分野において、東アジアの経済的発展が注目されていることを視野に入れつつ、より長期的に考えるならば、むしろ本稿においては、国家のあり方の相違よりも、東アジアにおける文化のあり方の共通性の方を強調しておきたい。困難な環境を克服するための高度な技術や知識は、人々の日常生活とも結びつきをもち、さまざまな書籍に記録されることによって維持・蓄積されていた。しかも、それらをささえた教育・学習水準の高さは、決して都市に限って見られるものではなく、江戸時代後期においては、蘭学が各地の農村にまで浸透していたことに見られるように、ますますその広がりを見せていた。大陸部に関しても、前掲のロウスキ氏は、フランスの状況と比較させながら、中国においては農村にもエリートが居住していることから、村民たちにも儒教古典の教育を通してエリートに加わる回路が開かれていたことを強調している。(47)

近年の経済史研究においては、経済発展に及ぼした「知識」の意味が重視されつつある。(48)とりわけ東アジア海域においては、その環境的特色やそれと結びついた日常文化の特色から、とくに知識や技術のもつ意味は大きく、海域交流において重要な要素を構成していた。このことを理解してこそ、東アジア文明の長期的成長・持続の潜在的理由が認識可能であると言えよう。

註

（1）拙稿「地中海と東アジア海域の環境に関する覚書」〈『東アジア海域交流史現地調査研究～地域・環境・心性～』第二号、二〇〇七年〉。

（2）その後、“Global History”の分野では、アジア諸国への関心はますます高まりつつある。Eric Jones, *Growth Recurring: Economic Change in World History*, Oxford University Press, 1988. Andre Gunder Frank, *ReOrient: Global Economy in the Asian Age*, University of California Press, 1998. Kenneth Pomeranz, *The Great Divergence: China, Europe, and the Making of the Modern World Economy*, Princeton University Press, 2000.

（3）日本における海域アジア史の研究成果については、桃木至朗編『海域アジア史研究入門』（岩波書店、二〇〇八年）に詳しく紹介されている。

（4）たとえば Angela Shottenhammer, *The East Asian Maritime World 1400—1800: Its Fabrics of Power and Dynamics of Exchanges*, Otto Harrassowitz GmbH & Co. KG, Wiesbaden, 2007.
（5）村上正二「征服王朝」（『世界の歴史　六　東アジア世界の変貌』、筑摩書房、一九六一年）。
（6）G. William Skinner, "The Structure of Chinese History," Journal of Asian Studies, vol. 44, no.2, 1985. 日本語訳（中島楽章訳）「中国史の構造」（宋代史研究会研究報告第八集『宋代の長江流域——社会経済史の視点から——』、汲古書院、二〇〇六年）。
（7）冀朝鼎『支那基本経済と灌漑』（白揚社、一九三九年）。
（8）Eric Jones, *The European Miracle: Environments, Economies and Geopolitics in the History of Europe and Asia*, Cambridge University Press, 1981.
（9）星斌夫『明代漕運の研究』（丸善、一九六三年）。
（10）斯波義信『宋代商業史研究』（風間書房、一九六八年）。
（11）尹瑞石（佐々木道雄訳）『韓国食生活文化の歴史』（明石書店、二〇〇五年）。
（12）李憲昶（須川英徳・六反田豊訳）『韓国経済通史』（法政大学出版局、二〇〇四年）、韓国教員大学歴史教育科（吉田光男監訳）『韓国歴史地図』〈平凡社、二〇〇六年〉。
（13）李大熙『李朝時代の交通史に関する研究——特に道路、水路網を中心として——』（雄山閣出版、一九九一年）。
（14）小出博『日本の河川——自然史と社会史——』（東京大学出版会、一九七〇年）、同『利根川と淀川——東日本・西日本の歴史的展開』（中央公論社、一九七五年）、池田碩『花崗岩地形の世界』（古今書院、一九九八年）、大熊孝『増補洪水と治水の河川史——水害の制圧から受容へ』（平凡社、二〇〇七年）。
（15）斯波義信『宋代江南経済史の研究』（汲古書院、一九八八年）、本田治「宋・元時代浙東の海塘について」（『中国水利史研究』第九号、一九七九年）、石声漢『中国農書が語る二一〇〇年』（思索社、一九八四年）、大澤正昭『陳旉農書の研究——一二世紀東アジア稲作の到達点』（農文協、一九九三年）、松田吉郎『明清時代華南地域史研究』（汲古書院、二〇〇二年）、晏昌貴『両湖平原開発探源』（江西教育出版社、一九九五年）、宮嶋博史「朝鮮半島の稲作展開――農書資料を中心に――」（渡部忠世（責任編集）『稲のアジア史』二、一九八七年）、李憲昶『韓国経済通史』前掲書、李春寧（飯沼二郎訳）『李朝農業技術史』（未来社、一九八九年）、古島敏雄『日本農学史・第一巻』（『古島敏雄著作集』第五巻　東京大学出版会、一九七五年）、同『日本農業技術史』（『古島敏雄著作集』第六巻　東京大学出版会、一九七五年）、佐野静代『中近世の村落と水辺の環境史』（吉川弘文館、二〇〇八年）、黒田日出男『日本中世開発史の研究』（校倉書房、一九八四年）、大石慎三郎『江戸時代』（中央公論社、一九七七年）、鬼頭宏『人口から読む日本の歴史』（講談社、二〇〇〇年）、小出博『利根川と淀川――東日本・西日本の歴史的展開』前掲書、合田良實『土木と文明』（鹿島出版会、一九九六年）、本間俊朗『日本の国造りの仕組み――水田開発と人口増加の関連』（山海堂、一九九八年）、Ts'ui-jung Liu, "Han Migration and the Settlement of Taiwan: the Onset of Environmental Change", in Mark Elvin and Liu Ts'ui-jung eds., *Sediments of Time: Environment and Society in Chinese History*, Cambridge University Press, 1988. など。

(16)　西山武一『アジア的農法と農業社会』（東京大学出版会、一九六九年）。なお、同様に稲作地帯として知られる東南アジアでも、デルタ開発が進展によって、米の生産量が増加することになるが、東アジアとの間に相違が存した。タイを典型として、東南アジアのデルタでは、深湛水に耐えうる品種選択を選択する「農学的適応」が中心であったのに対して、東アジアの低地開発においては「農学的適応」よりも治水工事をともなった「工学的適応」が卓越していた。このことについては、渡部忠世・桜井由躬雄編『中国江南の稲作文化』（日本放送出版協会、一九八四年）、石井米雄『タイ国――ひとつの稲作社会』（創文社、一九七五年）、斎藤修「稲作と発展の比較史――タイからみた日本の中世と近世――」（原洋之介編『東南アジアからの知的冒険――シンボル・経済・歴史――』、リブロポート、一九八六年）、宮嶋博史「朝鮮史から見たタイ」（同書）参照のこと。

(17)　李泰鎮（六反田豊訳）『朝鮮王朝社会と儒教』（法政大学出版局、二〇〇〇年）。

(18)　尹瑞石『韓国食生活文化の歴史』前掲書。

(19)　山川均『中世石像物の研究――石工・民衆・聖――』（日本史史料研究会企画部、二〇〇八年）。

(20) 筑波常治『日本の農書――農業はなぜ近世に発展したか――』(中央公論社、一九八七年)。
(21) McNeil, William H. 1976. *Plagues and Peoples*, Anchor Press, Anchor Press.
(22) 宋正海『中国古代自然災異動態分析』(安徽教育出版社、二〇〇二年)。
(23) 拙稿「疫病多発地帯としての南宋期両浙路――環境・医療・信仰と日宋交流――」〈『東アジア海域交流史現地調査研究〜地域・環境・心性〜』第三号、二〇〇九年〉。
(24) 陳言(陳無擇)は南宋初期に温州にて実際に疫病の治療にあっており、彼の著作である『三因極一病症方論』への対応についても詳述されている。宋代には永嘉医派以外に明州・紹興府などでも名医が輩出している。『四明它山水利備覧』の著者として知られる明州の魏峴は、医学にも秀でた人物で、『魏氏家蔵方』を著し、その第一巻でやはり「瘧疾」への治療について論じている。
(25) 朱徳明『南宋時期浙江医薬的発展』(中医古籍出版社、二〇〇五年)、同『元明清時期浙江医薬的変遷』(中医古籍出版社、二〇〇七年)。清代の「温病四大家」といわれる葉桂・薛雪は蘇州出身、呉瑭は淮陰出身、王士雄は銭塘出身であり、いずれも江蘇・浙江出身者である(余新忠『清代江南的瘟疫与社会――一項医療社会史的研究』、中国人民大学出版社、二〇〇三年)。
(26) 唐廷猷『中国薬業史(第二版)』(中国医薬科技出版社、二〇〇七年)。清末寧波の「薬行街」には、六十四家にものぼる薬業の店が集まっていた。北京で著名な同仁堂(一六六九年創立)も、寧波出身者によって経営されたものである。
(27) 服部敏良『鎌倉時代医学史の研究』(吉川弘文館、一九六四年)によると、鎌倉時代の代表的な医書である梶原性全『頓医抄』には、『太平聖恵方』『太平恵民和剤局方』『千金方』といった唐宋時代の代表的な医薬書の引用と並んで、陳言『三因極一病証方論』を引用した箇所が一九一例にものぼっている。また、魏峴『魏氏家蔵方』も、その宋版が日本の宮内庁書陵部に残されており、両浙路と鎌倉日本との関係の深さを窺わせる。
(28) 小曾戸洋『漢方の歴史――中国・日本の伝統医学』(大修館書店、一九九九年)、同『中国医学古典と日本――書誌と伝承――』(塙書房、一九九六年)。
(29) 王勇「「ブックロード」とは何か」(王勇・久保木秀夫編『奈良・平安期の日中文化交流』、農文協、二〇〇一年)。

（30）この時期、茶文化は盛行したが、茶の栽培は朝鮮半島の風土にむかないため、南西地方の智異山附近の一部地方で、小規模に行われただけであった。尹瑞石『韓国の食文化史』（ドメス出版、一九九五年）。

（31）三木栄『補訂朝鮮医学史及疾病史』（思文閣出版、一九九一年）、田代和生『江戸時代朝鮮薬剤調査の研究』（慶應義塾大学出版会、一九九九年）、『倭館――鎖国時代の日本人町』（文藝春秋、二〇〇二年）。

（32）五來重編『薬師信仰』（『民衆宗教史叢書』第一二巻　雄山閣出版、一九八六年）、速水侑『観音信仰』（塙書房、一九七〇年）。薬師如来は禅宗寺院で本尊とされている事例が多い。

（33）脇田晴子『中世京都と祇園祭』（中央公論社、一九九九年）。

（34）道端良秀『羅漢信仰史』（大東出版社、一九八三年）。

（35）中村喬『中国の年中行事』（平凡社、一九八八年）。南宋臨安府の都市生活を描いた呉自牧『夢粱録』の巻三「五月重午附」にも、「杭都風俗、自初一日端午日、家家買桃・柳・葵・榴・蒲葉・伏道、又并市茭・粽・五色水糰・時果・五色瘟紙、當門供養。……（中略）……此日、採百草、或修製薬品、以為辟瘟疾等用。藏之、果有霊験」と記されているように、瘟紙を買ったり、端午の日に百草を摘んだり、薬を調製するなど、疫病や疾病への対策と深く関わる風習があった。両浙における疫病はとくに春から夏にかけて多く、端午節の時期はちょうどこの時期に重なるとになる。

（36）西山武一『アジア的農法と農業社会』前掲書では、「水に従う」のではなく「水と地を争う」ところの土地利用と表現している。

（37）Deng, Gang（鄧鋼）, *Development and Stagnation: Technological Continuity and Agricultural Progress in Premodern China*, Greenwood, 1993.

（38）鎌倉時代から室町時代にかけて、日本各地への禅宗の普及は、こうした知識が地方に伝播することにつながった。室町時代に多数の僧が学んだ関東地方の足利学校では、中国の古典についての教育とあわせて、兵学・医学などの実用的な知識も講義されており、田代三喜・曲直瀬道三もここで学んでいる。川瀬一馬『増補新訂足利学校の研究』（講談社、一九七四年）。

（39）たとえば、高橋敏『江戸の教育力』（筑摩書房、二〇〇七年）。

（40）Evelyn Sakakida Rawski, *Education and Popular Litercy in Ch'ing China*, The University of Michigan Press, 1979. 同時期の中国の女性の識字率は二〜一〇%で、男性よりかなり低かったようだが、大陸部では識字率の地域差も大きく、清代に経済的活気のある地域であった広東を例にとると、一八九六年に広東からハワイに移住した女性たちの識字率は二五%に達していた。

（41）幕末諸藩における西洋軍事技術の迅速な導入には、鋳造技術・窯業技術など、在来技術の水準が高かったこともプラスに作用した。大橋周治「近代鉄工業のあけぼの――反射炉・鋳砲と高炉法の導入――」（『講座・日本の技術の社会史』第五巻『採鉱と冶金』、日本評論社、一九八三年）、長野暹『佐賀藩と反射炉』（新日本出版社、二〇〇〇年）。

（42）大谷敏夫『清代政治思想と阿片戦争』（同朋舎出版　一九九五年）。

（43）松浦章『清代海外交易史の研究』（朋友書店、二〇〇二年）。

（44）黄順力『海洋迷海――中国海洋観的伝統与変遷』（江西高校出版社、一九九九年）。なお、彭大成・韓秀珍『魏源与西学東漸――中国走向近代化的艱難歴程』（湖南師範大学出版社、二〇〇五年）が指摘しているように、魏源は、たとえば漕政改革において海上輸送を主張するなど、既にアヘン戦争前から海上重視の見解を述べていたが、既得利益集団の反対もあり、実現しなかった。

（45）岡本さえ『近世中国の比較思想――異文化との邂逅――』（東京大学出版会、二〇〇〇年）。

（46）山田慶兒『中国医学の思想的風土』（潮出版社、一九九五年）。

（47）田崎哲郎『在村の蘭学』（名著出版、二〇〇二年）。

（48）たとえば、Joel Mokyr, *The Gifts of Athena: Historical Origins of the Knowledge Economy*, Princeton University Press, 2002. は、ヨーロッパの産業革命の前提として、科学と技術を結びつけたヨーロッパの知的状況を分析している。

〔補註〕

本遺稿は、二〇〇九年五月北海道大学で開かれた「にんぷろ」の研究会で報告するため用意されたものであり、そのため

「本巻の吉尾・岡の論文では」の部分は、もともと「今回の吉尾・岡の報告では」と書かれていた。本巻の構成と整合性をとるため、やむを得ずこの部分のみ書きかえたことを付記しておく。（編者）

寧波地域の仏教寺院と茶文化の興隆

山口　聰

はじめに

中国には多様な民族が生活していることはよく知られている。中心となる民族は漢族であるが、基本的には北方を根幹の地としていたのである。古代に勢力を少しずつ拡大していくにつれ、他の少数民族を押しのけながら南方へ、西方へと現在の中国大陸のほとんどを占めるようになった。日本史で知られている遣隋使、遣唐使の頻繁に行き来していた頃、奈良時代から平安時代にかけて、現在の黄河流域から揚子江流域へと漢族が中国大陸の中央を占めていたことになる。しかしながら、時代が下るにつれて北方からの異民族の侵入がおびただしくなり、漢族も次第に南下するしかない状況となった。宋の時代である。政治の中心は、北から南へと移り、揚子江（長江）デルタ地帯が政治や文化の中心となった。遣唐使は正式には中止されていたのであるが、日本と中国との交流は盛んに行われており、貿易主体の交流と、仏教関連の僧侶の交流で、実は現在の日本文化の基層を形成する思想と文物が大量に日本に流入していた時代でもある。例えば、味噌、納豆、饅頭などが例となる。本論文では、文化としての茶と樹木としてのチャを題材として中世における日本と中国との密接な関係について解説する。

一　唐代より宋代にかけての茶文化の興隆

チャ樹の生葉から飲用としての茶を製造して日常生活に利用していたのは、中国が始まりとされているが、現在の中国の政治経済の中心を形成している漢族ではなく、苗族などの少数民族であった(1)。漢族が勢力を伸ばし周辺の少数民族との交流・接触を進める中で勢力を拡大し、ほぼ中国のほとんどを制覇する過程で、少数民族の利用していた茶文化を取り入れて、独自の茶利用習慣を成立させたものと考えられている(2)。

つまり、中国では、漢民族自体は当初は茶飲用の習慣はなかったと考える研究者が多い。唐の時代には「茶経」に示されているように、漢民族自体が、茶を南方の嘉木として尊重するようにまでなってはいるが、もともと南方とは、漢民族にとっては辺境に当たる中国南部であり、ここには、漢民族が南下させた少数民族達が住んでいた。この少数民族が本来の茶利用の文化を開発した民族で、彼等は長い民族移動の中にあっても茶の木と、加工利用の技術を絶やさなかった。今でも、ベトナムと中国の国境に住んでいる苗族の人々の話では、集落を移動する時には茶の苗木を背負いかごに入れて運んでいくのだそうである。また、インドの古くからの茶栽培技術として、株分けの仕方、この場合は積極的にヒコバエを育ててから移植するのであるが、キャロット苗として現代の茶業書にも書かれている伝統的な移植手法が、古くから確立されていた。科学が発達してないように言われる古代に於ても農作物の栽培に関する基本技術は完成しているのは、極普通のことである。近代農法ではそれらを機械に置き換えたり、合成薬品で代用したりしているだけで、原理はとっくに経験的に知られていたのである。そうでなければ、連綿と各地の様々な民族、部族が存続して今日に至ることはなかったであろう(3)。

文化伝統の異なる少数民族の飲み物は、漢民族にとっては大変に物珍しいものであったに違いない。しかし、少数民族との接触が増すにつれて、茶の成分であるカフェインの持つ覚醒作用の魅力に捕われたのであろう。カフェインの効果で眼がぱっちりと見開き、精神も活潑に活動し、疲労感も消失して、気分は爽快になる。漢民族が茶の虜になったのは、至極当然のことである。少数民族の茶利用は極めて原始的であったが、漢民族が更に洗練された加工技術、つまり、煮たり蒸したりした茶の葉を、餅のように固めてから乾かす製法を開発した。

図１　唐時代の団茶製造の復原像。縦杵と臼。

唐代に開発された団茶である。その後、餅のようにせずそのまま乾かして保存、適宜簡単な臼で粉にしてから飲むという、抹茶式の飲み方が開発された。その間に、他のものは混ぜずにチャそのものだけを味わう方向に進化して、今日の茶利用文化の発展につながったのである。つまり、

図２　顧渚山にある、貢茶院遺跡の記念碑

図３　現代の茶館の風景（杭州にて）

唐から宋にかけて、茶の利用が極めて洗練され、完成の域に達したのである。

唐王朝は皇帝用の特別の茶園を開設していくが、それらは現在の中国の名茶産地に連綿と続いている。茶が中国国内で飲まれるようになったころには、日本と中国との交流が頻繁になった。既に卑弥呼の頃から奴隷（生口）が朝貢されたと記録されている。しかし、この時点では茶を飲む習慣は日本には伝わっていなかったのか、当時のことを伝える史書にはチャのことが見つからない。

日本と中国との間の交流関係は、まず仏教関係の僧侶と文物の交流が重要なことは、日本史を学んでいる人には容易に納得できるであろう。隋、唐の時代には定期的に日本から中国へ使節が送られており、また、それに合わせて様々な技術、知識、がもたらされている。一番大切なことは宗教まで伝わり、それが日本文化の基層を形成するまでになったことかもしれない。つまり、仏教が伝えられ、多くの僧侶の行き来が記録されるまでになったのである[4]。

記録に残されている事柄から考えて、中国での茶利用の習慣・文化が安定したのは唐代と考えられている。唐代になると、茶の商業的な取引が一般化され、現在の茶産地につながる銘茶の産地、そして、取引上の集散地が揚子江流域に発展した。特に目立った出来事としては、茶が徴税の対象として重要となったことと、朝廷への献上を目的とした茶園が開発されたことである。記録的には、浙江省の顧渚山に貢茶を目的とした貢茶院が七七〇年に設立されたとある。

宋代になると、茶栽培は中国国内に大きく展開しており、国内だけでなく国外に対しても交易の重要な品目となっていた。茶の専売制度が確立したのも宋代（南宋）のことであった。宋代の社会活動の中心は杭州湾に面した地域、揚子江下流の地域となり、現在の上海から寧波にかけての河口部に位置する都市に人々が集中していた。茶館の数が急激に増加していったのも、宋代である。

この興隆は、揚子江河口部の土砂の堆積が著しくなり、大型交易船の航行接岸が期待できなくなるまで続いた。この頃に日本からの交易船も訪れており、大勢の僧侶が修行のために訪中（入唐、ないしは入宋）していた。彼らはたくさんの経典を日本に持ち帰っただけでなく、修行中になじんだ様々な文化を日本に伝えている。このようなことから考えると、当時の交易の中心地であり、宗教活動の中心でもあった寧波から杭州にかけての地域が重要であることが理解できる。

二　寧波地区の宗教的な特徴と貢茶の制度について

寧波地域は杭州湾に面した海洋都市である。揚子江の作り上げた沖積平野が右岸に広く展開しており、八〇〇〇年近い昔より人口が集中していて、たくさんの稲作農耕をうかがわせる住居遺跡が見つかっている。その後背にある丘陵地帯は、浸食も激しく、たくさんの崖を伴った急峻な山々が幾重にも屛風を立てたように連続している地形であり、山岳仏教の発展し始めた頃からたくさんの修行の場としての寺院が建立され、唐代から宋代にかけては最大の宗教施設の集中する地域となっていた。当然、寺院での修行に必要な茶の生産も発展し、銘茶産地が形成されていった。冬期の乾いた風を遮る深い谷筋の斜面、そして、谷を流れる河川からの湿気、蓄熱性の高い海水面による保温効果、などが複合して、温暖な気候を好む茶樹の生育には好適な地理的環境が保証されていた。

唐代以前からの名刹として有名なのは、会稽山地域の戒珠寺、雲門寺などが知られている。唐代には、嘉祥寺、雲門寺、大善寺の三寺が、特に高名であった。いずれも宋代に至っても隆盛を誇っていた。しかしながら宋代にはそれ以外に天童寺などが勢力を伸ばしており、日本からの渡来僧の修行の場として記録されている。

これらの寺院はいずれも禅宗であり、日本とのつながりの密接な寺院ばかりである。現在は、寺院伽藍などは残っていないが、記録として注目したいのは会稽山中にある日鋳寺の遺構である。ここは、助茶碑が残されていることで有名であるが、かつては皇帝茶園が設立されていた地域であり、日鋳茶という唐代以来の有数の銘茶の産地の中心地域に存在しているのである。

この地域の茶が有名になった時期は、唐代の固形茶利用の飲用形態から、宋代の散茶利用の飲用形態が派生し始めた時期と重なっている。つまり、茶をたしなむ人々の嗜好が、それまでの苦味主体のものから、旨味と香味主体のものへと変わり始めた時期なのである。

中国農業科学院茶葉研究所に保存されている遺伝資源系統の日鋳寺のチャの品質は、改めて製造してその品質を検定してみると大変に滋味に優れていて、散茶、抹茶には特に適した特性をもっていた。茶の嗜好の変化に適応して、銘茶として生き残ることができるだけの内質を備えていたため、現在にまで茶産地としての名声を保つことができた

図4　日鋳寺跡にある、助茶碑

のだと言える。その過程でいくつかの農学的観点から見た変化が伺える。それは、収穫期の早進化と、品質面での香味の向上である。若芽で摘めば摘む程香味は向上するのだが、収量は著しく減る。献上するためには必死で栽培面積を拡大しなくてはならない。また、摘み子の数も増やさなくてはいけないし、茶揉みの労働力も確保する必要がある。緑鮮やかな、そして香り豊かな新茶をいち早く献上するために、どれだけの苦労があったのか。当時の貢茶は、特別に皇帝に献上することが目的であり、早くに献上することに意義があった。従って早生系統の産地が有利であり、そのようなチャ樹が意図的に栽培されるようになったことは、容易に推察もできる。また、収穫（摘採）も次第次第に早進化し、若芽摘みとなっていったであろう。実際のチャ樹では若芽ほど、タンニンの苦味は少なくなり、アミノ酸などの旨味は多くなる。従って、摘採の早進に伴って、旨味の強く、色彩も鮮緑色の強い茶になっていったはずである。しかしながら、茶園面積の拡大が必要となったために次第に山間部の急峻な茶園から山麓部の平坦地の茶園へと栽培形態が変化したのも、唐代から宋代にかけての特徴であろう。

　このような時に、色鮮やかな緑色主体で、しかも苦味が少なく旨味の強い散茶が生み出されたのである。葉を広げたままの散茶であれば、粉末にもしやすい訳である。当時としては、最新流行のモダンな茶利用文化であったはずであろう。日本からの渡来僧が新しい文化として日本へ伝えたのも無理からぬことである。しかしながら、その後の茶利用は、粉末としての茶利用は中国本土では発展せず、葉茶の加工として、中国では炒める食文化の影響を受けて、釜炒りとなり、日本では蒸す食文化のもとで、最終的には現在の蒸し製煎茶となっていったのである。

三　日本に伝わった緑茶のルーツをたどるために

今まで述べてきた事柄を証拠立てるために、長年にわたって現地での調査を続けてきた。ここでその詳細を伝えておきたい。

茶は日本文化の基層を形成しているものの一つである。日本の文化がどのようにして形作られて来たのかを知ることで、日本がどのような国で、日本人はどのような民族なのか、深く考えるきっかけが出来る。そして、これからの国際化の進む世界の中で、日本と日本人がどのように世界の人々とつきあって行けば良いのか、その答えが得やすくなる。揚子江、一般的には長江と呼ばれている大河の河口地帯、杭州から寧波にかけての調査から、日本の茶樹のルーツが判ってきた。

今一度強調しておきたい。茶と茶植物とはつぎのように定義される。乾燥させた植物の葉に、湯を注ぎ、しみ出た成分を飲用する。このような目的で利用されるものが「茶植物」である。茶植物の一部、代表的な植物が「チャ」、*Camellia sinensis*、である。生物の名前はカタカナ表記、一般的な事物については漢字表記を用いるので、植物としての「チャ」と、飲料としての「茶」と言うように、文字で区別することになる。

茶利用の本場、中国での取りまとめによると、三十を超える「チャ」、*Camellia sinensis* の近縁種が知られており、(5)全部が茶として利用されている。(6)従来の研究者の報告では、厳密にこれらの分類上の特徴に基づいた同定をしていないように見受けられることがある。千年以上の寿命と宣伝されていた多くの茶の巨樹（Tea King Tree）（茶王樹）（茶樹王）も、実はチャ変種 *Camellia sinensis* var. *sinensis* 以外の別の原種である。あるものはイラワジエンシス *Camellia irrawadiensis* であったりアッサム変種 *Camellia sinensis* var. *assamica* であったりする。真性のチャ変種 *Camellia sinensis* var. *sinensis* の古木は中国にも少ないのである。チャの樹は、日本でも三〇〇年生からせいぜい三五〇年生程度の古木しか見たことがないし、韓国での古木もベトナムの古木も一〇〇年生、二〇〇年生程度である。現在も中国各地を訪れて、チャの古木を、しかも明らかに自生だとわかるような古木を探し続けているのは、この様な状況だからである。調査の結果、次第に日本緑茶の遺伝資源のルーツにあたる特性を持った茶樹の集中する地域が見えてきた。最も原始的かつ単純なチャの利用法は生の葉をそのまま食べたり飲んだりすることだったかもしれない。次に始まったのは保存であろう。普通には、簡単な加熱をして乾燥させることである。鉄器が利用できない時代は土器しか利用できないので、この場合には、茹でる（煮る）か蒸すかである。では、本来のチャ利用文化の中心地の中国ではどのようになったのであろう。湯通ししたり、蒸したりした茶葉は、経験した人なら容易に想像できるのだが、大変に粘性が高まる。そこで、つき固めてから乾燥させる固形茶（団茶、餅茶）の利用が考えられた。固形茶は保存性が高く、輸送にも楽なので、交易の品としても大いに利用された。固形茶は、利用するときには削って砕いて、薬研で粉末にしてから、湯に投じてかき混ぜて飲む。葉全体を利用することでは、それまでの食べる茶と同じカテゴリーに含まれるかもしれない。

漢民族にとっては辺境に当たる中国南部の少数民族達の飲み物は、漢民族にとっては当初は物珍しいものに見受けられたであろう。しかしこれを飲むと、カフェインの効果(7)で眼がぱっちりと見開き、精神も活潑に活動し、疲労感も消失して、気分は爽快になったのである。漢民族が茶の虜になったのは、当然であろう。

少数民族の茶利用は、極めて原始的であったが、漢民族がもうすこし洗練された加工技術、餅のように固めてから乾かす製法を開発した。つまり、先にも述べた団茶である。その後、抹茶式の飲み方が開発されたのであるが、それは日本にだけ残っている「抹茶」である。中国では、鉄器具、この場合、鍋にあたる道具で、炒りながら揉んで乾かす釜炒り製法が開発され、中国緑茶として進化していった。この手法は、かなり遅れて日本に伝わり、九州の一部に伝わっているが、日本全国には広がらなかった。

このように緑茶としての利用形態が日中両国で違いが生じ始めたのであるが、本来の茶に対する好き嫌いにその原因があったのか確認してみることにした。

そこで、茶の好き嫌いについて、日中両方の国の研究者が集まり飲み比べをした所、いろいろと興味深い結果が出た。茶は、時代によっても国によっても作り方が違う。簡単にいうと、唐の時代には、餅のようにつき固めたお茶を後から細かく砕いて、お湯に注いでかき混ぜてから飲んでいた。次の宋の時代には、つき固めず、蒸した葉をそのまま乾かして、細かな粉にして、お湯を注いでかき混ぜて飲むお茶も出てきた。しかし、次の時代、明の時代になると、お茶の葉はぎゅっと揉んでから乾かして、そこにお湯を注いで、味がしみ出たお湯だけを飲む形に変わったのである。この頃、日本では生の茶の葉を蒸気で蒸したり、湯がいたりしてから揉んでおり、一方の中国では、大きな鉄鍋で煎りつけながら揉んで、乾かしてお茶を作っているのが普通であった。いわゆる釜炒り茶である。このように作り方、飲み方が変わって行くと、それにつれてお茶の木の品種の違いも生まれてくるのかどうかが気になる。製造法が違い、飲み方が違えば、それに適したチャの品種とか栽培法などが変化してくるように思えるからだ。その辺りを確かめてみるため実験的な飲み比べの会（難しく言うと、ワークショップ）を実施した。杭州の西湖のほとりにある政府高官御用達の茶館、湖畔居がその会場となった。政府高官とか海外からの貴賓客しか利用できないという特別室を提供して

図５　西湖のほとり、湖畔居会場での日中両国共催の茶審査会風景

もらった。

実際に、唐時代の茶のいれ方の実演と講義をした後に、唐代、宋代の二通りのタイプ（固形茶と散茶）の製造法で製作したいくつかの茶を試料として、抹茶スタイルでの審査会を行った。評点を取りまとめたところ、中国側は中国緑茶、日本側は日本緑茶を高く評価したが、唯一例外的に、唐代の名茶産地から収集しておいた遺伝資源系統（日鋳）の散茶仕立てが、いずれの国のパネリストからも高く評価された。先にも述べたように、唐代名茶産地が、宋代、明代にかけても隆盛を誇っていたのは、このような優秀な系統に恵まれていたためだったのかもしれない。中国式の緑茶と日本式の緑茶とに製造方法が分かれる以前の名茶産地から収集されていた遺伝資源系統が、どちらの国の審査員からも高く評価されていることに大きな意味がある。なおこの系統は、日本式の緑茶仕立てにも適した香気と味なので、今後の利用が期

図6　やぶきたの団茶の香気を高く評価した湖畔居の支配人（右）と陳亮博士（左）

審査試料		内質評価			計	%
チャ品種・系統	茶種類（製品）	香気 1（劣） 3（並） 5（優）	水色 1（劣） 3（並） 5（優）	滋味 1（劣） 3（並） 5（優）		
龍井43	市販品／中国緑茶／釜炒り	4.8	4.9	5.0	14.6	97.5
龍井43	固形茶	4.0	4.6	4.5	13.1	87.3
やぶきた	固形茶	4.4	4.1	4.4	12.9	86.0
日鋳	蒸し葉乾燥	3.9	4.7	4.1	12.6	84.0
やぶきた	蒸し葉乾燥	4.0	4.0	3.5	11.8	78.7
紫筝	蒸し葉乾燥	3.2	4.4	3.7	11.8	78.3
龍井43	蒸し葉乾燥	3.1	4.0	3.7	10.5	71.7
紫筝	市販品／中国緑茶／釜炒り	2.4	3.6	2.9	8.9	59.3
紫筝	固形茶	2.2	1.8	2.2	6.2	41.3
平均		3.5	4.0	3.9	11.4	76.0

表1　ワークショップで試飲した茶の総合評価結果

待されるところである。

ここまでの結果をまとめると、日本に伝えられた茶の利用形態として、唐代の団茶、宋代の葉茶（散茶）と片茶（団茶）、明代の葉茶（釜炒り、煎茶）があり、前二者は、新芽を蒸して、あるいは煮て用いるのを珍重している。遅れて入った葉茶利用が、成葉まで利用するようになると、秋冬番茶になる。これを煮出した色が、いわゆる「茶色」である。このあたりが、一般庶民が飲み始めた茶である。日本の茶利用は奈良・平安の時代には宮中の貴族層、および僧侶階級の間で、渡来文化の素養として始まっている。鎌倉時代から少しずつ薬理的な効果が喧伝され茶の利用が広がって行ったのであるが、一般庶民にまで普及するのは江戸時代になって、煎茶が始められてからである。江戸時代には玉露が開発されて、茶利用文化は最頂点に到達した。日本への茶の渡来は頻繁に往来する僧侶に支えられていたのであるが、その起点となっていたのは寧波から杭州にかけての天台系の寺院の集中する地域だと思われる。寧波には、当時の交流を顕彰して海上のティーロード起点の碑が建てられている。

図７　海のティーロード起点を記念する石碑

人間は生きて行くためには、水分を摂取しなくてはならないが、土地土地で得られる水の質は様々で、味わいも異なる。生水では体に悪い影響が出ることもある。そこで、水分補給としては、家畜の乳、多汁質の果物なども利用され、酒とかワインなどのアルコール類も利用される。しかし、安全に飲めるのは、煮沸した水であり、非アルコール飲料のお茶が一番私たちの健康には適している。世界中には様々な茶植物があるが、代表的なものには、茶、コーヒー、マテ、カユプテ、がある。面白いことに、これらの茶植物はどれもがカフェインを含んでいる。疲れを忘れさせ、うっとりとしてくつろげる精神的な効果を持っているカフェインを含んでいることから、次第に常習的に飲用することになったのである。

日本では、チャの木を植えて、春先の新芽を摘んで、蒸気で蒸した後、葉を寄り合わすようにして「揉み」ながら、乾燥して仕上げる「煎茶」が一般的である。お茶を作る農家は、地方ごとに育てやすいチャの種類が違うことから、栽培するチャの品種はいろいろ異なっている。現在、国が登録して名付けている品種はおよそ一〇〇あるが、その他に、各地の公立の試験場や、熱心に農家などが申請して登録されている品種も多く、大体三〇〇くらいになる。その何十倍もの系統（品種になる前の、いろいろな特徴で区別されるもの）が日本にはある。中国や韓国などにも、たくさんのチャの品種や系統があり、いくつかの特徴で、日本のものとは形質に違いが認められている。日本の特長として雌しべの花柱が短くて、しかも柱頭部分が深く裂けて、緩やかに湾曲した花を咲かせる個体が多い。反対に中国では、雌しべの花柱が長くて、雄しべのなかから抜きでたように見えた上、その柱頭が直角に曲がっている個体が多く見つかる。ところで、これだけの違いがあるので、日本のチャ樹は独自のものなのだろうか。太古から違ったものとして自生していたのだろうか。いろいろな意見・学説が出されている。日本の古い言葉、つまり『古事記』、『日本書紀』、そして『万葉集』などに使われている日本語（大和言葉）の中にチャという語は見つからない。先にもふれたが、日本で茶飲用が一般庶民の生活に取り込まれるようになったのは、安土桃山時代から、江戸時代にかけてのことである。中国本土から室町時代に、日本に導入され、導入された茶樹が日本各地の茶産地の形成を促した結果、緑茶の飲用が普及した。宋代に伝わった緑茶飲用の形態は葉茶を粉末にして、全体を湯に溶いて利用する抹茶であり、その後に伝わった、葉茶を揉みながら乾燥させ、湯を注いで、その成分だけを飲用する煎茶（中国では泡茶）とともに、日本の緑茶利用文化の基盤を形成している。「茶色」と言う、色彩を形容する語の発生は江戸時代の早い時期か、もう少し早い安土桃山時代のころなので、それより昔には、お茶は人々の普段の暮らしには密着していなかったのだと考えられている。そこで問題は、室町、あるいはそれ以前であれ、中国のどの地域から、日本の緑茶の元になったチャの木や種子が持ち込まれたのであろうかということである。この謎を解くために、何回も中国に出かけて、チャの木について様々な調査をした結果、揚子江の河口にあたる杭州から寧波にかけての地域が最も日本の代表的なチャの木の特徴に似たチャが自生していることが分った。

いくつかの基礎的な予備実験から、遺伝様式の明らかに出来た特徴を標識形質として取り上げて現地の調査結果と、日本の調査資料との照らし合わせをした。また、最新の遺伝子解析、つまりＤＮＡでの解析からも、その裏付けを行なった。[8]調査を始めた頃の中国では、生きた状態でのチャの木や葉などを日本に持ち出すことは許可されない状態であったので、観察だけで済ませられる、外部形態上の特徴の比較が重要であった。咲いている花の中心にある雌しべの長さや、柱頭の曲がり具合、そして、柱頭の裂け方の浅い、深い、という特徴である。また、日本で研究されていた、大型の葉を作る遺伝子、コーロ遺伝子の分布を調査することであった。この、コーロ遺伝子は劣性の遺伝子で、日本の茶の代表品種の「やぶきた」が、隠して持っていることで有名である。[9]「やぶきた」は、劣性遺伝子を一つだけ、つまり、優性の遺伝子と、合わさって持たされているので、外見は正常である。しかし、何らかの要因で、この様な組み合わせの遺伝子を持ったもの同士が交配すると、劣性遺伝子が二つ合わさって、外見にその特徴が現れる。つまり、葉が丸く、しわが目立ち、きわめて大型になるので、一見してすぐ識別できる。「やぶきた」と交配して、その子供にこのような特徴を持った個体が見つかれば、そのチャの木（品種でも系統でも）も、コーロ遺伝子を隠して持っていることが証明できる。日本の農林省が保存している、中国から導入した、チャの遺伝資源二〇〇系統ほどを使って、この様な検定交配をした所、たった一つの系統が、コーロ遺伝子を隠し持っていた。それは、杭州から寧波に行く、ちょうど中間に当たる所から導入した系統であった。ここまでわかったので、次に実際に中国国内でコーロ茶樹の分布を調べることにした。

四　仏教修行にとっての茶の重要性

仏教は、中国でも国家鎮護、衆生救済のために、時の権力者も一般大衆も信仰をしている。その点は、日本でも同じである。中国でもそうなのだが、最初の頃の仏教では、瞑想に没頭するためにも、山のなかに籠っての修行が行われていた。また、経典を書き写すことも修行の一部であった。座禅も組むわけである。最初はいわゆる山岳仏教のように、山中に籠ることが普通であった。仏教とチャとの密接な関係を教えてくれるのが、達磨大師とチャとの逸話であろう。修行中、睡魔と戦うのに悩んだ達磨大師が、眠くなる原因は自分に眼があるからだといって、自分の眼をえぐりとって、庭先に放り投げてしまったのである。達磨大師は座禅修行を始めた人と伝えられている。居眠りすること無く修行を続けることが出来たのであろうか。その庭先に投げ捨てられた眼から生えた木が「チャの木」になったと言われている。チャの木の別名を「目覚まし草」と言う所以である。チャには眠気を払う、カフェインがたくさん含まれている。また、ポリフェノール成分も多く、健康にとって優れた飲み物となる。お寺に籠って修行する僧侶にとっては大変に重要な飲料であった。そして、寺院から宮廷貴族にも喫茶の習慣が広まって行き、皇帝に献上する特別な茶園も形成されるようになった。

中国では、唐の時代に茶を飲む形式がきっちりと形作られ、都の周囲の産地にはたくさんの寺院も建立されて行き、各寺院を中心として、広々とした茶園も作られ、名茶産地として記録されるようになった。寧波に近い日鋳寺の茶もこの頃には高い名声を得ていた。また、この頃から次第に日本にも茶が伝わり始めた。それは、遣唐使などに従って修行に来ていた僧侶達が帰国する時に茶の苗木や、茶器なども持ち帰ったことによる。唐から宋にかけて、中国では都が南に移動している。特に、茶が飛躍的に発展した宋、とくに南宋時代には、揚子江下流が文化の中心となり、日本との交流も、杭州、寧波が窓口の港になっていた。お茶の文化も、コーロ茶樹などの茶遺伝資源の研究成果も中国の杭州付近からのルートを指し示しているのである。そして、茶と表裏一対ともいえる仏教文化の中心地も、この杭州から寧波にかけての地域を指し示している。

宋代は日本の緑茶文化にとっては大変重要な歴史的時期とされる。それは、現在の日本の緑茶文化の基層を形成している茶文化が本格的に導入されるきっかけとなった時期だからである。当時の日本は、鎌倉から室町にかけて、政治の実権が貴族層から武家層へと転換した時期で、社会的な価値観が大幅に変わり始めていた。茶そのものは奈良・平安時代に日本に導入され、宮中及び寺院において、利用されていたことは『延喜式』などの文献からも明らかであるが、一般庶民の日常生活からはかけ離れており、茶の利用は中国文化を模倣するだけのごく一部の特権階級の人々に限られていた。仏教の修行を終えた僧侶は、帰国する時には中国でなじんだいろいろな食材、食品加工の技術も持ち帰った。すべて、寺院のなかでの生活でなじんだものである。茶の世界では、この頃に伝えられたと見なされる粉末での茶利用、つまり、抹茶の文化はその後の日本だけに残されており、茶の文化研究の上では貴重なものである。また、その後の日本では茶の製法が独自に改善され、独特の緑茶（蒸し製煎茶）へと発展した。

杭州から寧波にかけては、有名な寺院が集中していたことから、日本の有名な渡来僧達も必ずこの地域で修行した。日本の茶祖栄西（一一四一〜一二一五）は、寧波の南の天台山万年寺や天童山景徳禅寺で修行している。また、静岡にお茶をもたらした、円爾（聖一国師、一二〇二〜一二八〇）は、杭州郊外の径山万寿寺や寧波の天童山で修行している。それ以前の唐代から有名な寺院には、他にも嘉祥寺、雲門寺、大善寺などが記録に残されている。また、杭州は南宋の行在（臨時首都）であったし、運河でことつながる寧波（明州、慶元）は海洋を渡る船の発着港で、海外との交易の基地として栄えていた。寧波地域には生活の精神的基盤となる寺院が建立され、また、大勢の修行僧が生活することになる。天台宗、そして、禅宗の寺院が後背地の丘や山に次々と建設されていった。まさに、アジアの文化と物流の中継基地として栄えたのである。

茶の育種では、日本各地に自生状になっている在来茶集団や、海外からの収集系統群の比較から育種素材を探すことが重要であり、茶に必須の成分含量についてはは膨大なデーターが蓄積されている。育種の素材として集めていた材料の一番簡単な分子遺伝学的な比較はＲＡＰＤ解析である。チャはアジア南部に向かうに連れて多様性が増していることが解析結果から明らかにされた。様々なＤＮＡ配列がたくさん存在する中国大陸から、ごく一部の配列しか持っていない少数の集団が伝わってきたのが、日本のチャなのだと考えられる結果となった。そして、日本のチャの特徴的なＤＮＡ配列が見つかる地域は、中国の中部（華中）あたりという結果が得られた。

ＲＡＰＤ解析で明らかになったのは、日本の緑茶品種は二つのグループ、つまり、「やぶきた」グループ、「あさつゆ」グループに分けられるということであった(10)。では、中国の収集品はどちらのグループに属するのか、解析結果は意外であった。どちらのＤＮＡ標識も持たない系統、どちらも持っている系統まで、存在が明らかになった。中国では、日本よりも遙かに多様な変異が遺伝配列の中に潜んでいることが結果から分かったのである。改めて、韓国をはじめとして、アジアのいくつかの地域から収集した系統や、日本在来の系統につき解析を進めたところ、ＤＮＡ変異のすべてを多数保存している杭州から寧波にかけての揚子江河口部の近辺が、現時点では日本緑茶の故里と見なせた。

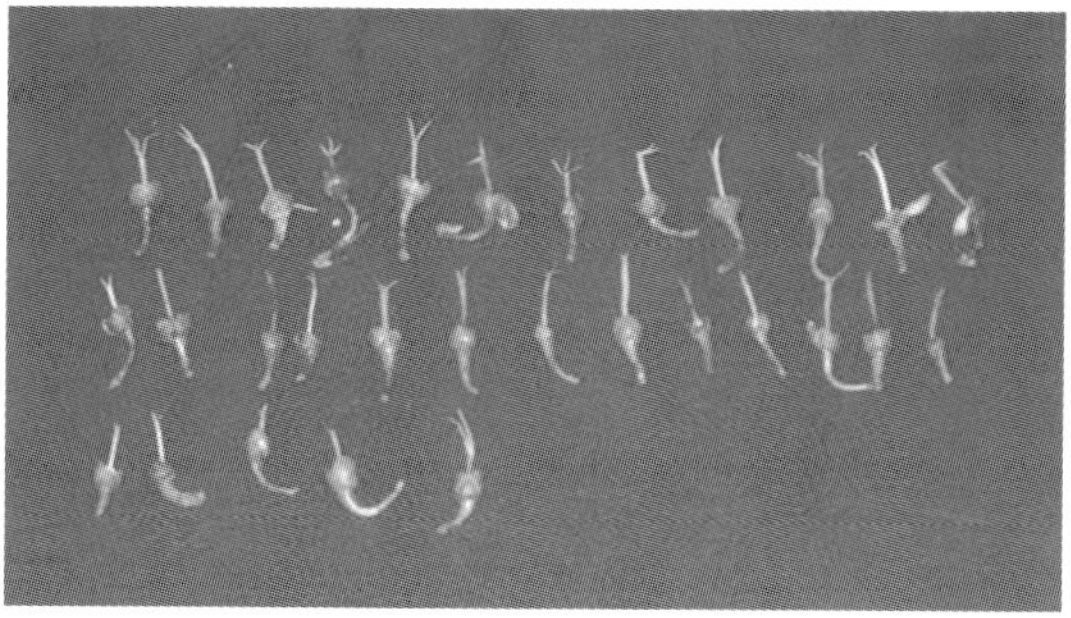

図８　中国でのチャの花。花柱の形態変異の一例
（日鋳寺茶園）

一方、遺伝様式を明らかにしておいた外部形態の形質についての分布状況を調べたところ、特に重要なチャの花器形質を、雌しべが雄しべ群より抽出するか、しないか、柱頭が屈曲するか、しないか、柱頭の分裂が浅い、中程度、深い、の組み合わせで十二通りのタイプに分類できた。日本在来のチャは短い雌しべで柱頭は屈曲しないタイプが優占し、一方の中国系統は、長い雌しべで柱頭が屈曲するタイプが優占していることから、両国のチャ系統は、独自に進化した、つまり、日本在来のチャ系統は日本で分化した自生のものと見なす見解を打ち出す研究者もかつては多く、雌しべの長さによって、「中国種」、「日本種」という呼び名で区別されることが一般的であった。しかしながら、今回の現地調査では、杭州市郊外にあたる径山寺付近の茶園に、短い雌しべで、深く柱頭が分岐するタイプの花をつけている個体の存在を確認した。唐代からの名茶産地の日鋳寺の茶園でも同様に、短い雌しべの花をつけている個体を見つけた。

また、中国農業科学院茶葉研究所の緑茶遺伝資源保存園の保存系統を調査したところ、同様のタイプの雌しべをした遺伝資源系統・品種が存在していることが判明した。従って、日本在来のチャは、古い時代に中国からの導入に際しては、ごく少量の種子ないしはチャ株が持ち込まれることによる、瓶首効果によって遺伝子頻度が短い雌しべに偏ったものと考えられる。中国との交流が比較的容易であった韓国では、長い雌しべの個体が優占しているが、これは、導入に際して比較的大量の種子ないしはチャ株が運ばれたため、遺伝子頻度の偏向は生じなかったためと考えられる。

いずれにしても、日本との古代の交流が盛んであった揚子江下流の地域に、日本の在来チャの特徴を示す花器形態を備えた個体が自生していることが明らかとなった。日本国内でのチャの花の雌蕊の形態調査の結果によると、京都の宇治、静岡の足久保、佐賀の背振山など古い茶産地のチャでは、雄蕊群より先が突き出るほどの長い雌蕊が優占しており、中国中部、および中南部のチャに類縁性が高い。しかし、日本の他の地域の在来のチャは雄蕊群より短い雌蕊が優占していて、これは中国中南部のチャにも発現している形質である。韓国の野生茶は雌蕊の形態は雄蕊群よりも抽出する頻度が高く、日本の古い時代からの茶の産地のチャの形態と類似していた。先にもふれたがチャの現地調査で、花の形態、特にめしべの形態に付いて重点を置いた理由は、中国国内での現地調査の難しさ、とくに生きたままでの材料の調査、日本への持ち出しが困難な状況があった。また、今後の大掛かりな連絡試験のできる時期のくることも想定して、誰でもが容易に調査できて、しかも、遺伝的な裏付けのある特性を取り上げることが重要だとの判断をしたためであった。つまり、中国は茶文化の中心としての自負もあり、生きた状態でのチャの木の国外持ち出しは禁止していた。葉っぱの一枚たりとも、正式には持ち出せない状況であった。広大な中国本土での現地調査を効率化するために、遺伝様式の明らかな形質を対象として、表現形から特定の遺伝子頻度を推定する手法を主として用いることにしたのは、そのためである。先にも述べたように、予備的な試験から、今までに育種の対象形質としては取り上げられることは無く、かつ、チャの進化からは大変に重要な雌しべの形質をとりあげ、また、あわせて、特異な形態の葉となる、コーロ遺伝子についても調査をした。いずれも、日本の緑茶品種で首位を占める「やぶきた」の特性に関係する形質である。短い雌しべは「やぶきた」の特徴であり、劣性形質である。長い雌しべは、中国系のチャ品種に優占する特徴とされていた。また、コーロ遺伝子は、劣性形質で、ホモ接合体となった場合には異常に大型で葉脈の強く凹み、一見すると凸凹の激しい形状になる、奇形の葉を展開する。そのうえ、花が咲かなくなり、コーロ型のチャの木は、種子をつけず、子孫にはこの遺伝子は伝わらなくなる。日本のチャの木にはコーロ遺伝子を隠し持っている個体は珍しく、唯、エリート品種として有名な「やぶきた」が、異形接合個体として、この遺伝子を隠し持っている。「やぶきた」は静岡在来のチャから育成されているので、このコーロ遺伝子の分布状況を調査することで、やはり、日本の在来チャ集団の起源の一部が推定できることになる。

この様な状況から、一部の材料については、生の葉のサンプリングを行い、それ以外については、雌しべ形質の調査と、コーロ型個体の探索を中心に現地調査を進めた。それまでの、交配試験の結果から、コーロ遺伝子を保有している中国からの導入系統は、寧波の西側に位置する会稽山麓の平水導入系のみであった。また、中国農業科学院茶葉研究所の緑茶遺伝資源保存園の全系統を調査したところ、長江中流の九曲系統が、コーロ型であった。来歴を調べると、寧波地域から選抜した在来系統に生じた枝変わりの系統であった。つまり、本質的には寧波の系統である。

中国本土以外の調査では、インドのダージーリンで、コーロ型の個体が採集されている。また、韓国でも晉州で採集されている。詳しく調べてみたところ、ダージーリンは、古い時代に中国本土から茶園造成のために種子を導入した地域であり、そもそもの起源は中国と見なされた。韓国の場合も、昔に日本の静岡県から茶園の造成に種子を導入した地域での採集であり、そもそもの起源は日本、それも「やぶきた」と同じ、静岡在来系統と見なされる。

以上の結果から、長江流域の杭州から寧波にかけての古代からの名茶産地の茶園を現地調査の対象とすることにした。平成十九年十二月、平成二十年一月、平成二十年十月、平成二十一年七月に、平水及び杭州、顧渚及び杭州、杭州（国際ワークショップ）、寧波及び田螺山、の四カ所の現地調査を行った。まず、宋代の中国と日本との貿易港である寧波に近く、宋代より伝わる茶生産地域、日鋳嶺（浙江省紹興市郊外）に残存している茶園について調査を行った。雌しべ形質の区分は従前の報告に従った。また、中国農業科学院茶葉研究所国家遺伝資源保存園に収集されている、

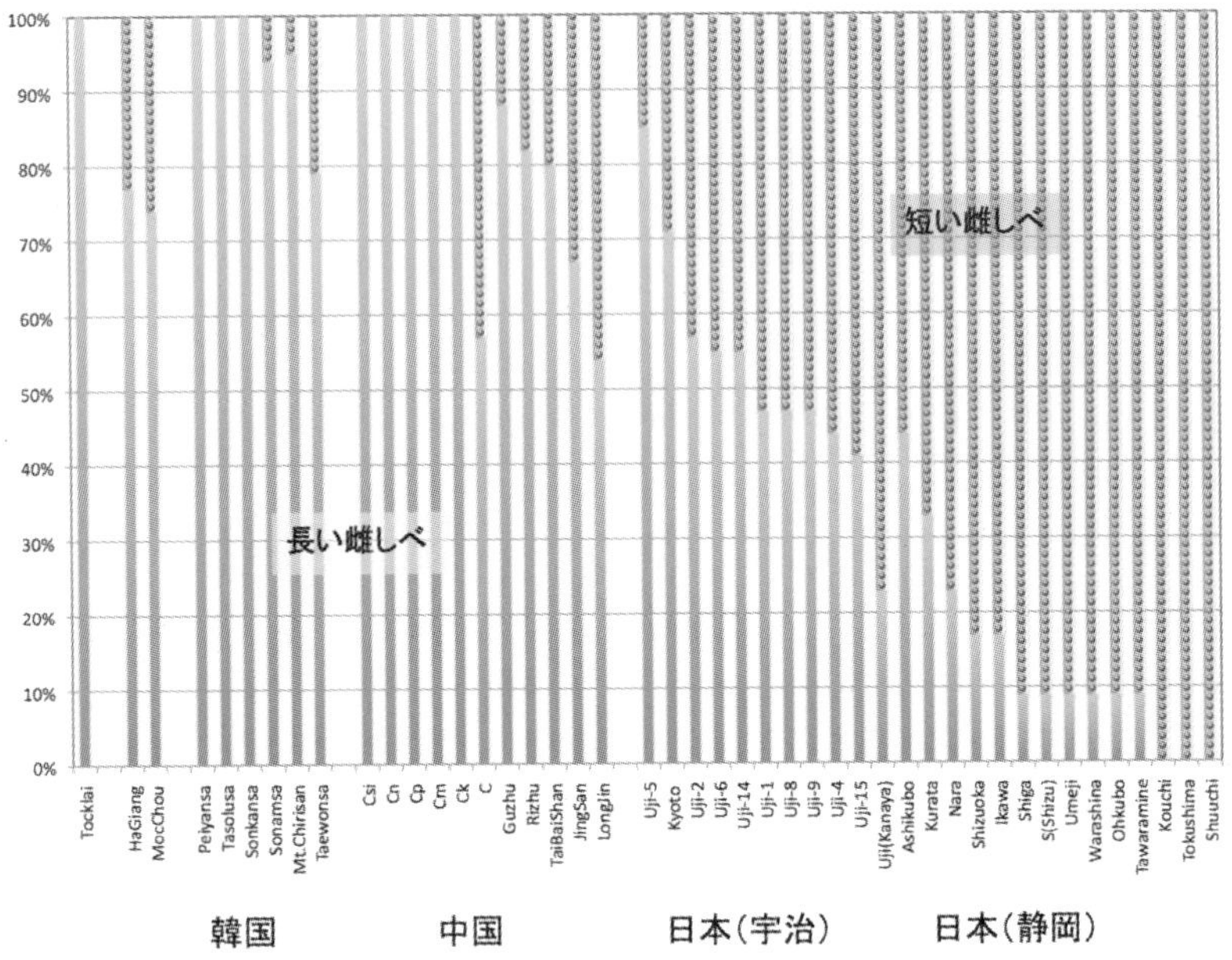

図9　日本と中国の茶樹のめしべの長短の比較結果

宋代著名産地からの収集系統についての調査も参考として行った。その結果、以下の様なことが明らかとなった。

日鋳嶺周辺のチャ樹の葉は比較的小型であった。雌しべ形質は長く、雄しべ群より抽出するタイプが優占していた。日本系統に類似する、長さは短く、雄しべ群に埋まるタイプの比率は低く、以前調査した杭州、龍井での結果とは異なっていた。遺伝資源として収集されていた、「日鋳」、「顧渚」、「秀水双井」の系統の雌しべ形質も、長く抽出するE型が優占したが、「顧渚」では、短い雌しべのI型も見受けられた。顧渚は比較的寧波からは杭州に近い地域であり、地理的な勾配も想定され、今後の精細な調査が必要と考えられた。

更に重要なことは、冒頭に説明したお茶の飲み比べで、両国の研究者から高く評価された遺伝資源系統があったが、その産地のごく近くにコーロ遺伝子を保有している収集系統の産地がある上、ここでもやはり、コーロ個体がみつかっていることである。その他に、揚子江中流地域から品種候補が審査されていたが、寧波在来の系統の枝変わりとして見つかったコーロ個体であった。よってすべてのコーロが寧波周辺の丘陵地帯に見つかっていることになった。

更に興味深いことは、ここからそれほど遠くないところにある河姆渡文化圏に含まれる田螺山遺跡では、六〇〇〇年前の地層から、炭化した、茶らしい木の根株が大量に発掘されていた。そのチャ株と見なされる炭化した樹元の株は、根の先端が著しくこぶ上にふくれていることから、その先の根が異常な環境、例えば固い岩盤とか、水分の多い地層に到達して、生長遅滞が生じ、その結果養分の過剰蓄積が生じて形成された奇形と見なせた。この集落が気候変動の影響で起きた海進のために放棄された農耕集落であることを考えると、その間の地下水位の上昇を示す奇形だと見なせるかもしれない。DNA鑑定で真正のチャ、*Camellia sinensis* var. *sinensis* であるか、明らかにしようと試みたが、保存状態が悪かったのか、きわめて断片化が進んでいて、チャのものかどうかについては、DNAからは確定できなかった。

図10　中国で栽培されている「コーロ」型の茶系統

おわりに

ここ二十年近く、日本の茶文化と茶の伝来について調査・研究を重ねて来た。一つには恩師である中尾佐助の照葉樹林文化論を、指標植物であるチャ

図11　田羅山遺跡の見学風景（中央が発掘責任者の孫博士）

図12　発掘された、茶樹と思われる炭化した根株

樹の進化から補強すること、もう一つは停滞する日本の茶業に新しい遺伝形質を取り込み、育種の方向から力強さを与えることが目的であった。中国での現地調査ができるようになるまでは大変であったが、いろいろな方々の協力があって、今では自由に現地茶園や寺院境内に立ちいることもできるようになり、今回のとりまとめのように、日本の茶遺伝資源のふるさとが見えて来た。

ようやく、はっきりとしたことは、次のようである。日本と中国とを結びつける特徴を備えた茶植物、茶利用文化、すべてのポイントが長江下流の海岸付近から背後の丘陵地帯に集中している。唐代からの銘茶産地の中心に位置する、日鋳寺のある地域からは、めしべの短いタイプのチャ樹も見つかり、コーロ型の実生も確認された。香味の優れた遺伝資源系統の存在も明らかにできた。今後も今まで以上に両国の研究資源の交流が盛んになり、更にすばらしいタイプの有望な茶遺伝資源系統が見つかり、それをもとにして、新しい茶が生みだされることがそう遠くない将来におこることを期待している。

註

（1）橋本実『茶の起源を探る』（淡交社、一九八八年、二二二頁）。
（2）松下智『茶の民族誌』（雄山閣、一九九八年、三一七頁）。
（3）山口聰「照葉樹林文化の一要素としてのチャ利用」（金子・山口（編）『照葉樹林文化論の現代的展開』北海道大学図書刊行会、二〇〇一年、四九一～五一二頁）、同「照葉樹林文化論再考」（『ユーラシア農耕史第四巻（分担）、臨川書房、二〇〇九年、三〇七～三四四頁）。
（4）松崎芳郎『年表茶の世界史』（八坂書房、一九九二年、三三〇頁）。
（5）張宏達「山茶属植物的系統研究」（『中山大学報（自然科学）』一、一九八一年、一～一八〇頁）。Ming, T. L. 1992. A revision

of *Camellia* sect. Thea. Acta Bot. Yunnanica.

（6）『中国農業百科全集茶業巻』（農業出版社、一九八八年、三六九頁）。

（7）Ashihara, H. and A. Crozier 1999. Biosynthesis and metabolism of Caffein and related purine alkaloids. Adv. Bot. Res. 30, 117-205.

（8）Chen, L. and S. Yamaguchi 2002. Genetic diversity and phylogeny of tea plant（*Camellia sinensis*）and its related species and varieties in the section Thea genus *Camellia* determined by randomly amplified polymorphic DNA analysis. Jour. Hort. Sci. and Biotech. 77（6）: 729-732. Chen, L. and S. Yamaguchi 2005. RAPD markers for discriminating tea germplasms at the inter-specific level in China, Plant Breeding 124, 404-409.

（9）鳥屋尾忠之「こうろ茶樹に関する研究（第一報）　こうろ型形質の遺伝と茶樹の自然自殖率の推定」（『茶業技術研究』三二、一九六六年、一八～二二頁）、同、「こうろ茶樹に関する研究（第二報）　こうろ型特徴形質の多面発現」（『茶業技術研究』三五、一九六七年、二五～三一頁）、同、「チャの白葉ならびにこうろ型形質の遺伝解析」（『茶業技術研究』五七、一九七九年、一～五頁）。呉振鐸「香櫞種（皐蘆）茶樹的探究」（『科学農業』三五（三―四）、一九八七年、六三～七三頁）。

（10）Yamaguchi, S. and J. I. Tanaka 1995. Origin and spread of tea from China to Eastern Asian regions and Japan. Proc.'95 Intern. Tea-Qual.-Human Health Symp., Shanghai, China, p279-286.

第二部　渡海と環境

（前文）風をつかみ海流にのり又のりこえる

吉尾　寛

はじめに

フェルナン・ブローデルの『地中海』（Ⅰ　環境の役割）には、「栄光の空」――人びとが地中海を活発に動く夏の三か月と、「恐ろしい季節」――北からの季節風が吹き地中海をとりかこむ国々が一斉に港を閉じる冬の三か月、という話が書かれている。[1]海洋の環境が人びとの活動にもたらす影響は、東アジア海域世界史においてどのように確認されるのであろうか（Fig.1）。この問いは、これまで明らかにされてきた東アジア海域における様々な交流史の土台をなすところの環境の実態に触れるものと考える。

以上の問題意識をもとに、日本の先行研究およびその主要な根拠をなす資料にみえる季節風、海流ならびに航路、航海の時節の特徴を提示し、本第二部の前文としたい。

なお、本論は、東シナ海を中心とし、黄海、中国広東省沿岸の南シナ海におよぶ海域を対象とする。

一　季節風、海流

現在の海洋気象学の情報あるいはそれをふまえて過去の漂流・漂着の原因を分析する研究は、貴重な材料を与えている。[2]それらの研究を通してみる限り、東アジア海域は、冬の北西風、夏の南東風を軸に一年を通して風向・風力を変えていく。①東シナ海の中央部では、十二

Fig.1　Major World Oceans and Currents

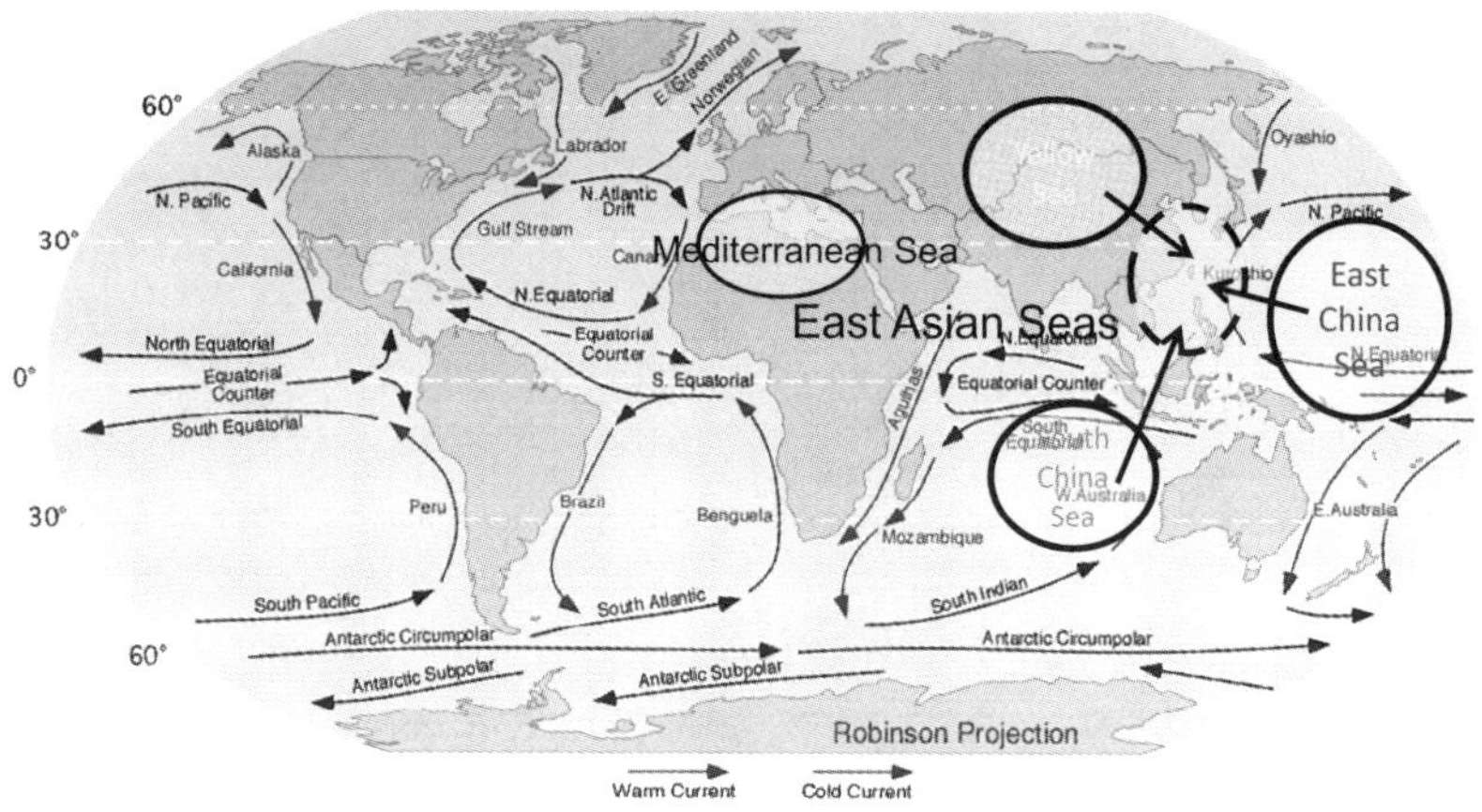

63　（前文）風をつかみ海流にのり又のりこえる

Fig.2　Sraits in the East Asian Seas

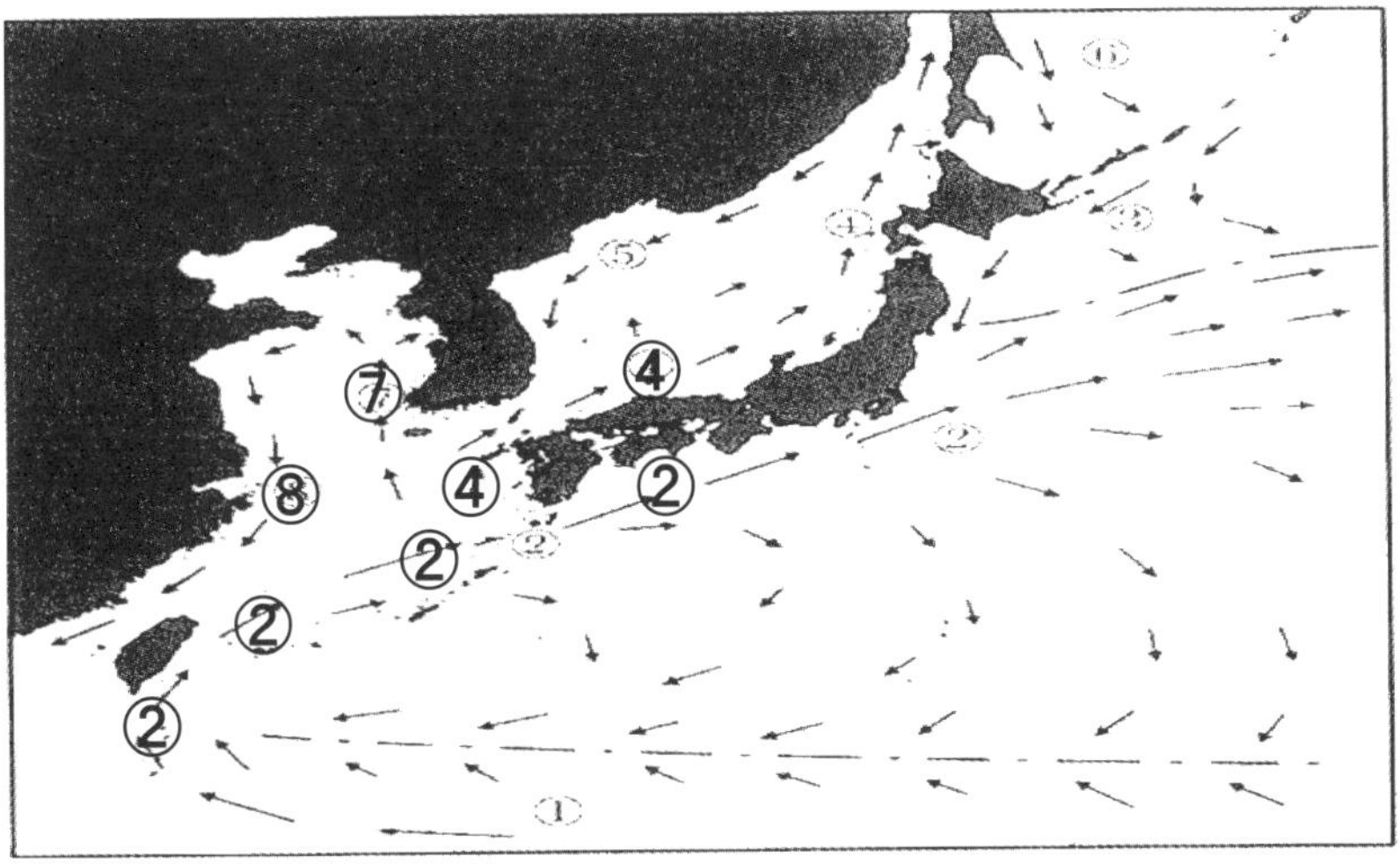

Warm Currents
①North Equatorial　②Kuroshio
④Tsushima　⑦Korean

Cold Currents
③Oyashio　⑤Liman
⑥East Sakhalen　⑧Chinese

月～翌三月にかけて北西風、北風が比較的強く、四月～五月は弱い北東、東風が吹き、六月から八月は弱い南、南東風、九月から十一月は北西風が勢いを強める。②黄海では、十二月～翌三月は東シナ海中央部と同様な季節が吹き、四月～六月は季節風そのものが弱く、七月から八月は比較的弱い南風が吹く。九月からは北東から北西へ徐々に向きを変えながら北からの風が強まる。③福建省から広東省の沿岸においては、九月から翌五月にかけて基本的に北東風が吹き（特に九月～三月は強く）、六月から八月は逆に南風が吹き込む。

　こうした季節風は、大きく冬・夏の高気圧、低気圧によって、又地球の自転の影響が加わっておこる。要点をいえば、冬はシベリアの高気圧から流れ出し、アリューシャンの低気圧に向かって流れ込み、日本や東シナ海では北西風、北風となる。夏は北太平洋の高気圧から吹き出してシベリアに向かう風が南風、南東風となり、気圧の勾配が緩やかなため南風は弱い。しかも、世界最大の大陸（ユーラシア大陸）と世界最大の海洋（太平洋）との境目に位置するところの東アジアの季節風の現象は、他と比べられないほど規則正しくかつ大規模におきた、と。

一方、海流については、暖流の黒潮、対馬海流、朝鮮沿岸流等、寒流の中国沿岸流等がある（Fig. 2）。最も強くかつ広域的に影響を及ぼすのが、黒潮である。「海洋の大循環」を北半球において北太平洋海流、カリフォルニア海流、北赤道海流とともに形成する黒潮は、台湾東岸で最速二～三・五ノット、東シナ海東部で一～二ノットで流れる。これに対して対馬海流は〇・四～〇・八ノットで、黒潮の影響を受ける場合もある。近年、中国、日本、ヨーロッパの文献を博捜して黒潮の認知の過程を解明する海洋学の研究が日本で公になり、歴史上の〈黒潮〉(kuroshio の名称をもたない前）と人々の航海の関係について大きく解明の道を開いた(3)。

最近では、交流史の個別分野において季節風と海流の関係から海洋の環境に論及する研究が発表されるとともに、海流の反流や潮汐の影響に留意する視点も出されている(4)。

二　航路、航海の時節

では、過去の航海は実際どのようなものだったのであろうか。先行研究によって、著名な渡海活動・事件の内、年月日が判明している事例を中心に紹介したい。特記しない限り陰暦を用いるが、風向・風力の概況は、陰暦を陽暦に大まかに読み替えて述べることにする。なお、今回は、ダウ船等の航海能力にも踏み込んで報告するにはいたっていないが、遣唐使船、菱垣船が前方左右約四五度から七〇度までの向かい風以外――つまり横風を含む風――を推進力に変えることができたとする先行研究の見解はふまえている(5)。

（1）遣唐使と「入唐求法」僧

遣唐使船の航路には、七世紀を中心に北路（博多―壱岐―対馬―朝鮮半島南岸―渤海―中国登州・莱州）、八世紀を中心に南島路（博多―薩摩―大島―沖縄―八重山諸島―東シナ海の狭隘海域―中国大陸）、八世紀から九世紀にかけて主たる航路であった南路（博多―五島―揚州）の三つがあったといわれている。ただ、南島路の存在を実証できる根拠は他の二つの航路に比べて薄く、本航路が活発化するのは琉球王国成立以降ではないかといわれる。南路を例に航海の時節をとると、日本から中国へは主に南東風が吹く七月、八月、中国から日本へは北西風、弱い南風が吹く十二月および六月が多かったと考えられる(6)。

他方、同時代の渡海僧としていわゆる「入唐求法」僧がいる。彼らに関する航海記録によれば、円仁（七九四―八六四）の場合、往路は南路（八三八年六月二十三日値賀島＝五島→七月二日掘港（如東））、帰路は北路であった（八四七年七月二十一日→九月十九日博多(7)）。しかし、円珍（八一四―八九一）の場合は、帰路こそ北路をとったものの、往路については興味深い記録が残されている。即ち、五島から東よりの風に乗って南路をとったが（八五三年七月十六日）、まもなく北風を受けて台湾（「流球」）北西端に流れ着き、その後福州に渡った（八月十五日）といわれている。帰路は台州（八五八年六月八日）から南路、途中から朝鮮半島よりを進み、博多に到着している（六月二十二日(8)）。

（2）日宋貿易～「元寇」（朝鮮半島をめぐる渡海を含めて）

十世紀後半から十三世紀後半にかけて、日本船は博多から五島を経て明州・台州等に向かっている。その主たる航海の時節は北西から北東の風が吹く一月～三・四月、および九月～十一月であった。逆に、江浙地方から日本への渡海は主に南風が吹く五月～八月の間が多かったとみられる。一方、博多等から壱岐・対馬を辿って高麗へ向かう船も多く、二月～七月、九月～十一月、特に強い北西季節風が吹かない限り渡海していたと推察される。高麗から日本へは逆に北西季節風の強まる七月～九月が多いことが確認できる。[9] また、高麗と宋の間の渡海も盛んで――結語でも触れるが――、黄海の海道を具体的に記した、北宋・徐兢撰『宣和奉使高麗図経』なども刊行された。

以上の傾向は、元と日本の間にも認められる。所謂〈元寇〉における朝鮮海峡の渡海について次の事は日本の中で広く知られている。一二七四年十月五日、元と高麗軍は馬西岸佐須浦の沖に集結するが、同十月二十一日未明、にわかに逆風（南東風）が吹き起こり、蒙古戦艦は多く破壊された。なお、一二八一年閏七月二日、東路（朝鮮方面）・江南両軍、鷹島の海上で「秋風」（台風）によって大半覆没した。[10]

また、時代がやや後になるが、豊臣秀吉の水軍が名護屋から壱岐・対馬を経て朝鮮半島南岸に上陸した主たる時期は、季節風そのものが弱い四月～六月であった。[11] こうした時節を外した場合の渡海が逆にいかに危険なものであったかは、次の朝鮮使節、朝鮮通信使の例からうかがわれる。一四二〇年三月一日対馬船越から「大洋」に出て壱岐に向かいましたが、終夜波によって船が上下し大変な苦労の末、暁に到着した。又一七六三年十一月十三日対馬府中から壱岐・風下浦に渡った船は、激しい西風で荒れ狂う波濤の中を進んだという。[12]

（3）遣明船

一四〇一年から一五四九年までの派遣において、その航路は多く博多から五島に出て放洋し、一気に杭州湾、長江河口をめざすもので、復路はその逆を往っている。この内、五島から寧波に至る渡海は、二月～三月、および七月～九月に多く、とくに注目されるのは、日本の史料に前者が「春大迅」、後者が「秋大迅」――いずれも強い東北の季節風——を力として渡海しようしたとあることである。加えて、堺から南海路（土佐沖）を経て寧波に向かう航路があったが、その場合も「大迅」が吹くのを待ったといわれる。逆に日本への到着月は、四月・八月が各々一回、五月・七月が各々三回、六月が四回である。[13]

（4）倭　寇

日本の研究によれば、[14]凡そ一三六九年から一六一四年の倭寇の活動時期と地域についてかなり明らかにすることができる。即ち、江蘇、浙江に入寇する時節は比較的三月、四月、五月に多く、五島とこの地域を結ぶ海域では弱い南東風、東風が吹いた時期である。福建、広東に場合は、北東風が沿岸を吹きつける十一月から二月に多い傾向が見出される。倭寇の顕著な活動が史料に記される時期（「嘉靖の大倭寇」。一五五四年、一五五六年等）は、むしろ、そうした時節の特徴が見えづらくなるほど動きが活発であった時期と解釈できるのはないであろうか。なお、倭寇の主要な航路は、遣明船、後述する朱印船のそれと重なるであろうと察せられるものの、日本に戻る時節・航路については未だ解明されていない。

（5）朱印船貿易〜長崎貿易

朱印船による貿易は、一六〇一年から一六三五年にかけて行われ、日本・元和年間（一六一五—一六二三）の航海図は現在でも貴重な史料とされている。鎖国政策の後本格化した長崎貿易については、一六五五年、一六九八年の航海記録において詳しい内容がみとめられる。[15]その中で、長崎から五島を経て放洋、杭州湾付近まで進んで南下し、台湾海峡を通ってマカオ（天川）、さらには海南島の南を通って安南に至る航路が確認できる。北帰は台湾海峡の東部を通過した後同じ航路を逆に辿ったといわれている。代表的な先行研究によれば、日本から東シナ海、台湾海峡を経て南シナ海に至る航海の時節は、十二月から翌年三月にかけて北西季節風が吹く頃が多く、台湾海峡を経て日本に到着する時節は、弱い南風が吹く八月頃が多かったと考えられる。

なお、十六世紀頃から台湾海峡は、東シナ海と南シナ海をつなぐ海としての役割が急激的に高まり、それにともなって——結語で述べるが——、この海域の海道の認知も深まりまったのである(16)。

（6）　冊封琉球使船

本船の航海については、冊封使の航海記録に詳述されている。一五三四年、一五六一年、一五七九年、一六〇二年、一六三三年、一六六三年、一六八三年、一七一九—二〇年、一七五六—五七年、一八〇〇年の記録を通してみる限り、五月〜七月に福州から那覇に向かい、帰りは九月〜二月に那覇を出帆している(17)。この航路の間には黒潮が走っており、清代の文献に「溝」・「黒溝」と称して記されたのみならず絵画にも描かれた(18)。往路は南風に乗って黒潮を越え、帰路は強い北風、北東風を追い風として——度々危険な航海になったが——、黒潮を渡ったのである(19)。

十七世紀以降、琉球には他に二つの航路が認められる。琉球—薩摩—江戸の間、および琉球—福州—台湾海峡—呂宋・安南等南方諸国の間である。南から北への航行は、南方諸国からの出発が四月〜五月、江戸上りの出発が六月〜七月で、夏期の季節風と海流を利用し、逆に、南方諸国への出帆も冬期のそれを利用し、主に九月〜十二月であったといわれている。ただ、薩摩から琉球への下りは、夏の南風が吹く五月〜六月の例もあったことが指摘されている。

おわりに

これまで述べた事をまとめると、次のようになる。

（一）凡そ七世紀から十八世紀にいたる人びとの活動を通して（Fig.3）、四つの海域が浮かんでくる。①黄海を中心とし朝鮮海峡に及ぶ海域であり、博多、壱岐・対馬、朝鮮西岸、中国・登州・萊州、寧波等の間に航路が存在した。②東シナ海中央部であり、寧波—博多の航路を基軸としながら、福州—那覇の航路を南限とし、さらに五島から舟山、福州等の航路が存在した。③東シナ海東部であり、琉球—薩摩の航路が存し、黒潮に沿う海域です。④台湾海峡であり、江浙地方、長崎・五島等、さらには台湾と南シナ海の諸国等とを結ぶ航路が存在した（Fig.4）。

（二）これらの海域で人びとはどのように季節風を読み、主にどの時節に航海したのか。①においては、日本から壱岐・対馬、朝鮮へ北西風が吹かない限りほぼ一年

Fig.3　Sea Routes in the History of the East Asia Seas

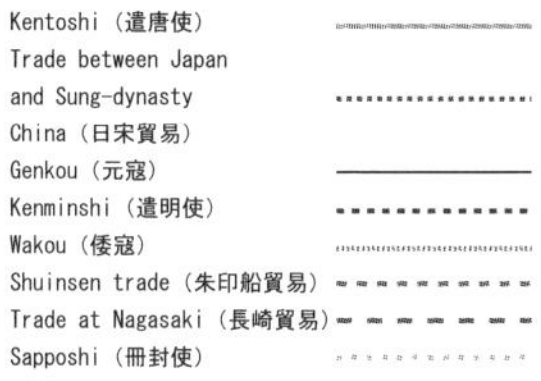

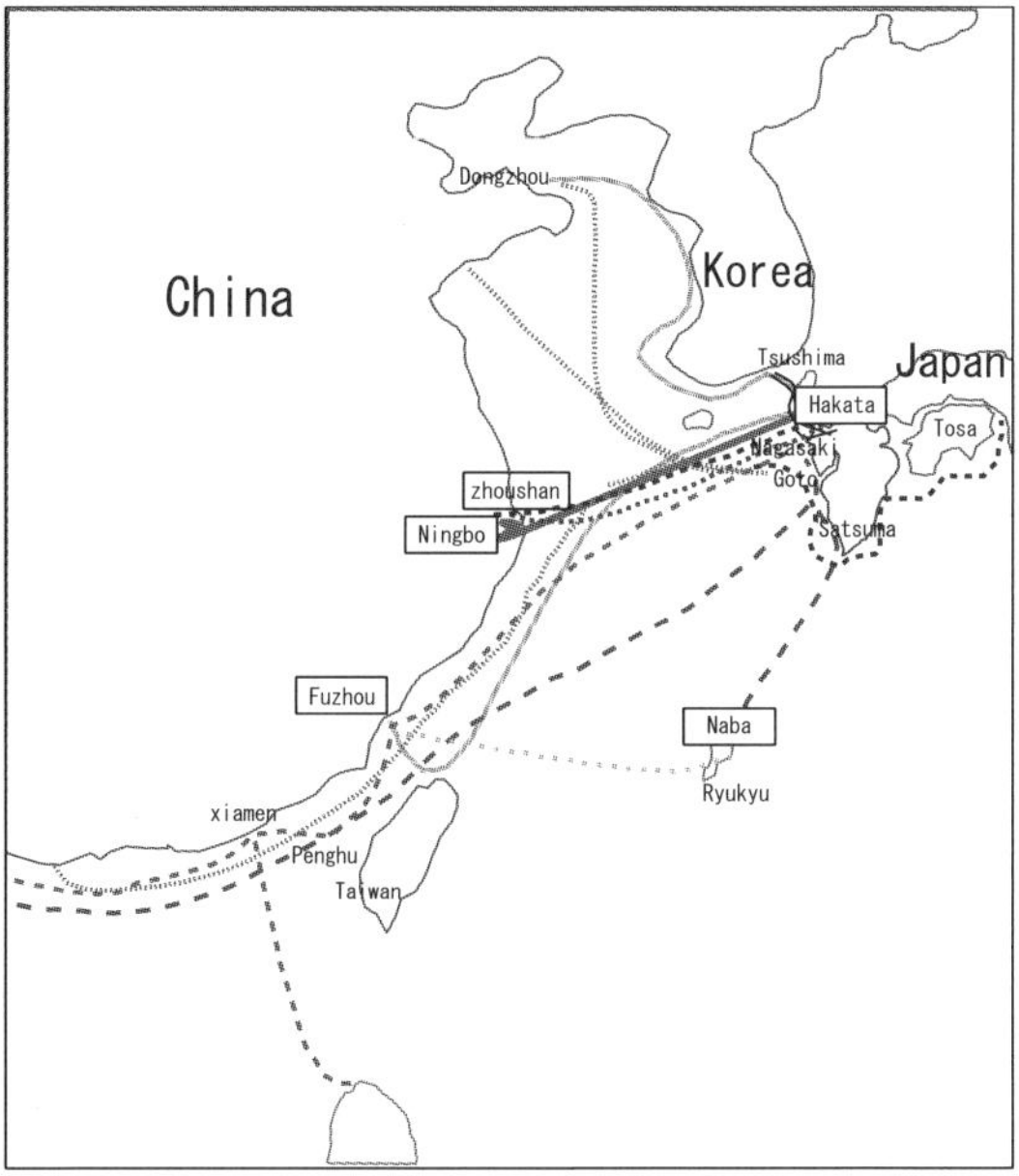

Fig.4 East Asian Seas

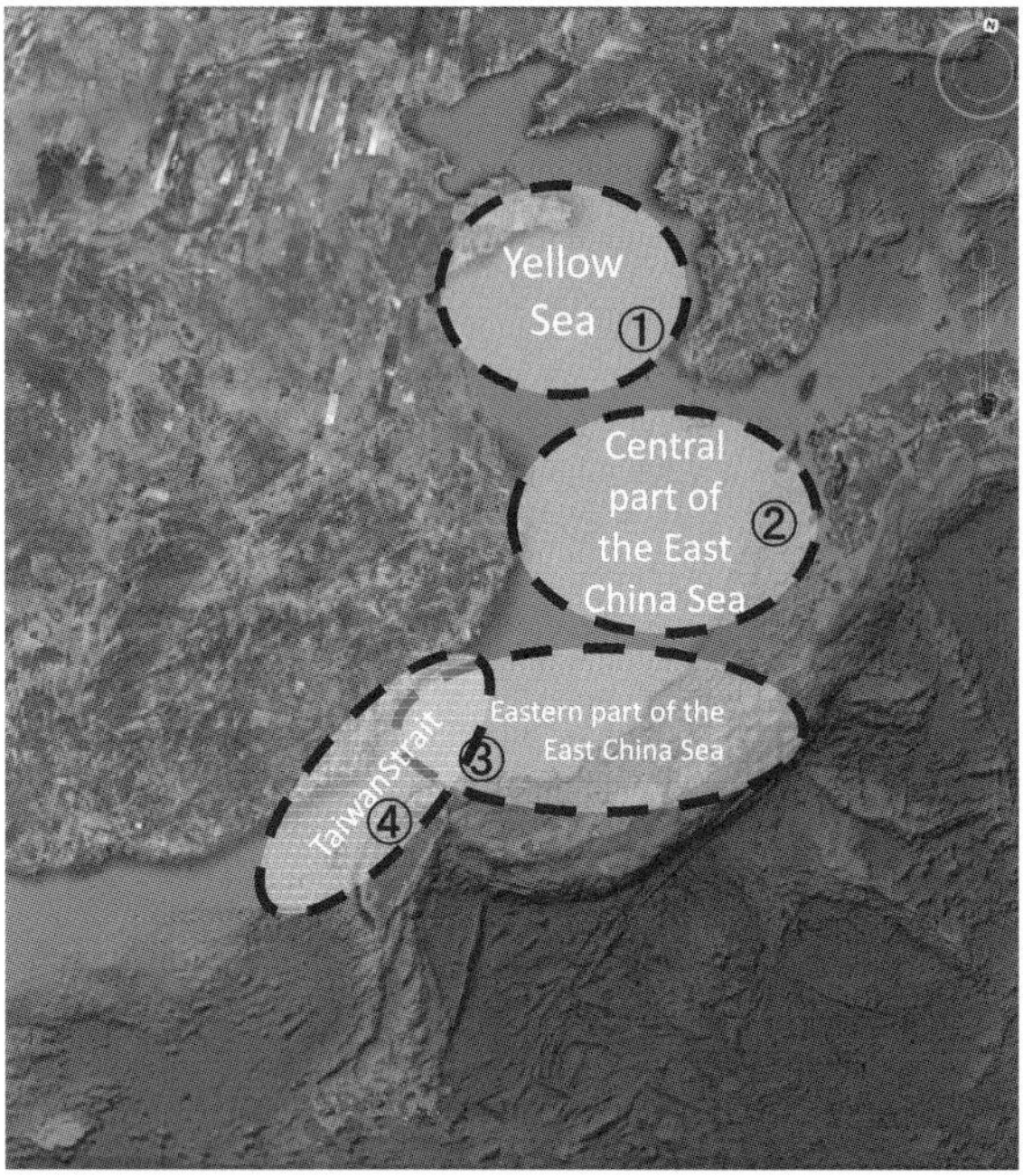

間渡海し（朝鮮と中国の間も基本的に同じであった?）、逆に朝鮮から日本へは北、北西風を利用できる時節（七～十月）が主となる。②においては、博多から寧波へは北東風、北風、および南東風が吹く時節（二～四月、九～十一月）、帰路は南風が吹く時節（五～八月）が主となる。また、福州―那覇間では東行が南風の吹く五～七月、西行が北、北東風の吹く九～二月となる。③においては、北風、北東風（九～十二月）が南行に、南風（四～七月）が北行に、それぞれ影響を及ぼした。④においては、北東風（十二～三月）が寧波・杭州、長崎等から呂宋・安南等の航海を、南風（七～八月）がそれらの帰路を支えたといえよう。

総じて、東アジア海域を西に向かう者、南下する者は北東風、北風を、東に向かう者、北行する者は南風、南東風を意識し、航海していたのではないかと考えられる。

図（Fig.5-1、Fig.5-2、Fig.5-3、Fig.5-4、Fig.5-5、Fig.5-6）は、以上のような季節風を利用した航海のありかたと海流の動きを重ね合わせ、且つ二ヶ月単位の変化を地図上に表示したものである。

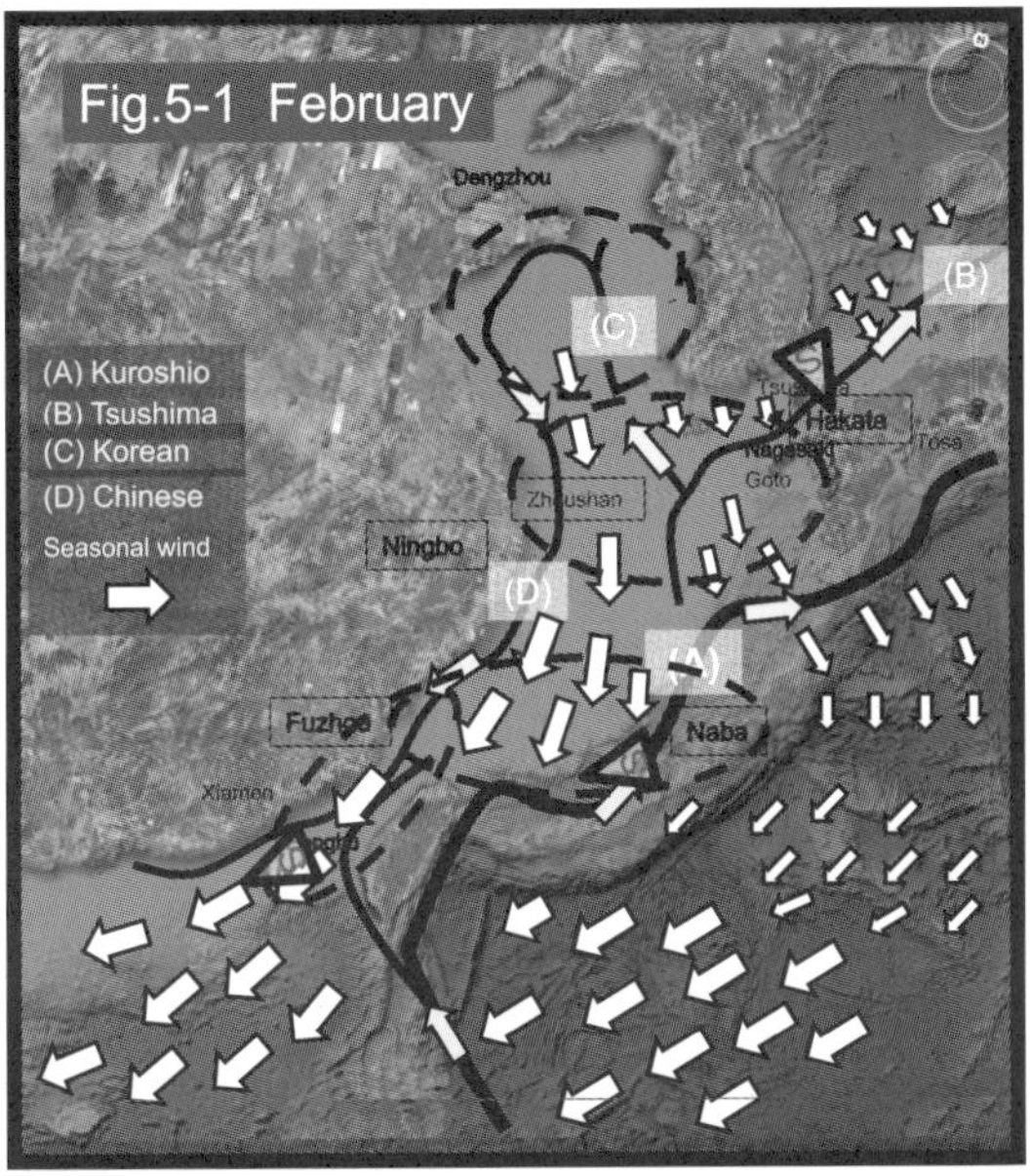
Fig.5-1 February
Dengzhou
(A) Kuroshio
(B) Tsushima
(C) Korean
(D) Chinese
Seasonal wind
(B)
(C)
Hakata
Nagasaki
Tosa
Goto
Zhoushan
Ningbo
(D)
(A)
Fuzhou
Naba
Xiamen

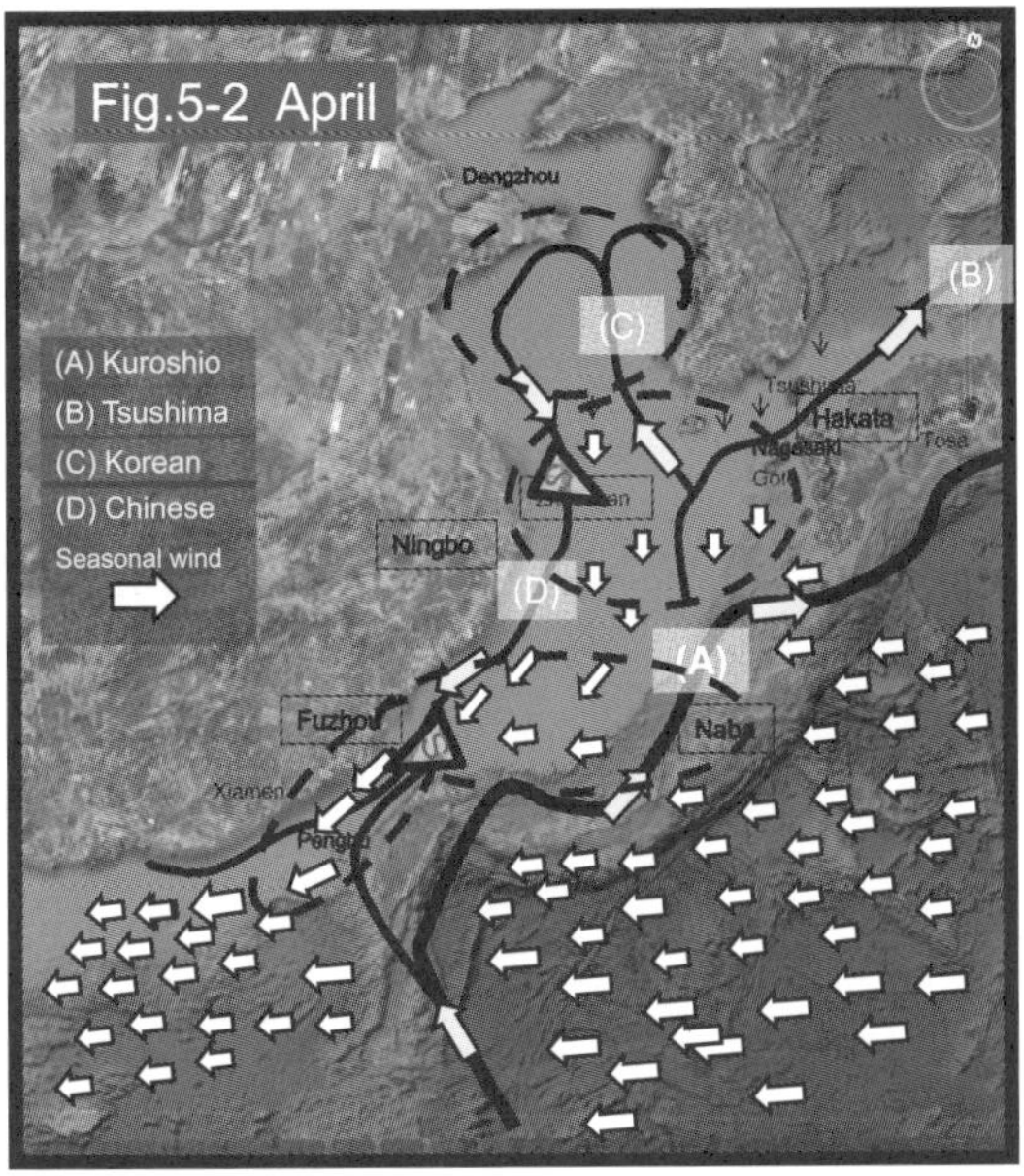
Fig.5-2 April
Dengzhou
(A) Kuroshio
(B) Tsushima
(C) Korean
(D) Chinese
Seasonal wind
(B)
(C)
Tsushima
Hakata
Nagasaki
Tosa
Goto
Ningbo
(D)
(A)
Fuzhou
Naba
Xiamen
Penghu

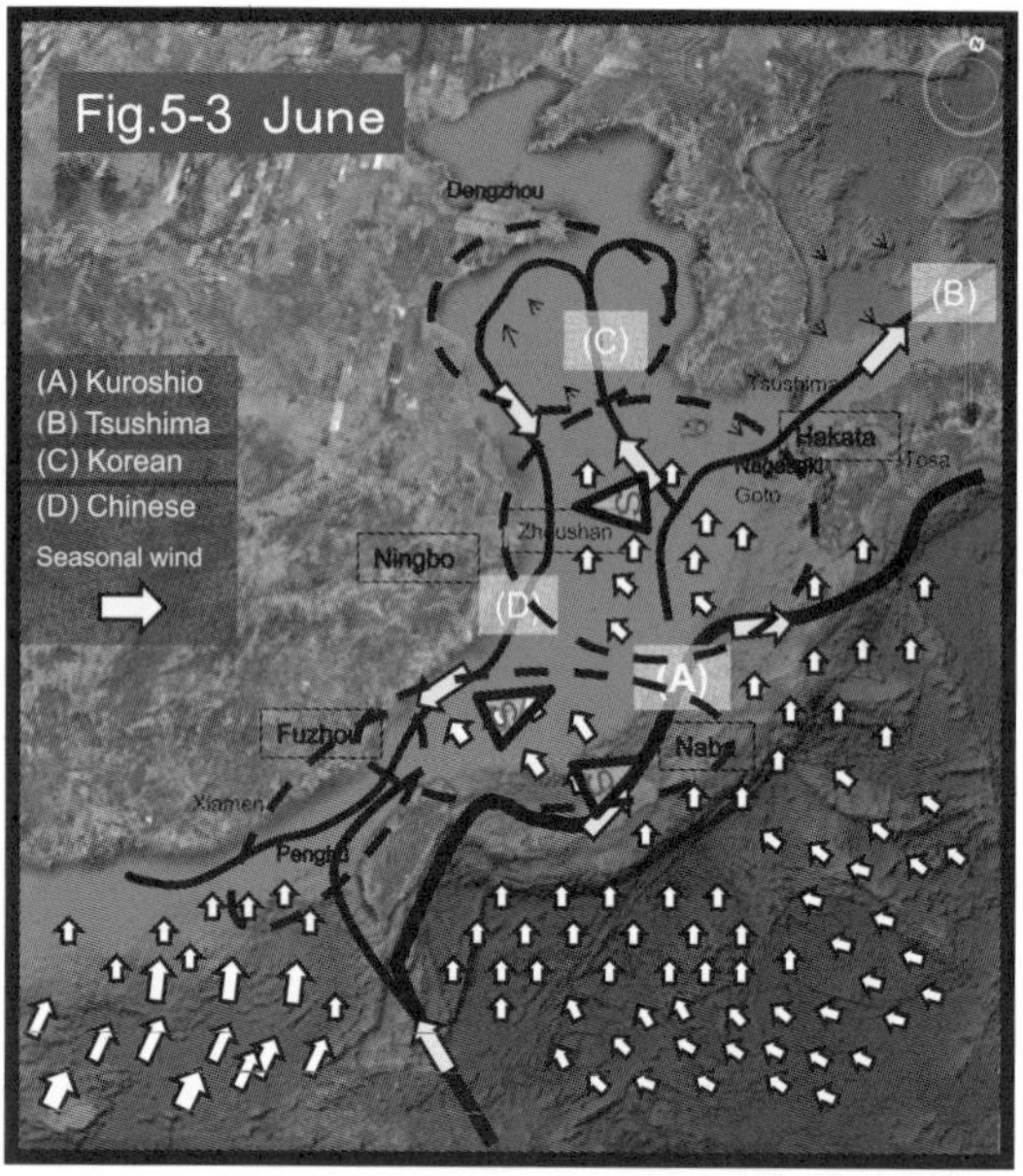
Fig.5-3 June
(A) Kuroshio
(B) Tsushima
(C) Korean
(D) Chinese
Seasonal wind
Dengzhou
(B)
(C)
Tsushima
Hakata
Nagasaki
Tosa
Goto
Zhoushan
Ningbo
(D)
(A)
Fuzhou
Naba
Xiamen
Penghu

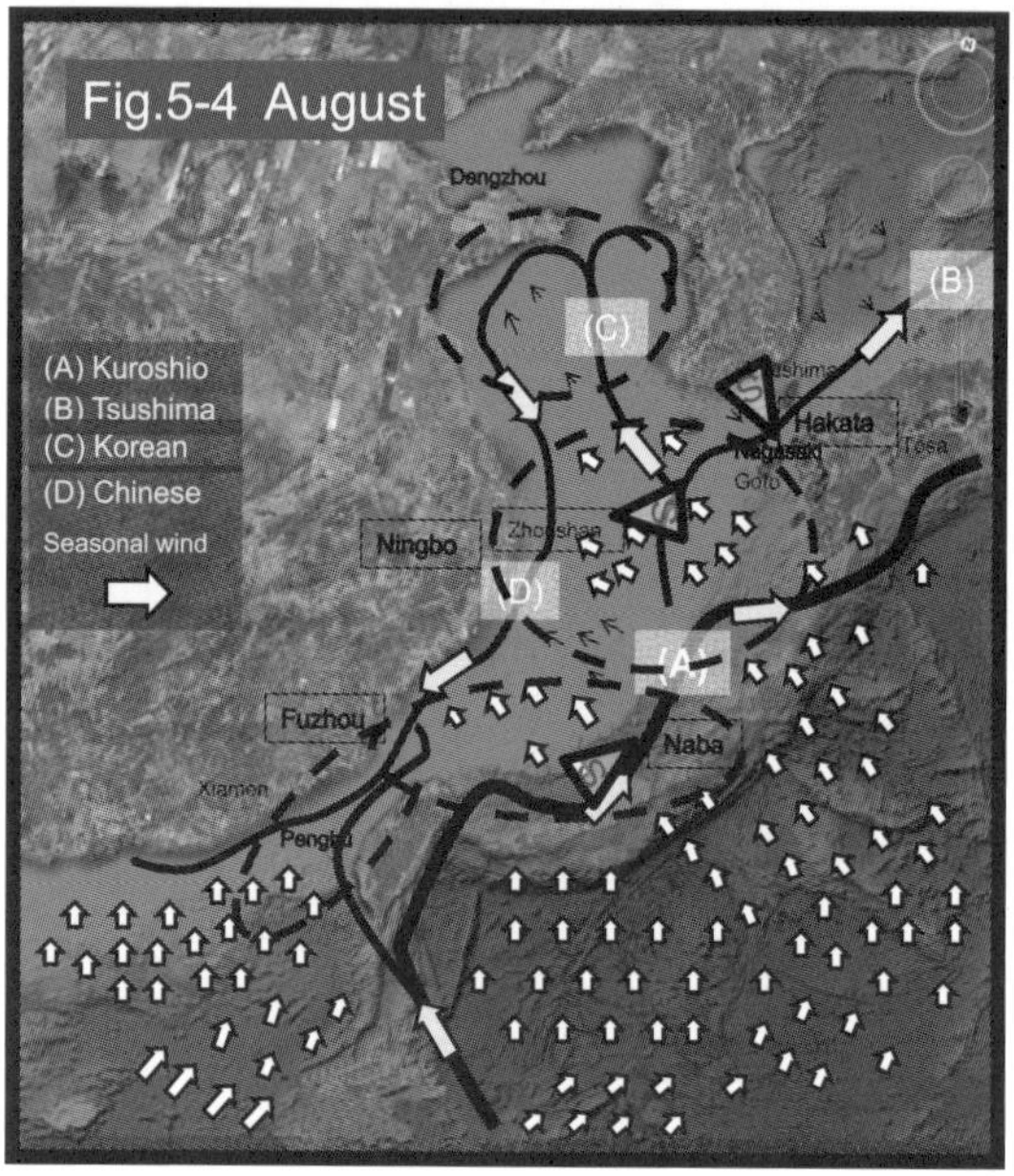
Fig.5-4 August
(A) Kuroshio
(B) Tsushima
(C) Korean
(D) Chinese
Seasonal wind
Dengzhou
(B)
(C)
Hakata
Nagasaki
Tosa
Goto
Zhoushan
Ningbo
(D)
(A)
Fuzhou
Naba
Xiamen
Penghu

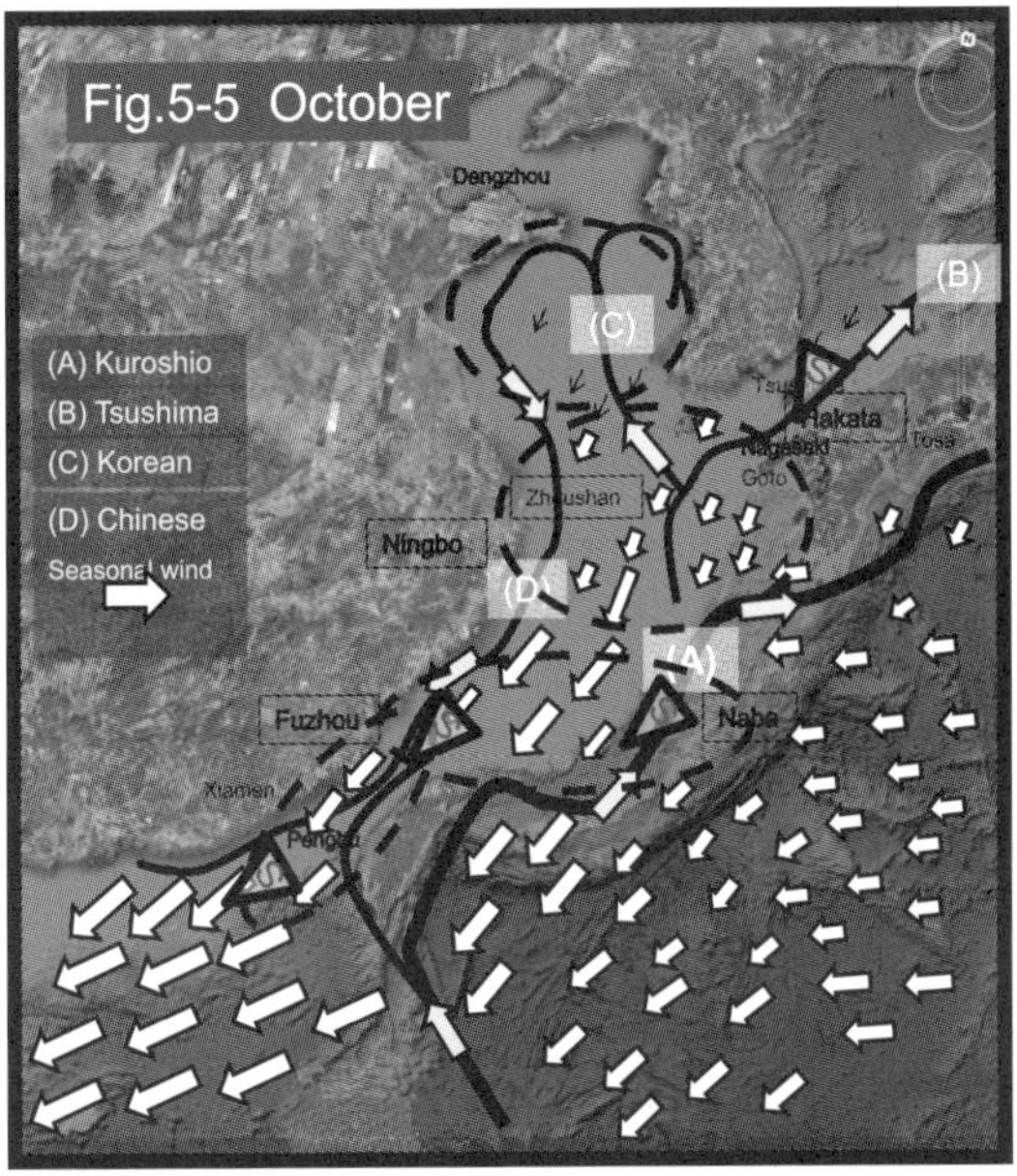
Fig.5-5 October
Dengzhou
(A) Kuroshio
(B) Tsushima
(C) Korean
(D) Chinese
Seasonal wind
(B)
(C)
Hakata
Nagasaki
Tosa
Goto
Zhoushan
Ningbo
(D)
(A)
Fuzhou
Naba
Xiamen

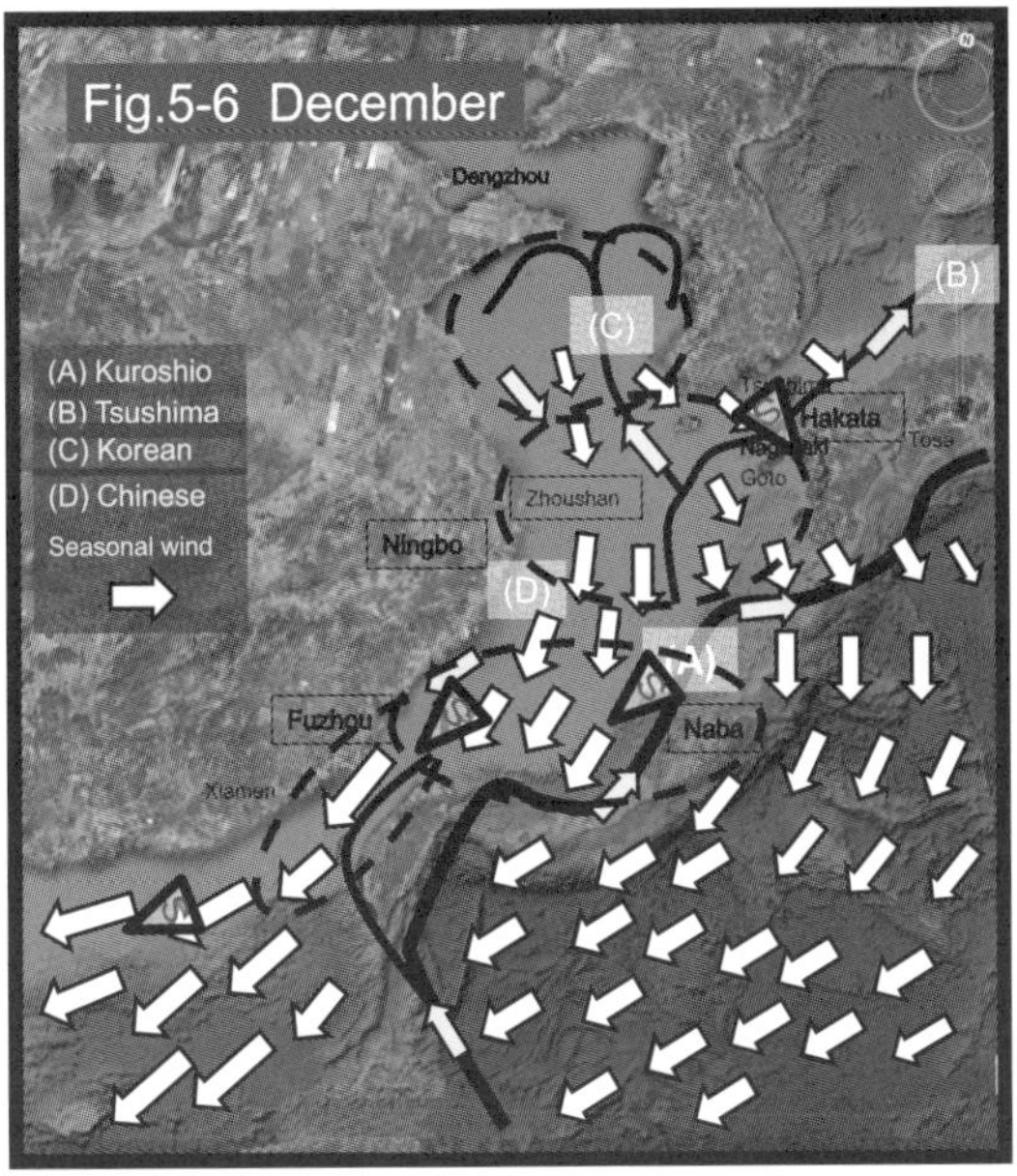
Fig.5-6 December
Dengzhou
(A) Kuroshio
(B) Tsushima
(C) Korean
(D) Chinese
Seasonal wind
(B)
(C)
Hakata
Tosa
Goto
Zhoushan
Ningbo
(D)
Fuzhou
Naba
Xiamen

これらの図を通して、次のような二つタイプの航海者が浮んでくる。第一は、追風、横風をつかんで順流乃至横断の形で海流を越える人びとである。東シナ海中央を中国に向かう遣唐使（・入唐求法僧）船、日宋貿易船、遣明船等（対馬海流、朝鮮沿岸流、中国沿岸流　二～四月、九～十一月）、広東に入寇する倭寇、長崎から南方諸国に向かう朱印船等（中国沿岸流　十二～三月）、福州から那覇に向かい途中黒潮を越える冊封琉球使船（黒潮　五～七月）である。第二は、強い追風を利用して流れに逆らいながら海流を越える人びとである。〈元寇〉において博多に出現した蒙古軍、朝鮮通信使等（対馬海流　十月、十一月、三月）、那覇から出帆して黒潮を越える冊封使船（黒潮　九～二月）である。

私は、東アジア海域世界史における以上のような環境（季節風・海流）と人のつながりに注目したい。そして、〝季節風を利用し海流を越える人びと〟が拡がる中、当該海域世界の海流の認知も進んだ――このことは海流の呼称のあり方に即して認められるのではないかと考える。

東アジア海域世界史の海は、初め、眼前に広がる海あるいは

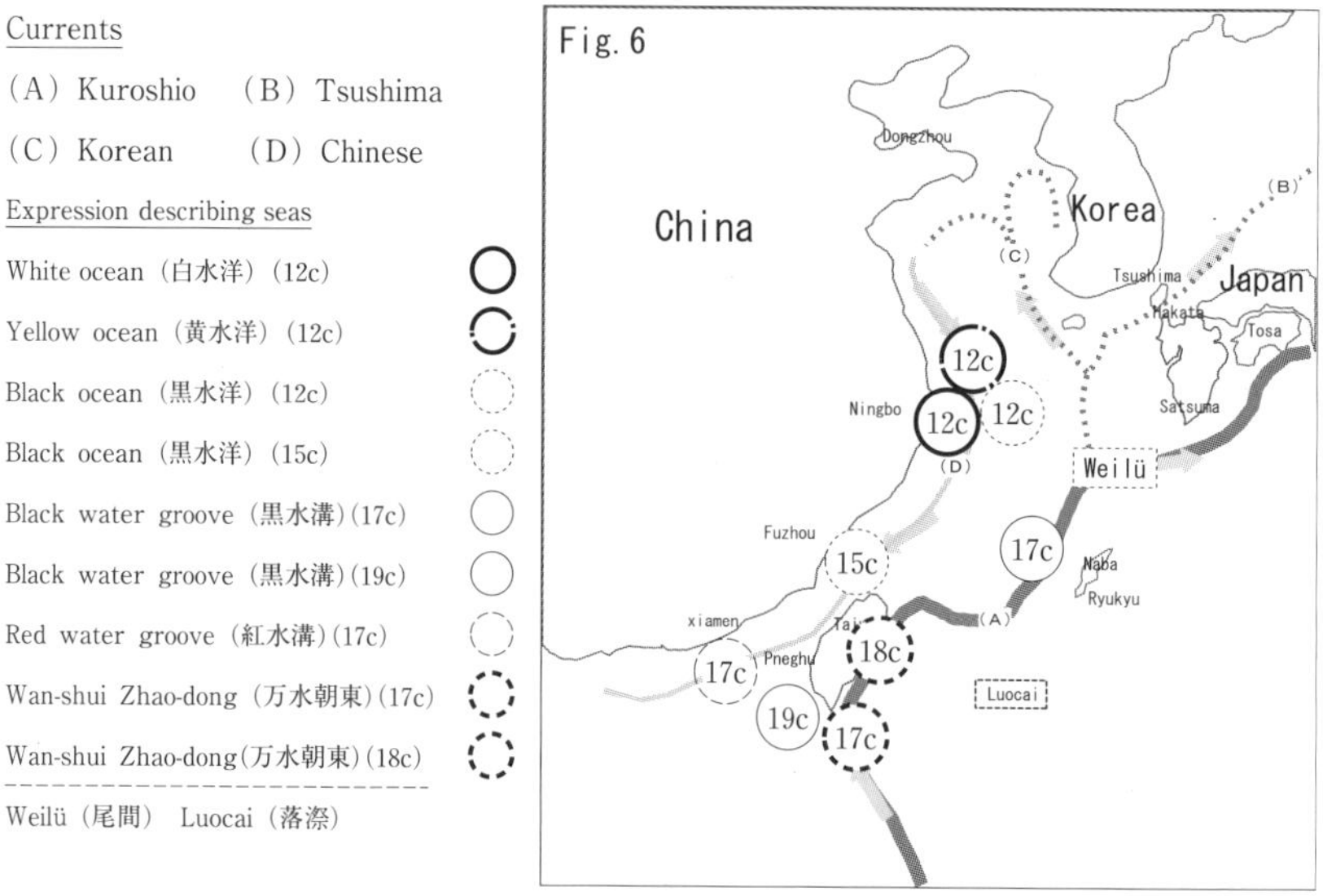

Fig. 6

Fig.7 East Asian Seas

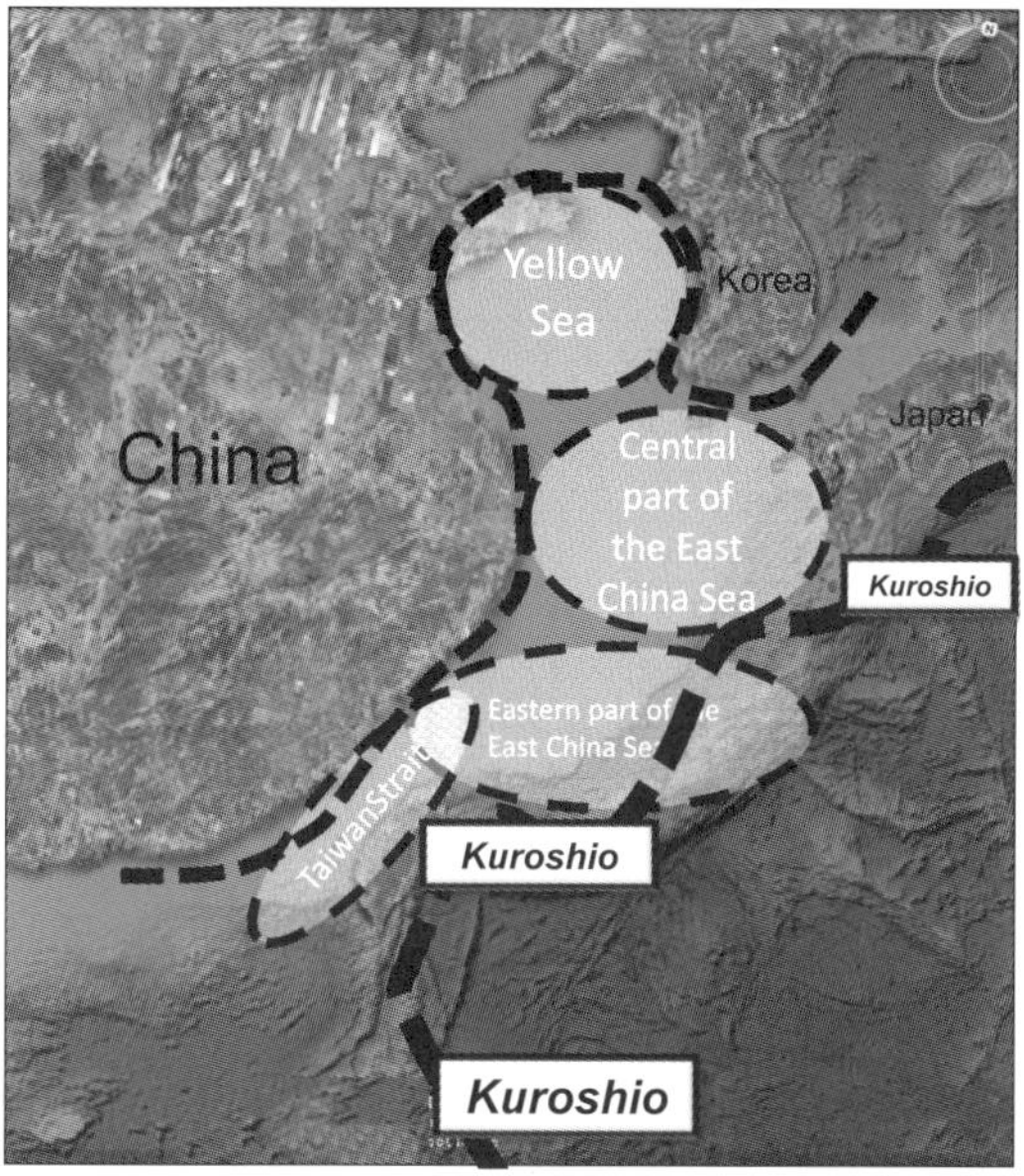

その果てへの畏怖を以て表現された。三世紀対馬海峡は「瀚海」と記され（『魏志』倭人伝）、その後も東方の海の果ては「尾閭（究極的な排水渠）」（十二世紀）、「落漈（海の際限に落ちゆく流れ）」（十四世紀）と称された。しかし、海は徐々に航海者によって色の変化を以て表現されるようになる。徐兢撰『宣和奉使高麗図経』（一一二三年）には、朝鮮南西端から舟山群島・明州（寧波）等の間を行き来した人がとらえた「白水洋」（中国沿海の濁った海）、「黄水洋」（長江河口沖の砂堆水域）、「黒水洋」（中国沿岸流）についての記載が登場する。[20] なかでも「黒水洋」は、その後、明朝の実録（十五世紀半ば『（明）英宗実録』等）、文集（十六世紀末『閩海贈言』等）、清代の地方志（十七世紀後半 乾隆『台湾府志』等）の中に澎湖諸島近海、台湾海峡の名称として、南に拡がっていく。恰も実際の中国沿岸流に対応するかのように。しかも、十七世紀後半から十八世紀末にかけて、航海者の目は台湾海峡の中の、より特徴的な潮流の道筋（「黒水溝」、「紅水溝」）をもとらえるようになる。

この頃、〝黒い海〟のイメージは、東アジア海域世界における最大の海流、黒潮に結びつく。福州―那覇間の航路をほぼ南北に横切る黒潮は、十七世紀後半以降、冊封使の航海記録に「溝」、「黒水溝」と記されるようになる。他方、台湾の清朝による台湾の開発が進むにつれ、旅行記（郁永河撰『裨海紀遊』、董天工撰『台海見聞録』等）、地図冊（呉孝銘序『噶瑪蘭志略』、夏献綸撰『宜蘭県輿図説略』）等においては、東北端、南端、東部沿岸沖を疾走する黒潮が「万水朝東」（全ての海・河の水の集まる東の海、またその潮流）という名を伴って記述されるにいたる（Fig.6）。

季節風を利用して海流を越える人びとのありかたは、東アジア海域世界史における環境の基本的特徴を表していると考える。しかしながら、かかる人びとも東南方を動く黒潮の本流に入りこむことには躊躇があったというべきであろう。黒潮本流に乗って東シナ海から北太平洋に越境することはその殆どが漂流につながったからである。この点は、地中海世界がほぼ四方を陸で囲まれた海の世界であったことと大きく異なる。いわば、東アジア海域世界は、東方に〝潮流（黒潮）による境界〟をもつ世界といえるのではないであろうか（Fig.7）。即ち、〝季節風を利用して海流を越える人びと〟、〝潮流（黒潮）による境界〟の内実に環境の視点から迫ることが、東アジア海域世界史の固有の特質を明らかにする一つの方法と考える。

註

（1）フェルナン・ブローデル著・浜名優美訳『地中海 Ⅰ環境の役割』第四章「自然の単位――気候と歴史」一「気候の同質性」「大西洋とサハラ砂漠」（藤原書店 一九九三年版）。

（2）東シナ海の季節風の年間状況については、長崎海洋気象台「東シナ海海域の月別風向風速図（一九七一―二〇〇〇）」などがある。また、荒川秀俊編『日本漂流漂着史料』「座談会」等（気象史料シリーズ三 気象研究所 地人書館印刷 一九六二年）、春名徹「近世日本船の台湾漂着（「ちょぷらん島漂流」を中心に）」（『南島史学』六一　二〇〇三年）、劉序楓編『清代檔案中的海難史料目録（涉外篇）』（中央研究院人文社会科学研究中心・亜太区域研究専題中心　二〇〇四年）等は、漂流・漂着の個別事例を通して海洋の気象環境の特徴を示す貴重な研究である。また、安達裕之「東シナ海の航海時期」（『海事史研究』六六　二〇〇九年）は、季節風と航海時期に関する最近の最も重要な研究である。

（3）川合英夫著『黒潮遭遇と認知の歴史』（京都大学学術出版会　一九九七年）、およびその成果に触発された拙稿「一七世紀から一九世紀の台湾の地方史料にみえる海流と〝黒潮〟の呼称」（『海洋と生物』一六一　二〇〇五年）、同「台湾海流考――漢籍が表す台湾をめぐる海流と〈黒潮〉遭遇――」（『海南史学』第四四号　二〇〇六年）。なお、小稿は吉尾寛著・顧雅文訳「台湾海流考」として（『台湾』白沙歴史地理学報』六　二〇〇八年）に再掲された。また、以下の論文が本稿の基礎をなしている。Yoshio, H. 2010. The Role of Ocean Environments in the History of the East Asian Seas, *Kuroshio Science*, Vol.4 No.1, Graduate School of Kuroshio Science, Kochi University, pp65-72.

（4）金沢陽「十六世紀の東シナ海民間貿易航路」（『佐久間重男先生米寿記念明代史論集』汲古書院　二〇〇二年）、同「ナカノハマ採集遺物を加えて構築される中世東シナ海民間貿易航路の実像」（平成十四年度～平成十七年度科学研究費補助金（基盤研究（A）（二））研究成果報告書・研究代表者　小野正敏「前近代の東アジア海域における唐物と南蛮物の交易とその意義」二〇〇六年）。

（5）杉浦昭典『カッターとライフボード』（海文堂　一九六六）では一般論として「前方左右約四五度以外」の向かい風は利用可能と記されており、この見方は後述する遣唐使船に関する上田雄の研究の前提にもなっている。また、小嶋良一（関西設計株式会社・取締役）が横浜国立大学に提出された「菱垣廻船の復元考証に基づく弁才船の構造と性能に関する研究」（二〇〇三年三月）によれば、菱垣廻船「浪華丸」では「前方左右約七〇度以外」の向かい風が利用可能とされている。

（6）上田雄著『遣唐使全航海』（草思社　二〇〇七年版）。

（7）塩入良道校注『入唐求法巡礼行記（一・二）』（平凡社　二〇〇七年版）。

（8）小野勝年著『入唐求法行歴の研究・智證大師円珍篇（上・下）』（法蔵館　一九八二・八三年）。

（9）森克己著『日宋貿易の研究』（国立書院　一九四八年）。
（10）対外関係史総合年表編集委員会（代表　田中健夫）『対外関係史総合年表』（吉川弘文館　一九九九年）の当該年月日の項。
（11）北島万次著『豊臣政権の対外認識と朝鮮侵略』（校倉書房　一九九〇年）。
（12）佐伯弘次編著『壱岐・対馬と松浦半島』（街道の日本史　四九　吉川弘文館　二〇〇六年）、科研報告書・村井章代表「中世港湾都市遺跡の立地・環境に関する日韓比較研究」（二〇〇八年）。
（13）小葉田淳著『中世日支通交貿易史の研究』（刀江書院　一九四二年版）。
（14）石原道博著『倭寇』（吉川弘文館　一九六四年版）。最近の中国史研究の側からの代表的業績として、山崎岳「江海の賊から蘇松の寇へ：ある『嘉靖倭寇前史』によせて」（『東方学報』八一　京都大学人文科学研究所　二〇〇七年）がある。
（15）岩生成一著『新版朱印船貿易史の研究』（吉川弘文館　一九八五年）、岩生成一「長崎代官村山等安の台湾遠征と遣明使」（『台北帝国大学文政学部　史学科研究年報』一）等。
（16）林田芳雄「明末の東番遠征と『東番記』」（『東洋史苑』二四・二五合併号　一九八五年）。曹永和著『台湾早期歴史研究』（聯経出版事業公司　一九七九年）をはじめ、澎湖諸島のこの時期における歴史的役割は、『澎湖開拓館導覧手冊』「勇闖黒水溝」（澎湖県文化局　二〇〇四年）、顔尚文編纂『続修澎湖県志・地理志』（澎湖県政府・中央研究院台湾史研究所　二〇〇五年）等に強調されている。
（17）夫馬進編『増訂　使琉球録解題及び研究』（榕樹書林　一九九九年）、原田禹雄「報告―琉球の冊封について」同『冊封使録からみた琉球』（榕樹書林　二〇〇〇年）、最近の研究成果としては山内晋次「近世東アジア海域における航海信仰の諸相――朝鮮通信使と冊封琉球使の海神祭祀を中心に――」（『待兼山論叢』四二号　文化動態論篇　二〇〇八年）がある。また、石島英「季節風・海流と航海」（環中国海の民俗と文化一　比嘉政夫編『海洋文化論』凱風社　一九九三年）は、琉球―福州、琉球―東南アジア、琉球―鹿児島間の航海時期を統計的に分析し、航路と海流・季節風の関連も詳述している。史料編纂、翻訳・解題に関する業績としては、原田禹雄による一九九五年以降二〇〇七年までの一連の『使琉球録』の訳注（九点）、『那覇市史』「冊封使録関係資料　資料篇　第一巻三」（那覇市役所・企画部市史編纂室　一九七七年）等がある。

（18）沖縄県立博物館（編）『冊封使——中国皇帝の使者——』（沖縄県立博物館友の会　一九八九年）。
（19）註（3）、拙稿「台湾海流考——漢籍が表す台湾をめぐる海流と〈黒潮〉遭遇——」前掲。
（20）『宣和奉使高麗図経』にもとづく航海記録の分析としては、森平雅彦「高麗における宋使船の寄港地『馬島』の位置をめぐって——文献と現地の照合による麗宋間航路研究序説——」（『朝鮮学報』二〇七　二〇〇八年）、同「高麗群山亭考」（『年報　朝鮮学』一一　二〇〇八年）を参照されたい。

朝鮮使節の海路朝貢路と海神信仰――『燕行録』の分析を通して――

徐　仁範
渡　昌弘　訳

はじめに

近年、韓国はもちろん中国・日本でも、歴史を自国史換言すれば一国史の立場でのみ把握しようという観点から脱却し、これら三国或いは他のアジア諸国との交流の中で把握し理解しようという動きが活発に進められている。その中の一分野が海域史ということができる。

早くから中国と日本は海に目を向け、東アジアを多様な角度から把握し、この地域で生成された国際秩序の断面を導き出している。反面、韓国は朝鮮時代の海域史の分野が相当立ち遅れている。研究者たちはその要因の一つに、朝鮮時代に倭寇の禍を避けるために厳格に実施された海禁政策を挙げている。その結果、朝鮮の官吏たちの政策順位において海のことは遠ざけられたというのである。もう一つは、明・清王朝との朝貢・冊封関係を優先視する政策を推し進めたのに対して、間に海をはさんだ日本・琉球とは適当な距離を置いて交流する交隣政策を実施したところにも要因があったという。それとともに、これら国家間に行なわれた人的交流や貿易等の経済交流に関する史料の不足のため、研究が遅れを取った面も否定できないが、研究者たちの間で暗黙のうちに固定化された論理が、海の実態の解明をおろそかにした主要な原因と考えられる。

三方を海に取り囲まれた韓国の歴史をさかのぼると、三国時代から活発に海路を利用して中国・日本と通交したことが知られる。唐代の清海鎮に海上王国を建設した張保皐がその一例である。彼は山東地域に拠点を置き、東アジア貿易に活発に参与した。新羅の後をついだ高麗は、ほんらい海上勢力であった。この高麗を滅ぼして成立した朝鮮は、明朝の冊封を受けたため使節を定期的に、一年に四回以上派遣した。太宗九年（一四〇九、永楽七年。以下、括弧内の年号は明朝のものである）以後、使節は首都の漢陽を出発して平壌を経由したのち、鴨緑江を渡り、遼陽・広寧・山海関を過ぎて北京へ入った。このルートは、明朝が女真によって遼東地域を占領され、遮断される光海君十三年（一六二一、天啓元年）までの約二一一年間維持された。朝貢路である陸路が塞がったにも関わらず、壬辰倭乱の時に明朝の援助を受けて日本を撃退した朝鮮は、再造の恩という名分の下に海路を利用し至誠でもって明朝への朝貢を継続したのである。

この時期、海路を利用して北京に入った朝鮮使節の旅行記が、『燕行録全集』[1]に一部収録されている。光海君十三年から仁祖十五年（一六三七、崇禎十年）までの十七年間という短くも切迫した時期に派遣されたけれども、海路の使節については知られる事実が殆どないと言っても過言ではない。そこで本稿では、まず使節の船団の編成から始め、次に海路のルート、すなわち平安道の宣沙浦を出港して西海の北端である長山列島と廟島列島を通過して登州（現、蓬莱市）に到着する西海北端航路[2]と、旅順（現、大連市）から海路で南方に少し離れた鉄山嘴から方向を変え、渤海を過ぎて覚華島に到着し、寧遠衛で渡るという渤海航路との、多様なありさまを再現しようと試みる。あわせて、この二つの海域を航行するのに必要不可欠な気象条件と海風についても検討を加えた。周知の通り、船での航行において重要な要素の一つが風であるためである。この二つの海域の風が航行に及ぼした影響を考察すると同時に、儒教的素養により迷信に仕えるのを淫祀として拒否した朝鮮の官吏たちが、海を渡る中で見せた海神信仰についても言及する。

一　使節船団の編成

『燕行録全集』所載の記録の中から海路を利用して北京へ入った使節とその旅行記、朝鮮の平安道宣沙浦の出発日時、登州の到着日時等を整理したものが表1である。本章では、この燕行録を主として分析する。

陸路を利用して明朝に入る場合、三使すなわち正使・副使・書状官等およそ四十余名前後の人員で編成された[3]。陸路では、女真が陸路はもちろん海路をも脅かす状況下で、朝鮮使節の船団とその人員はどのように編成されたのか。陸路の場合には使節の編成について仔細な規定があったのに対して、海路の使節については明瞭でない。この部分を燕

表1　海路を利用した燕行録

著者名	旅行記	出発・到着地および日時				『燕行録全集』巻数
		入　路		帰　路		
		出発地	到着地	出発地	到着地	
呉允謙		光海君14．5．? 登州	光海君14．5．25 登州	光海君14．9．26 登州着	光海君14．10．15 宣沙浦	『光海君日記』
李民宬	朝天録	仁祖1．5．24 宣沙浦	仁祖1．6．13 登州	仁祖2．3．25 登州	仁祖2．4．6 宣沙浦	V14
趙濈	燕行録	仁祖1．9．2 宣沙浦	仁祖1．9．27 登州	仁祖2．3．25 登州	仁祖2．4．6 宣沙浦	V12
尹暄	白沙公航海路程記			仁祖2．3．25 登州		V15
洪翼漢	朝天航海録	仁祖2．7．6 宣沙浦	仁祖2．8．23 登州	仁祖3．3．20 登州	仁祖3．4．2 宣沙浦	V17
全湜	槎行録	仁祖3．9．4 宣沙浦	仁祖3．9．30 登州	仁祖4．4．1 登州	仁祖4．4．9 宣沙浦	V10
李忔	朝天日記	仁祖7．8．1 石多山	仁祖7．9．21 寧遠衛	仁祖8．8．1 寧遠衛	仁祖8．10．18 石多山	V13
洪鎬	朝天日記	仁祖10．7．13 石多山	仁祖10．9．6 寧遠衛	?	仁祖11．4．12 曾山	V17
李安訥	朝天後録	仁祖10．7．16 石多山	仁祖10．9．8 寧遠衛	仁祖11．3．30 寧遠衛	仁祖11．4．12 曾山	V15
金堉	朝京日記	仁祖14．7．19 石多山	仁祖14．8．28 寧遠衛	仁祖15．4．22 寧遠衛	仁祖15．5．11 石多山	V16

行録の史料を利用して再構成してみよう。まず『通文館志』巻三「航海路程」に、

我朝自永楽己丑、従陸朝天。至天啓辛酉、遼瀋路梗、復従海路。一起使行、正使・副使・書状官・堂上通官・大通官・次通官・跟随通官・管厨通官・前站通官・方物押領通官・軍官・医員・写字官、及所帯奴子、通共三十餘員名。而一起船隻以五為限、毎船水手三十名、又有各様工手、以備修補損壊。該載物件、有表咨文書進献方物、及上下員役口糧・盤纏・衣服等物。蓋三使各乗一船、齎擎表咨方物。其他員役、分坐別船云。出於于野談、及谿谷集。

とあり、朝貢船は五隻までに制限し、船員たる水手は船隻当たり三十名であった。そのほかに、船が損傷を受けると、これを修理、補修する任務を帯びた工手がいた。船に積んで行った品物としては、皇帝に奉る表文と礼部に奉る咨文、方物、そして上下の員役すなわち通事・軍官等の口糧・盤纏・衣服等があった[4]。三使

は各々別の船に乗り、表文、咨文そして方物を持参し、そのほかの訳官等の員役も船に分かれて乗り込んだ事実が知られる。後述するように、三使がそれぞれ別の船に乗った理由は、海路が険難で、表文・咨文・方物の紛失を防止するための措置であったものと思われる。

船団の編成を見ると、仁祖元年（一六二三）の冬至使兼謝恩使趙濈の使節は四隻、同二年の聖節使兼冬至使洪翼漢は六隻、[5] 同三年の聖節使全湜、[6] 同五年の冬至使辺応璧、[7] 同十年の奏請使洪鎬は何れも六隻、[8] 同十四年の冬至使金堉は四隻で編成された。[9]

趙濈の四隻編成の場合、第一船には上使、第二船には書状官、第三船には通事、第四船には団練使が乗った。[10] また、仁祖七年（一六二九、崇禎二年）七月に進賀使兼謝恩使李忔が北京へ出発した時は、上船（正使）、次船（副使）、書状船（書状官）、書状上船の四隻で編成された。[11] 書状船に訳官、各軍営の旗牌官、火器担当の別破陣が、書状上船には訳官・軍官等が乗船したようだが、この二つの船の相違点を明確にすることはできない。ただ、この月に冬至使尹安国も石多山から船便で北京に入った事実から、謝恩使の船便三隻に冬至使一隻を加え、このように記録したものではなかろうか。[12] ところが、既述の『通文館志』にあった制限規定の五隻を越え、六隻で編成された事実もある。すなわち仁祖元年、奏聞使の書状官李民宬が北京に入ったときは六隻であった。このとき韓平君李慶全を正使、同知中枢府事尹暄を副使、李民宬を書状官として北京に派遣したが、仁祖の冊封を奏請させるという重要な任務があったので、船の編成規模が大きくなったものと思われる。[13]

表2から分かるように、六隻の船では第一船に正使、第二船に副使、第三船に書状官、第四・五船に団練使、第六船に訳官が乗り込んだ。使節の船の規模については、現段階では明確に述べることができない。李民宬は「第一船は大きいが、第二船と第五船が最も大きく、第三船と第六船は小さい。残りの船は比較的大きい」といった。ただ朝鮮

表2　使節船団の編成（数字は人数を示す）

第1船	第2船	第3船	第4船	第5船	第6船
正使	副使	書状官	団練使	団練使	
訳官 2	訳官 2	堂上訳官 1 訳官 2	堂上訳官 2 訳官 2	堂上訳官 1	堂上訳官 1 訳官 2
	学官 1				
軍官 5	軍官 7	軍官 2	軍官 3	軍官 4	
写字官 1	医員 1			医員 1	
北京奴 3	北京奴 3	北京奴 1			
		堂上訳官奴 1	堂上訳官奴 1	堂上訳官奴 3	堂上軍官奴 3
廚子 2					
梢工 5	梢工 5	梢工 5	梢工 2		梢工 2
格軍 47	格軍 46	格軍 38	格軍 30	格軍 37	格軍 36
炮手 4	炮手 9		炮手 9	炮射手 7	炮射手 5
69	74	47（？）	50	54	49

典拠：李民宬『朝天録』巻上、仁祖元年5月22日。

後期、日本に派遣された朝鮮通信使が乗った船は、大船が七一・二五メートル、中船が六七・五メートル、小船が六〇・七五メートルであった事実から、使節が乗った船の大きさを推定せざるを得ない。[14]

使節の船には特別に建造されたものはなかった。光海君十四年、聖節使李顕英は、海路の成否は全面的に船にかかっているとし、国家の危急時に使用するため精緻で堅固につくられた舟師庁の船のうち二〜三隻を、平安道に碇泊させ、自身たちが乗っていく船と入れ替えることを要求し、光海君の許諾を得た。[15]これら戦艦が使節の船として利用されたのである。

舟師庁で建造した船のほかにも多様な種類の船が利用された。趙濈が乗った船団は、漢江を舞台に運輸・商業・軍事に使用された官船もしくは私船の京船（或は京江船）一隻、[16]湖西水営船一隻、[17]宣沙浦に滞留していた船一隻、黄海道の載糧船一隻で編成された。[18]そして洪翼漢が北京から任務を終えて登州に到着した時は、貿穀船と白牌船を利用した。[19]朝鮮時代、漢江あたりを中心に大同米の運輸業および各種の商業活動に従事した商人である京江商人が、直接船舶を利用して地方の生産地に行き、商品を買い付けて漢江沿辺へ運搬し、市廛・商人に売り渡したり、直接需要者に販売したりした。このとき利用された船が貿穀船である。このほかにも全羅兵営の羽字船[20]が使節の船として利用された。この船も堅固で緻密に建造されていたためである。

海路の使節の人員構成について、前に提示した『通文館志』の規定を見ると、三使のほかに堂上通官・大通官・次通官・跟随通官・管厨通官・前站通官・方物押領通官・軍官・医員・写字官および引き連れていた奴子が、皆で三十余名いた。実際、趙濈一行は堂上訳官一名、上通事一名、次堂上一名、使臣一行の全ての品物を運送する官員である押物七名、文書の精写を担う写字官一名、医員二名、別破陣二名、砲手二名、軍官一四名、奴子二名、書状官の奴一名で、三十四名を数えた[21]。翌年の聖節使兼冬至使権啓の一行は四十余名であった[22]。このようなことから、陸路の使節の時と大きな相違は生じていないことが知られる。ただ表2からも分かるように、李民宬一行は総勢三四五名に達したが、ここには水軍で櫓を漕ぐ格軍が大多数を占めていたからで、各々の船に銃を扱う砲手が四〜九名で編成されていたのである。各使節団の総人員には若干相違が生じていた。仁祖二年（一六二四、天啓四年）、冬至使と奏請使の二つの使節が海を渡る時、糧穀を一〇〇〇石も積み、格軍も四〇〇名に達した[23]。また仁祖十年（一六三二、崇禎五年）の洪鎬一行は二六四名であり[24]、仁祖十四年に金堉は海辺で牛を手に入れ酒を濾し、員役と船を操る梢工、格軍たちに食べ物を用意して慰労したが、皆で一六〇名いたという[25]。ところが問題は、海路で赴京した場合に品物を運搬することが陸路よりも非常に便利となり、使節や員役たちが市井の謀利の輩（不当な利益獲得を企む輩…訳者註）を大挙同伴して北京へ入ったところにある。仁祖二年に謝恩使兼奏請使の権啓・李徳泂・呉翽は賄賂を受け取り、それぞれ市井の謀利の輩を実に二十五名ずつも連れて行ったという[26]。であるとすると、船には公的人員のほか私的に多くの商売人たちが乗っていたことになる。

表3　平安道宣沙浦から山東登州までの距離

地点	距　離			備　考
	1.赴京道路	2.李民宬	3.金堉	
発船地： 宣川　宣沙浦				咸従あるいは安州老江鎮も出発地
鉄山椵島	60里	100里		
車牛島	140里	200里		
鹿島	500里	500里	300里	ここより遼東所属
石城島	600里	500里	400里	
長山島	300里	300里	100里	
広鹿島	200里（300里）	250里		『槐院謄録』では300里
三山島	280里	300里		
平島	200里			
皇城島	1,000里	900里		
鼉磯島	200里	160里		
廟島	200里	150里		
登州	80里	80里		
総距離数	3,680里(3,760里)(28)	3,450里		

典拠：1.『通文館志』事大上「航海路程」。
2.李民宬『敬亭先生続集』巻一、「朝天録」上・天啓3年5月22日。

二　明末の朝貢路、西海北端海域

（1）登州ルート

古代、韓半島から中国へ航海するルートの一つに、西海の西方である浙江省の海岸から出発し、山東半島を経て遼東半島へ北上したのち、鴨緑江流域に進入する環黄海沿近海航路があった。この海域は水深が浅くて島の間の距離が非常に短く、初歩的な航海術と操船能力を備えていれば、航海が可能であった(27)。この航路が明清交替期に再登場するようになったのである。

中国の地図を広げて見ると、山東の登州から遼東半島の旅順まではいわゆる廟島列島が、それ以後は長山列島がずっと続いている。使節が通過するこのルートの実状について調べることにしよう。表3は、平安道宣川郡の東方に位置する宣沙浦を出発して登州に至るまでに通過する島嶼と距離を表したものである。

平安道宣沙浦から登州までを『通文館志』は三七六〇里と、李民宬は三四五〇里と記録した。李民宬は車牛島から長山島までの距離をさらに短く記録している。これは、実測でなく推定値であったために相違が生じたように思われる。金堉『朝京日録』仁祖十四年九月三十日の日記に、

晴温。南風微吹。与書状往観覚華寺・朝陽寺而還。朝陽寺在海岸高処、眼界通闊甚好。寺僧言、日気清朗、則南汎口諸山可見。問此去南汎幾何。曰八百里。皇城島一千二百里。問水路遠近、何以知之。曰一度揺櫓為一歩、以此知之云。此亦有理。

とあり、当時の海路の距離を測定する基準が、櫓を一回漕ぐのを一歩と計算していることが分かる。朝鮮時代の初めには中国の里数に準じ、周尺六尺（一尺は二〇・六センチメートル）を一歩（一・二三六メートル）、三六〇歩を一里（四四五メートル）と定めた(29)。これによると、海路で移動する距離三七六〇里は、約一六七三キロメートルとなる。ここに陸路で北京までの一九〇〇余里（約八四五キロメートル）を加えると、片道だけで二五一八キロメートル、往復では総計五〇三七キロメートルになるわけである(30)。

朝鮮使節の出発地は本来順風を待つ場所の宣沙浦であったが、遅滞する場合には平安道平壌府甑山県から南へ二十五里離れた咸従県や安州の西六十里の青川江の入り口に位置する老江鎮を利用することもあった(31)。この宣沙浦から毛文龍が駐屯する椵島までは六十里あった。しかし、仁祖五年（一六二七。天啓七年）一月、後金の阿敏が三万の兵士を率いて朝鮮を攻略し、兄弟国の盟約を結んで退いた事件、いわゆる丁卯胡乱の後には、戦乱の被害を蒙った関西の駅路を避けて曾山・石多山から出発するようになった(32)。その結果、椵島までの距離が三〇〇里に伸びた。

石多山から船に乗った具体的な経緯を調べてみると、仁祖六年（一六二八）、使節は大同江から船に乗るように定められると、冬至使の宋克訒が、大同江から船に乗り海に向かうのは遠く険しいので、石多山に変更してくれるよう要請した。この提案を仁祖は許可しなかった(33)。しかし翌年、謝恩使李忔と冬至使尹安国が、陸路で平壌から甑山までは

八十里で、わずか一日で行ける距離であるのに対し、水路で大同江から石多山を行くと、水深が浅く八、九日を要すとして、石多山を出発地としてくれることを請い、許しを得た(34)。

この赴京航路の中で特に注目すべき島が椵島である。この島は鉄山から東南へ僅か四キロメートルしか離れていない比較的大きな島で、中国側では皮島と呼んだ。椵島は東江ともいい、周囲が八十里で、草木が育たない所であった。光海君十三年（一六二一、天啓元年）に毛文龍が総兵として皮島に軍鎮である東江鎮を設置し、遼東から逃亡した民を集めて兵士にしていた。毛文龍の椵島駐屯には、遼東半島一帯の対後金抵抗勢力を救援する一方、それら対抗勢力を再編して朝鮮と連係させ、軍糧と必需品を供給し、遼東回復の根拠地にするという策略もあった。他方、仁祖政権にとって、椵島は、光海君を廃位させた仁祖反正について明朝の承認を受けねばならないという外交的脆弱性、そして海路使節が危険であるとして明朝使臣の朝鮮派遣の頻度が目立って減少している状況から、明朝との外交交渉に非常に重要な拠点と見なされた(35)。

椵島の次の停泊地である車牛島は、明朝と朝鮮の境界となる島であった。この島は平安道鉄山府に属し、朝鮮の領土の果てであった(36)。西は大海で、北は島嶼だが、すべて遼東の地である。明朝の領土に入った朝鮮使節は、石城島を目指した。途中の鹿島同様、島には朝鮮人で女真に捕虜となった者たちが逃亡、居住していたが(37)、遼人で逃亡し避難してきた者が住民の倍にも達していた(38)。椵島の毛文龍の軍陣から派遣された参将が、この地を守っていた(39)。

広鹿島から遼岸に沿って進むと明礁が現れる。明礁は石嶼が海の真ん中で屈起したもので、横へ十里ほど伸び、壮観を成していた(40)。洪翼漢『朝天航海録』仁祖二年八月二十二日の日記に、

……而広鹿以後、海色或紫或黄、或黝黒或深青。使舟人約縄以百餘尺、終不可測。島嶼或尖如剣、或削如鉄柱、或環如屛障、或呀如門巷。而龍吟蛟舞、鼉作鯨戯、幽怪殊状、有万不同、……

とあり、広鹿島を過ぎたころから海の色が紫色、黄色、或は黝黒色、深青色へ変わっている様子が分かる。海の深さも一〇〇尺（一尺は二〇・六センチメートル）程度になるだろうと測量が試みられたが、測ることが出来ないくらいであった[41]。また、島嶼の様子は険しく多様な現状を帯びていることが知られる。

鹿島から三山島までは金山衛の管轄で、三山島は旅順の東三〇〇里の所にある。この島は登州、萊州、朝鮮を結ぶ水路の緊要な地点であった[42]。島の西南は大洋が果てしなく広がっていた。旅順の南、黄城の東に当たり、もともと渡るのが困難な所である[43]。

平島から皇城島までは一〇〇〇余里であった。広大な海岸が広がり、山の頂上に煙墩が設置された遠望の地であった[44]。皇城島あたりの航海も非常に困難であった。光海君十四年（一六二二、天啓二年）に進賀使呉允謙が皇城島に至ったが、船は何度も転覆しそうになり[45]、洪翼漢も速い波と激しい風のために死線をさまよったことがある[46]。

（2）　航路の変更——登州から寧遠衛へ

登州ルートは、光海君十三年（一六二一）より朝貢路として九年間利用されたが、仁祖七年（一六二九）に至り、平島から渤海を経由し、覚華島に到着後、寧遠衛で上がる路線に変更された。その経緯について調べよう。仁祖七年、大司憲を歴任した張維の文集に、その事情を知り得る記録が見える。『谿谷先生集』巻二二「辨誣奏本」に、

朝鮮国王臣姓某謹奏、為仰陳誣枉冀蒙昭雪事。崇禎二年五月初三日、准礼部咨、節該改貢道以杜隠憂事。欽命督師薊遼都御史袁崇煥題前事、内有朝鮮与倭為媾、今又非故不競而款于奴等語。准此行拠議政府状啓、該臣等窃詳本国貢道、旧従遼左、自奴氛作悪、旱路断絶、朝廷許開海道、以便朝聘往来無間、已近十稔。今忽申厳海禁、遏

登道而繇覚華。外藩事体、只合遵依成命而已。風濤之危険、道里之迂遠、誠有所不敢言者。

とあり、仁祖七年（一六二九、崇禎二年）五月三日、明朝礼部の咨文を受けたが、明朝は朝鮮の貢道を変えることにより、朝鮮が明朝の辺境を煩わす懸念を食い止めようという内容であった。即ち欽命督師薊遼都御史袁崇煥の題本の内容は、「朝鮮は倭と交わり、女真には寛待だ」というものであって、これを理由として貢道を登州から覚華島へ変更したのである。袁崇煥が遼東を鎮撫した後、「登州と莱州は内地ではあるが、通行を禁ずるべきだ」と述べ、覚華島へ行く途が開かれた(47)。このとき登莱巡撫の孫国楨も「朝鮮と倭が和親し、まんいち倭奴がひそかに朝鮮の朝貢使臣に加わってくることがあると、国家の患乱が山海関ではなくて登州と莱州にあるようになり、奴酋（ヌルハチ）ではなくて朝鮮の朝貢使臣にあるようになる」という上奏文を上せた(48)。張維は、袁崇煥が貢路の改定を建議した根本的な目的が、毛文龍を牽制して彼の利権を奪おうというところにあると見ていた(49)。朝鮮側は、険難な覚華島経由の代わりに登州を利用させてくれるよう幾度にもわたり崇禎帝に奏請した。渤海を経由して寧遠衛へ入る海路は波が荒く、以前に朝鮮使節の船が沈没した所でもあったからである。朝鮮は戸曹判書鄭斗源を派遣し、登州の撫院孫元化に書信を伝えた。朝鮮の要請を受けた孫元化は登州ルートの利用を崇禎帝に上奏したが(50)、皇帝は裁可しなかった(51)。このとき朝鮮より非常に大きな支援を受けていた毛文龍も、朝鮮のために上疏を上せた。『崇禎長編』巻二二・崇禎二年五月庚子の条に、

総兵毛文龍疏言、朝鮮国因遼路断絶、従登州海運進貢。今若令従鉄山嘴、取道進貢、海島険悪、風帆不測、請仍従登州進貢。章下所司。

とあるように、毛文龍は朝鮮使節の朝貢路として、海路は険悪な鉄山嘴に代わって、登州を経由させてくれるよう上疏したのである。

表4　平島から寧遠衛までの距離

地点	距離	備　　考
分岐点：平島		
旅順口	40里	
鉄山觜	40里	
羊島	80里	
雙島	40里	
南汎口	500里	
北汎口	170里（110里）	李肯翊『燃藜室記述』別集巻5・事大典故「赴京道路」では110里。
覚華島	1,000里	
寧遠衛	10里	東南20里（『大明一統志』巻25「遼東都指揮使司」）
総　計	1,820里（4,160里、1,851km）	陸路で北京までは911里（405km）

典拠：韓致奫『海東繹史』巻40・交聘志8「海道」。

朝貢路の変更が決定された後も、朝鮮は、覚華島経由の海路が登州経由よりも船では遠いのみならず、使節が利用する船が大きいのに対して海路の水深が浅く、狼狽する場合が多いのを憂慮した。結果的にこのルートを利用した多くの使節と随行員が亡くなった。

平島から寧遠衛までの距離を示した表4に見られるように、その総距離は一八二〇里（八一〇キロメートル）であった。ここに宣沙浦や石多山から出発した距離を加えると四一六〇里（一八五一キロメートル）となり、登州ルートよりもさらに四〇〇余里（一七八キロメートル）遠くなったわけである。

朝鮮は袁崇煥が上奏文で述べた「朝鮮は倭と交わり、女真には寛待だ」という部分を憂慮し、直ちに朝鮮の立場をはっきりさせるため辨誣使李忔を派遣した。彼は変更された海路を初めて利用し寧遠衛へ入った。次に、朝鮮使節がそれほどまで恐れた渤海海域の状況を調べることにしよう。

仁祖五年（一六二七、天啓七年）以後、登州ルートが断絶し、渤海を遡って寧遠衛へ向かうようになるが、その分岐点となる所がまさに平島である。この島は遼左の名勝地であった(52)。李安訥の場合には石多山から出発し平島まで一ヶ月以上を要した。風に妨げられて進むことが出来なかったためである。[53] ここからさほど遠く離れていない旅順口は金州衛に属し、東西に往来する船が停泊し得る所であった。[54] 島には人家が櫛比し、七～八〇〇戸に達した。[55] 旅順口から南汛口までは女真が巡視し、見張りをしている所であった。使節一行は風に遮られて海岸に停泊したが、万が一にもこれらに遭遇するのを非常に憂慮していた。[56] そして使節がその名を聞くだけで恐怖におののいた所が鉄山觜である。旅順口の西南四十里ほどに位置し、海路では極めて険難な所であった。[57] 張維『谿谷先生集』巻二二「貢路奏本」に続けて、

……所経鉄山觜等処、多蔵暗礁、険悪無比。夫唯中国水手、慣諳水性、善能回避。又舡体浮軽、罕遭撞触。而小邦舡制鈍重、水手生疏、不能行使如意、触砕渰没、後先相望。且鉄山一帯、巨海粘天、絶無島嶼、猝遇風颷、収泊無所、輒致漂没。自辛酉以来、陪臣之渰死者五人、而通計員役、不下五六百人。

と見える。鉄山觜等の地は暗礁が隠れて非常に危険な所で、ただ中国の水手のみが海の特質をよく知っていて、暗礁を避けて進むことができた。そのうえ中国船が軽いのに対して、朝鮮の船は鈍重で思い通りに航行できなかった。そのため暗礁にぶつかって船が壊れ、溺死する事例が相次いだ。この一帯は天に接するほど巨大な海が広がっているばかりで、島は全く見つけることが出来ず、にわかに暴風でも吹きつけると、いっときも停泊する所がなく、使節たちの船はよく漂流し沈没したものだという。

北汛口地域は広大で四方が山なので、船の待機に適した所である。以前は一万余の家があったが、女真に奪取され、無人の島へと変わった。[58] 北汛口から大洋へ出て一〇〇〇余里航海すると、覚華島に到着する。ここから寧遠衛までは十里から二十里程度であり、航海が終わりを迎える瞬間である。しかし、覚華島あたりの海も水勢が険悪な所であった。

このように、寧遠衛ルートは登州・莱州のルートより遠く、十倍も険しい所であった。特に水深が浅い海域を朝鮮

の大きな船が航行して狼狽するのが常であった。光海君十三年以後、溺死した陪臣は五名、員役まで合わせると少なくとも五～六〇〇名に達した[59]。仁祖七年に進賀使李忔が冬至使尹安国らと一緒に宣沙浦を出発し、覚華島あたりの海に至って台風に遇い、尹安国は溺死し、船はみなばらばらになった[60]。この事件発生の翌年、領事李廷亀は海路を登州へもう一度変更してくれるよう要求した。そうしてこそ使節の途が困難でないのみならず、中国商人の往来も途絶えることはない、というのであった。彼は明朝に奏請したり或は礼部への移咨を提案したりして、仁祖の許諾を受けた[61]。袁崇煥が亡くなった後、仁祖十年（一六三二、崇禎五年）に再び登州ルートの許容を明朝に奏請したが[62]、崇禎帝は裁可しなかった。翌年の奏請使洪霶・李安訥らの報告によると、登州へ変更してほしいという朝鮮の要請に対し、崇禎帝は「海岸の防御を厳重にしている最中なので、貴国のために途を開くと別の心配事が生じるかもしれない」として、許可しなかったという[63]。

三　西海・渤海海域の海風

洪翼漢は、祈風祭を執り行なう文の中に「航海するには船が必要で、船に乗るには風が必要である。行く方向はそれぞれ異なり、東風あるいは西風は、来る者には順風であるが、行く者には逆風である[64]」と、航海に風が重要なことを叙述した。このように海を航行するのにおいて、船を操縦する沙工や船の堅固さと航海術、そして海流、潮流のほかに、風が非常に重要な一つの要素として作用するのは必至である。中国沿岸を南下する海流は渤海および北部に始まり、中国の大陸沿岸に沿って南下し南シナ海方面で消滅するが、冬季には水温が低い。西海は冬には北西の風が吹くが、時には北から北東寄りの風が吹き、夏には南または南東寄りの風が吹くことが多い。四月末から五月初および

九月に風は一定しない。秋から冬にかけて吹く北風は、韓半島北部と中国の中部或は南部海岸との交流を可能にした。(65)

表1から分かるように、宣沙浦から出航して登州或は寧遠衛へ向かう朝鮮使節は、五月から九月の間で、七月の出航が多い。また帰路の場合、登州は三月、寧遠衛は三、四月ころであることが知られる。趙濈『燕行録』仁祖元年九月十二日に、

自歎無聊中、與事知沙工商議。則七八月東風連吹、此正浮海朝天之時也。九月以後、西風無日不吹、或有東風、其風不信、或早発午止、午発夕止。春夏間、則西風・南風連吹四五日、海行、必於七八月赴京、四五月回来可也、無已則二月回来可也。三月則花信風妬、花風皆不利。五月魚出之時、例有北風、回来時若遭此風、必遅滞也。所謂魚出者、平安道石首魚、四月望時入浦、五月還入海、故謂之魚出云云。

と見え、使節が海路を利用して登州へ行く時期は東風が吹く七、八月で、四、五月が帰国の適期であることが分かる。(66)やむを得ない場合には、二月に帰国しても差し支えなかった。九月以後は西風が吹き続けたり或は東風が吹いたりして、一定しなかった。春と夏の間には西風と南風が四、五日間連続して吹いた。三月、花の便りがあるころは、航海に不利であった。五月、平安道で石首魚（イシモチ）が採れるころには北風が吹き、船が遅滞した。

仁祖三年六月初めに仁祖の冊封問題で朝鮮に入った明朝の太監たちが、帰国しようとした。すると仁祖は、今は季夏なので海に霧が立ち、万里に風が吹いて波が立ち、心配であるといって挽留した。しかし太監一行は九月、十月以前に海を渡ると荒波が立たないと答えた。(67)ところが九月に宣沙浦を出発した趙濈は、椵島に停泊した際、西風が強く吹いて船を浮かべることが出来ず、ようやく東風が起こって出発することができた。しかし、三日ほど航海してから南風に遭い、航海の困難に直面した。九月六日の日記に、

自午至夜、南風大作、浪山接天、夜半雷電大雨。事出蒼黄、船人等相顧失色、亦没奈何。雖曰事知沙工、不能制

船。或閉目僵臥、不省人事。或閉食揺頭、嘔吐不絶。一行人、亦或嘔吐糞褁失者。

とあり、南風が吹き山ほどの波が立って天に届きそうで、責任者の事知沙工さえも船を操縦し得なかったことが分かる。翌日には西風が起こり、船を浮かべることができなかった。その翌日には、西北、東南の方向が漆黒のように暗くなると、にわかに西風が吹き、冷たい雨が降った。波は山を崩すような勢いであった。使節の船が互いにぶつかり、沙工である篙工も格卒も束手無策であった。九日は重陽節であったが、彼は次のように記録した。

方書、禁戒行船、而妄為行船之計。僅得不敗、方書亦効験矣。

重陽節には船を浮かべないという禁忌があるのに、これに従わなかったという自責の念が述べられている。仁祖五年九月十三日、冬至使辺応璧は広鹿島に停泊した後、翌日東風が吹くと、三山島へ向かった。七十里も進まないところで北風が強く起こり、船が揺れて人は船上に立つことができないほどであった。この日の夜、二更（午後十時前後）ころに、書状官の乗った船等が碇を上げて海へ乗り出したが、飄風のためにどこへ向かうのか分からなかった。(68) 十八日に趙濈は、西南の風を止めて東北の風を吹かせてくれと大に祈った。長山島から広鹿島へ向かうはずが、西南の風が彼の旅程を妨げていた。風が逆に吹いたためである。二十日にも南風は止まず、船を出発させることができなかった。趙濈『燕行録』仁祖元年九月二十日には、

……蝶雲片片、従南起、此亦南風之候也。黒而頑者、謂之猪雲。白而片片者、謂之蝶雲、風自南来。東西天際、雲脚皆向北、風自西来。則南風天際、雲脚皆向東、蓋雲従風而靡故也。上下弦翌日、謂之水休日、初九日二十四日之謂也。其間十介之風、必従水休日之風。蓋水休日有東風、則其間十日之風、皆東風。水休日有西風、則其間十日之風、皆西風之類也。且秋冬対電而起、春夏風従電而起。近見東風連有電光、而西南風連日不止、此果験也。

とあり、雲の形と色、そして雲の移動方向の相関関係を通じて、どのような風が吹くかを叙述している。上弦の月と

下弦の月の翌日は水休日で、九日と二十四日がこれに該当した。水休日に吹く風が、その次の十日間に吹いてくるというのである。一行が直接体験した風は東風に電光をともなったもので、こうした現象が発生すると、南風が止むことなく吹き続けた。(69)趙濈が南風で困難に直面しているころ、太陽に傘がかかった。彼は、天気が暖かくなり、風雨が発生する兆候だと認識した。果たして二日後に北風が次第に弱まり、船は疾走して黒水海に到達した。黒水海とは渤海を指し、風がなくても波が起こり、渡るのが困難なところである。波が一度起こると天に届くようで、波が過ぎ去ると地面が消えてしまうかのようであった。ちょうど九月で北風が吹き、船を操縦する水手もどうすれば良いか分からなかった。倒れて食べ物を戻す者が半数に達した。まして普段から船の技術を身に付けていない者は、なおさらひどかった。東風や東北の風が吹いて、はじめて順調に航海が可能だが、南風や西風が吹くと、極限の状況に置かれたのである。

登州よりさらに険難な航路であった渤海航路の風も、威勢を奮った。平島から覚華島へ向かう時の風は、西南から吹いてこそ海を渡ることができる。進賀使李忔の場合、八月二十一日、南汛へ向かった時、船は縦横に揺れた。この時の風を和唱と言うが、南風が七週間も吹いて、船は遠くまで航海することができなかった。(70)また、李安訥は七月十六日に平壌の石多山を出発し、九月五日に覚華島に到着し、八日に寧遠衛城に入った。一ヶ月と二十三日の長旅であった。(71)

表5は、月別に暴風が発生する日を整理したものだが、八月十八日、二十一日と九月九日、二十七日に暴風が吹くという。李肯翊が海路で中国に入朝した時に、中国人から聞き知った事実だが、朝鮮での経験から見ても当たることが多いと叙述している。

李民宬は六月一日に石城島に泊まったが、夜に颶風(72)に遭った。ほんらい南海で夏と秋に吹くことの多い激しい風を颶風といい、このとき虹が多く現れたという。[73] 石城島周辺は水深が浅くて船を動かすことができず、棹（篙）をさして水勢に従って航海した。九月二十七日、李忔が南汎口へ向かったとき暴風、いわゆる和唱という風に遭ったが、表5から、暴風が発生する日と一致する。

金堉が八月に平島に到着した時も、夜更けに南風が非常に激しく吹き、波が立ち上ったので、船の向きを変えて羚角湾へ入った。[74] 彼は九月八日の明け方に東風に従って航海を始めたが、鉄山觜に到着したころ北風がにわかに強く吹き寄せた。あたかも天を震わせ、海を揺動する勢いで、山のような波が押し寄せた。このとき同船していた冬至使で書状官の鄭之羽は、九月十七日に北汎口から覚華島へ向かう途中で西南の風が強く起こり、波が天に届くほどで、帆布と帆柱が逆さまに倒れ、船にいた人は皆助かる望みをなくしていたのだが、そのときの経験を書き記した。[75] また、光海君十三年四月に天啓帝が登極し、登極詔使の任務を帯びて朝鮮に来た劉鴻訓と副使楊道寅が、六月に海路を利用して帰る時、旅順地方で怪しげな風に遭い、船は破損して朝鮮で受けた贈り物十のうちの九を失なってしまった。[76]

表5　暴風発生の日

月別	日（陰暦）
1月	9，29
2月	7，21，29
3月	3，7，15，23，28
4月	1，8，23，25
5月	5，13，21
6月	12，24
7月	18
8月	18，21
9月	9，27
10月	5，20
11月	14，29
12月	24（前後2日）

典拠：李肯翊『燃藜室記述』別集巻5・事大典故「赴京道路」。

南風は中国から朝鮮へ向かう場合には理にかなっていた。宋の元豊年間（一〇七八～八五）以後、中国の朝廷から高麗に使臣を派遣する場合にも利用された。明州、定海から出航して海を横切り北へ向かったが、船の運航はみな夏至の後に南風を利用した。[77] 同じく朝鮮時代にも、登州から宣沙浦へ向かう場合には、東北の風が吹き続けると航海に支障をきたした。反面、南風が吹いてこそ順調な航海が可能であった。南風が吹くと、船足が速くなったという。

趙濈が任務を完遂して登州から広鹿島へ向かう途中、風が不順

で櫓を用いたが、船は前へ進まなかった。『朝天録』仁祖二年四月朔日に、

海中尖峰、或作竪帽状、或平如掌、或広如場、変態不常。舟人為之島遊、如此則必風必雨云。

とあり、海の中にある島が様々な形態に変化すると、必ず風と雨が降るという。また胸に黄色い色がある怒奴鳥という小鳥がしばしば船にやって来て、飛んだり帆に止まったりした。こうした現象は風が吹いたり大雨が降ったりする兆候であった。それは、表5から分かるように、暴風が吹く日であった。

光海君十三年四月、使臣朴彛叙と柳澗が京師から帰る途中で暴風に遭い、漂流して溺死する事件が発生した(78)。風が使節の生死に大きな影響を及ぼすとなると、朝鮮の朝廷では航海を急がず順風を待って船に乗る措置を取った。

四　使節たちの海洋信仰

海に精通せず船に乗った経験もなくて、茫々たる大海を渡る使節にとって、登州に行くのも、或は鉄山觜を過ぎて渤海を渡り寧遠衛へ向かうのも、まるで死の道を行くようなものと認識された。自然とこれらが頼ることができるのは神、特に海神に祈祷することのみであった。しかし管見の限りでは、朝鮮時代の海神信仰の問題に歴史的に接近した研究は殆どない。安東俊氏が初めて天妃信仰を研究しただけである。氏は、使節が祀典に載っていない鬼神に仕えることは儒学者の本分に悖るが、成功裏の外交任務の遂行は儒家の本分を全うすることなので、天妃を信仰せざるを得なかった、と論じた(79)。

本章では、天妃信仰について考察すると同時に、朝鮮の官吏たちが航海の安全を祈願した多様な海神たちとその役割について調べてみる(80)。

使節一行は海へ出る前に神に祭祀を執り行なった。李忔は書状官と一緒に平壌の練光亭に上がり、朝鮮四瀆の一つである大同江の神と風を鎮める風伯に祭祀を執り行なった(81)。また洪翼漢一行は、平安道安州の北に位置する百祥楼で海神祭を執り行なった。李徳泂も初めて船に乗ったために心を開くことができなかった。病気になり飲食を全く取らず、日ごとに危篤に陥ると、香をたき、海神に祈り、家から持って来た香と幣を海に投げ入れた。すると、波がしばらくの間止んだという(82)。金堉は夜明けに石多山の海辺に設置した壇上で海神に祭祀を執り行なった(補註1)。書状官が亜献を、訳官韓瑗が終献を行ない、劉義立が祝文を読んだ。こうして祭祀を執り行なった後に船に乗ると、風勢が非常に順調だったという(83)。さらに、洪翼漢が椵島に辿り着いた時、明け方の天気がどんよりとし潮風が険しくなった。突如雷が落ち、雨がざあざあ降り注いだ。雲霧が立ちこめ、波が山のように立ち上がった。風浪に巻き込まれた船がもう少しで転覆するところであった。船に乗っている者たちは嘔吐してはグッタリし横たわった。沙工たちにもかつて経験したことのない風浪であった。そこで彼は酒饌と幣帛を取り揃えて海神に祭祀を執り行なった(84)。

それでは使節たちが祭祀を執り行なった海神の実態は何であったのか。仁祖元年の書状官李民宬は宣沙浦から出航する直前に祭壇に行き、大海神に任務を完遂できるように、また、風の神である屏翳と飛廉を取り除いたり隠したり、波を立てて船を転覆させる神である陽侯と海若をみな束ねたりして、無事に航海できるようにと祈願した(85)。同じ年、趙濈も乗船の日時を定めた後、大海神と多くの海神に祭祀を執り行なった(86)。

仁祖十年の奏請使の書状官洪鎬は、烏糸帽に黒衣団領で服装を整え、一行の何人かを同伴して三神に祭祀を執り行なった(87)。使節たちは、風が吹いて船で航海できない場合、随時、三神祭を行なったが、李忔は三神として大海神、龍王神、風伯を指称した(88)。ところが、三神の主体が他の場合もあった。すなわち李安訥の場合である。彼は夜明けに上使、書状官、員役と一緒に三神祭を執り行なった。『朝天後録』仁祖十年七月十六日に、

平壌石多山下、海岸高岡之上、除地為壇、乃大海・龍王・小星三神設祭之所也。赴京使臣乗舟下海之日、例必躬行祀事、潔誠祈禱云。

とあり、石多山の海岸には、三神すなわち大海神・龍王神・小星神に祭祀を執り行なうための祭壇が設置されていたという。ここでは風伯の代わりに小星が入っている。

仁祖二年の使節である洪翼漢の『朝天航海録』にも、三神が登場する。ここでは大海神の代わりに天妃を入れている。大海神と天妃が同じ時期に登場している点に留意する必要がある。洪翼漢一行は風浪に遭い、各船に嘔吐・下痢で呻吟しない者がおらず、上使と副使がいっそう甚だしく飲食を全く取らなかったので、広鹿島へ移動し、宿を借りて休息をとった。このとき一僧侶がやって来て、島に新たに寺刹を創建して施主し、海辺の途の平穏を懇請した。使節は少しばかりの米を喜捨したが、彼らの対話が『朝天航海録』仁祖二年八月十九日の日記に見える。

……上使仍問祭海事何如。僧曰、祭海莫重於天妃娘娘之神、次龍王之神、又次小聖之神。上使曰、所謂三神何神。対曰、天妃者玉皇之女、主茲四瀆、而龍王佐之。小聖者、即龍王半子。三神喜則諸事吉、怒則凶。故凡行于海者、欲其喜而不欲怒、致敬尽礼。上副使即依其言、具紅段・小軸、以泥金書神号、定其位次、蔵于櫝置諸座隅、備酒牲香幣、祭三神。……

とあり、僧侶の言によると、海に祭祀を執り行なうのに天妃娘娘の神が最も大切で、次は龍王の神であり、その次は小聖の神である。いわゆる三神だが、天妃は玉皇の娘で四海を主管し、龍王は天妃を補佐し、小星はすなわち龍王の半子つまり婿だという。そして、これら三神が喜ぶと全てが吉、怒ると全てが凶なので、航海者たちはそれらを喜ばせるために誠意を示そうとした、というのである。この言を聞いた使節たちは、紅段と小軸に泥金で神の名を書き、位次を定め、櫝に入れて隅に安置し、酒饌・香・幣帛を取り揃えて三神に祭祀を行なった。(89)

朝鮮使節は陸路或は海路を利用して朝貢したが、遼東の内地と海岸地帯に天妃廟が設置されていた。陸路では遼東の三汊河南岸に天妃廟があり、使節たちがこの地を通り過ぎると、必ず見渡して、その感傷を詩に詠んだ。海路では錦州城観音寺の西、廟島[90]、寧遠衛に天妃聖母廟があった[91](補註2)。ところで、使節たちは航海の安全を保障してくれる神として、初めは大海神を重視したが、次第に天妃を崇尚するようになったようである。使節たちは、天妃に祭祀を執り行なった後に航海すると助けを多く受けたという事実を知ってからは、飯と餅をつくり、果物を供え、誠意をもって祭祀を執り行なったのである。仁祖四年の冬至聖節使の金尚憲は長山島からの航海で困難に直面すると、天妃に祭祀を執り行なった。彼の祭文に、

　年月日、敬祭于天妃之神、……恭惟尊神、以太陰之元精、主純陽之大界、顕聖久称於歴代、膺寵遂隆於昌辰、用坤承乾、理不爽於一致。与天作配、尊無対於百霊。昭茲崇奉之儀、実無遠邇之間、……

とあり、天妃が尊貴であることは他の神霊の及ばないところだと称誉した[92]。仁祖十四年の冬至使金堉は、任務を終えて帰国する時、沐浴斎戒して多くの神々に航海の安全を祈願する祝文をつくった。彼は天妃を「すべての船の母」と表現した[93]。張維も紺碧の渤海を渡っていくのに、「天妃護玉節、蛟鱷潜遁蔵」と表現し、使節を保護して蛟龍を束ねる役割を果たす存在が天妃だと考えていた[94]。

　天妃が女性神だという点はよく知られた事実だが、朝鮮でも陰で航海を手助けする神として女性が登場した。一例として、趙濈が平島にとどまった時に一女人が酒と食べ物を持って来る夢を見ると、これを吉兆と受け入れた事実を挙げることができる。朝鮮の船乗りたちには「航海のとき夢に女人を見るのは大吉」という言い伝えがあったが、彼がこの夢を見終えた後、風も波も静かだったという[95]。仁祖二年に北京へ向かった使節一行も女性に関する夢を見た。すなわち一行が八月十五日に石城島に至った時、正使は一人の老婆が現れる夢を、副使は宣沙浦を出発してから日ご

と夜ごとに一仙女が天から降りて来る夢を見た。沙工たちがその話を聞いて、「この船の城隍神はまさに昔の忠清道内浦（洪城地域）が第一の神霊で、その神位の名は牧丹といい、船乗りたちの夢に現れると縁起がよい」と言うと、副使は食べ物を用意して、祭祀を執り行なった。(96) ただし仙女や女人が天妃だとは断定できない。なぜならば朝鮮の人々に信奉された観音信仰も女性であるためである。あるいは民間で崇尚されたムーダンかもしれない。すなわち趙濈が帰国の途中、広鹿島で東風に遭って難儀しているとき、京畿道楊根郡迷原のムーダン艾福が現れる夢を見た(97)からである。これについては、今後研究がさらに進められねばならない。

天妃の次に航海に影響を及ぼした神が龍王である。(補註3) 使節たちが停泊した石城島、海城島と三山島に龍王堂があり、山海関城内の永佑寺でも東海龍王神をまつっていた(98)が、使節たちはここに立ち寄り、航海の安全を祈願した。全湜一行が皇城島の海潮寺に宿泊したとき、軍官たちに龍王堂で祭祀を執り行なわせた例がある。このときは風浪がいっそう険しくなり、人々は魂を奪われたかのようで、空腹の者は食べられず、病気の者も起き上がることができなくなったため、龍王堂に祈願したのである。(99) また金堉が長山島へ向かう途中の八月三日の日記を見ると、「未の刻（午後二時）に南の海と天の間に黒い雲が突如集まって雨脚が激しくなり、降りしきったとき、空中に一匹の龍が跳ね上がり、飛んで天へ昇った」という記述が見える。彼は龍が昇天する姿だと解釈して、龍王堂に祭祀を執り行なった。龍が昇ったというその場所を珠宮すなわち龍宮だと考えたのである。(100) 洪翼漢も任務を終えて帰国する途中、龍王堂に立ち寄った。海上の霧がすべて晴れて北風が強く吹き、石城島から船を出航させたが、十余里行くと、忽然と逆風が吹いたため石城島の内港へ入り、島の上にある龍王堂で順風を願う祈風祭を執り行なったのである。(101)

それでは龍王の役割は何であったのか。金堉は石多山から海へ出る前に祭祀を執り行なった。その祭文に「……王居水府、其徳正中、約束蛟鯨、収戢雷風。浩浩蕩蕩、一視同仁」という一句が見える。ここで、王は龍王を指すものと思われ、蛟と鯨を束ね、稲妻と風を止ませる役割を果たすことが分かる。[102] 彼は、のちに覚華島で船を浮かべる前にも再度海神に祭祀を執り行なったが、その祭文で、龍王を「騰九万以利見済険、惟仰於龍王」と記し、非常に遠い道程を行くのに、険難な所もたやすく渡ることができたのは龍王の御蔭だといった。[103]

韓国の民間社会で河川や海を主宰する水神である龍は、龍王または龍神等の姿で現れる。[104] 海に龍王がいて四境を守り、水府を統率した。龍王は雨を降らせ、風も起こし、波を立てる能力があり、各寺院でもまつられていた。特に海辺に居住する人たちは龍王祭を執り行なった。その龍王は海の支配者であるとともに、豊漁を左右する神でもあった。[105] 龍王の存在を信じ、信奉した事例を紹介しておこう。成宗十九年（一四八八、弘治元年）に崔溥は敬差給事中という職銜を帯びて済州道に派遣され、盗賊の逮捕等を担当していたが、父親の喪に当たり、急遽帰郷する途中で暴風雨に遭い、漂流する羽目に陥った。夜になると風と波が強まり、船は速く進んだ。すると済州牧使が派遣した鎮撫の安義という人物が、海には貪欲な龍神がおり、所持している行李を捨てて助けを乞うことを求めた。[106] また朝鮮後期の事例だが、英祖四十六年（一七七〇、乾隆三十五年）十二月に済州道の郷試で首席を占めた張漢喆という儒生が、漢陽に文科を受けに行き漂流する事件があった。彼は全羅道康津郡の南二〇〇里に位置する青山島という島に漂着した。この島には数百戸が居住し、龍王堂も設置されていた。島民たちは、そこに行って祈ると霊験あらたかだと信じていた。人々はそこでも生命を保っているのは龍神が手助けしてくれるからだと言って、祠堂で真心を込めて拝むことを勧めた。[107] このようなことから、朝鮮の漁村には航海の安全を祈願する龍王堂が設置されていたことが分かる。

次は、三神の一つの風伯である。金堉『潜谷遺稿』巻九・祭文「石多山開洋祭文」に、

……我去我来、寔頼風伯。不疾不徐、有順無逆、如鳥斯飛、一瞬千里、恵以吹噓。歆茲享祀、……

と見え、速くもなく遅くもない順風を吹かせてくれる風伯に、感謝の意を表わしている。

このほか、独特な海洋神の一つに船神というものが存在した。船舶に神霊が宿っているとして、この船神にも使節たちが祭祀を執り行なったが、それには特色があった。金堉『潜谷遺稿』巻九・祭文「祭船神文」に、

人依於船、船頼於人。人固愛船、船宜愛人。船亦有神、有神如人。神知人意、以済斯人。

と見え、人々が航海するのに、人は船に、船は人に依存するため、船神に祭祀を執り行なったというのである。船神は人の意を汲み人を救済する役割を担った。趙瀷も七月に東風が強く吹くと、四更（午前二、三時頃）に五方神[108]および船神に一時間ほど祭祀を執り行なった[109]。洪翼漢も子正（午前零時）に航海を始める前、海辺の丘の一番高い所に祭壇を設け、祭文をつくり、船神に祭祀を執り行なった。その祭文に、「昨年、私が東から来たとき、ひたすら神に頼った。私を助けて海を安らかに渡してくれたが、その功績が最も大きかった」と、船神の功績をほめたたえた[110]。

多様な海洋神の役割について、もう一度整理しておこう。金堉『潜谷遺稿』巻九・祭文「覚華島開洋祭文」丁丑（仁祖十五年、一六三七）閏四月には、

……受命西来、已経万寿、千秋之節、竣事東去。又作三山、双島之行、為衆命以清斎。仰群霊而瀆告、伏惟天妃聖母、既著慈愛之仁。海若尊神、又含寛容之徳。騰九万以利見済険、惟仰於龍王。撃三千而如飛助順、実頼於風伯。矧茲小星之垂祐、亦曰大功之能全、……

とあり、祭文に数多くの海神が登場している。聖母として慈愛の仁をあらわす天妃、尊神として寛容な徳を身につけた海若、非常に遠い道程を航海するのに険難な所もたやすく渡してくれる龍王、三千里を飛ぶように航海させてくれる風伯、使節を保護して大功を成し遂げさせてくれる小星が、それらである[111]。

以上から、朝鮮の使節たちは基本的には大海神と朝鮮の人々に親しみやすい姿で現れた龍王とを信奉していたが、次第に中国の天妃を第一の海神と認め、航海の安全を祈願するようになったことが分かる。興味深いのは、淫祀の代

表的存在と認めても差し支えない船神を信じ、祭祀を執り行なっている点である。その理由は、茫茫たる大海を渡って王事を完結する一方、個人的には無事に帰国し、身内や家族たちに再び対面させてくれる陰の存在として、信奉する価値があると感じたためであろう。ただ、こうした信仰がそれ以後も朝鮮の沿海地方に広く伝播していたかどうかは、あらためて考察すべき課題である。

おわりに

明末、女真の遼東占領によって、朝鮮は永楽帝以後用いられた陸路で北京に入る使節の途が遮断されると、海路を利用して朝貢を継続した。朝貢を至誠でもって仕えるという名分の下に、荒れる波の危険な中でも廃止せず、続行したのである。朝鮮使節の船団は四～六隻で編成され、おおよそ一六〇名から三五〇名程度の人員を乗船させた。このほかに使節たちが交易の利益を得るため私的に連れて行く者たちもいた。

使節一行は初めのうち、西海北端の長山列島と廟島列島を結ぶルートを利用して山東登州へ入ったのち、陸路で北京に至った。しかし仁祖七年（一六二九、崇禎二年）五月、毛文龍を牽制しようとする督師袁崇煥が「朝鮮は倭と交わり、女真には寛待だ」という具申を上せて、貢路改正の建議が容れられ、渤海を経由して寧遠衛へ入るルートに変更された。

渤海ルートは西海北端ルートより何倍にもまして険難で耐え難い航路であった。使節たちが登州へ向かう時期は東風が吹く七、八月で、帰国の適期は四、五月であった。九月以後は西風が吹き続けたり、或いは東風が吹いたりして、風は一定しなかった。西海北端ルートを利用する時、逆風となる南風の妨げで日が遅延することもあった。特に鉄山髒は使節たちにとって恐怖の場所であった。この場所で多くの船が破損したり使節たちが亡くなったりしたからである。李安訥は、海路を利用した者は十のうち二から三が戻って来られなかったと述べた[112]。そのため、「士と庶人が山川に祭祀を執り行なうのは礼ではなく、礼に該当しない祭祀を執り行なうのは、とりも直さず淫祀だ」という認識を持っていた朝鮮の官吏たちでさえ、王命を完遂することは勿論、自身の安全を祈願するために海神を捜し求めた。彼らはひとえに海神の陰徳のみが自身の険難な航海を保護してくれると信じ、祭祀を執り行なったのである。韓国では大海神や龍王が海神の代表的存在であったが、次第に航海の効験あらたかとして知られる天妃を信奉するようになった。これまで、中国を始め日本・琉球で航海神として普遍化された天妃信仰は韓国には存在しないと認識されていたが、燕行録の記述を通して見た結果、天妃が海神の一つとして信奉されていたことを確認し得る。特に儒教的素養を積んだ朝鮮の使節たちが、淫祀の対象となった船神すなわち船にも神霊が宿っていると認識して祭祀を執り行なった点は、朝鮮官吏の裏面を曝け出していると言うことができる。

最後に、海路を利用するようになり、朝鮮の政治・社会に新たに浮かび上がった問題点を提示しておこう。それは、使節たちが航路に精通せず、船が沈没したり多くの死傷者を出したりすると、使節の途はすなわち死の道だという認識が澎湃した点である。反対派の人物を使節に推薦することで報復する機会と看做しており、権勢ある者に賄賂を贈って使節の任務を回避しようという現象も現れた。

註

（1）　高麗末から朝鮮に至る七〇〇年の間、使節一行が元・明・清期の首都北京等に行って戻り、見聞きした事実を記録した使行録を収集し、『燕行録全集』という名で刊行された（林基中編『燕行録全集』（東国大学校出版部、二〇〇一年）。彼は、こ

のほかに一〇六件の燕行録に解題を附し、二冊本として出版した（韓国文学研究所燕行録解題チーム『国学古典燕行録解題』、韓国文学研究所、二〇〇三年）。表1は主に日記のかたちで記録されているもので、詩は除外した。明代に関連する燕行録については徐仁範の論文を参照されたい（「朝鮮前期 燕行録史料의価値와 그活用」『明清史研究』三〇、二〇〇八年）。

（2）海路を利用して登州へ渡っていくルートは、この時期に新たに開拓されたものではない。古代、韓半島から中国へ航海するルートの一つに、西海の西方たる浙江省の海岸から出発して山東半島を経て遼東半島へ北上したのち、鴨緑江流域に進入する環黄海沿近海航路があった（尹明喆『韓民族의海洋活動과東亜地中海』、学研文化社、二〇〇二年）。

（3）『通文館志』巻三・事大上「赴京使行」。冬至使、謝恩使、陳慰使、告訃使、問安使の行次の時の人員編成が詳細に記録されている。ただ、これは陸路を行く点に注意する必要がある。

（4）『通文館志』には、戸曹から下賜する衣資が詳細に記録されている。陸路が米五石であったのに対し、海路は一〇石であった（巻三・事大上「京外路費」）。

（5）洪翼漢『朝天航海録』仁祖二年八月十五日。

（6）全湜『槎行録』仁祖三年九月十五日。

（7）『承政院日記』仁祖五年十二月六日（己亥）。

（8）洪鎬『朝天日記』仁祖十一年七月十三日。

（9）金堉『潜谷遺稿』巻八、書状「到泊寧遠偵報賊情啓」。

（10）趙濈『燕行録』仁祖元年九月十二日。

（11）李忔『朝天日記』仁祖七年八月十二日には、三隻とされている。

（12）『仁祖実録』巻二〇・仁祖七年六月二日（乙卯）。李忔『朝天日記』仁祖七年九月二十二日の日記に「自大同乗船之後、三船或先或後、至停宿処、則列泊一処相会舒懐」とあるところから推測し得る。

（13）『仁祖実録』巻一・仁祖元年四月二十七日（丙戌）。

（14）朝鮮時代、通信使の使節の船の規模については、金在瑾『韓国의 배』서울 大学校出版部、一九九四年）参照。

(15) 『光海君日記』巻一七七・十四年五月十四日（己酉）。朝鮮は壬辰倭乱以後、戦艦が不足すると、光海君七年（一六一五）には巡検使を三南地方に派遣し、艦船の建造様式と水軍制度を整備した。さらに同十年には舟師庁が設置され、戦艦を各道で分担して建造させた（김효전외『한국의 배』지성사、二〇〇七年）。
(16) 최완기「朝鮮後期 京江船의機과力量」（『향토서울』四五、一九八八年）。
(17) 『朝天日乗』では、「湖西水営」は「忠清水営」と、「載糧船」は「黄海道の軍糧を載せる船」と記されている（仁祖元年八月二十四日）。水営の軍船を利用したものと推測される。
(18) 趙濈『燕行録』仁祖元年八月二十四日。
(19) 洪翼漢『朝天航海録』仁祖三年三月十五日、二十一日。白牌船が正確にどのような船であったかは知り得ない。朝鮮前期、小型戦闘船に防牌船という名称が見える。（방상현『朝鮮初期 水軍制度』、民族文化社、一九九一年）。
(20) 李民宬『朝天録』仁祖元年六月一日。羽字船は船舶を管理する提検員が船舶に烙印を押して字号を刻んだ（방상현、前掲書、一一一頁）。
(21) 趙濈『燕行録』仁祖元年九月一日。
(22) 洪翼漢『朝天航海録』巻一・仁祖二年七月四日。
(23) 『仁祖実録』巻七・仁祖二年九月十五日（丙寅）。
(24) 洪鎬『朝天日記』仁祖十年七月十六日。
(25) 金堉『朝京日録』仁祖十四年七月十五日。
(26) 『仁祖実録』巻六・仁祖二年五月十六日（己巳）。
(27) 尹明喆、前掲書、一八五～一八八頁、参照。
(28) 里数に差異が生じているが、『通文館志』の本文では三七六〇里と記録。
(29) 『太宗実録』巻三〇・太宗十五年十二月十四日（丁丑）。ただし中国の僧侶の計算方式によると、差異が生じる。明代の一里が五七六メートルとなるためである。

(30) 家を離れ、船で中国に入り戻ってくるが、七〇〇〇里を要したという。妻や妾、子女、姉妹、甥・姪がいる者は、いつ再会できるかもしれず、うわべでは天下に号令するのに我が意を得たかのようだが、内実は不満であった（趙濈『燕行録』仁祖元年七月二十七日）。
(31) 李肯翊『燃藜室記述』別集巻五・事大典故「赴京道路」。
(32) 『仁祖実録』巻二〇・仁祖七年六月二日（乙卯）。
(33) 『仁祖実録』巻一八・仁祖六年六月二十二日（辛亥）。
(34) 『仁祖実録』巻二〇・仁祖七年六月二日（乙卯）。石多山は平壌府から西北一二〇里にある。山に巌石が多い（『大東地志』巻二一・平壌府）。
(35) 鄭炳喆「明末 遼東一帯의海上勢力」（『明清史研究』二三、二〇〇五年）。
(36) 金堉『朝京日録』仁祖十四年七月二十四日に「移船住島東牛毛淵、我国地方止島西薪島云」と見え、洪翼漢『朝天航海録』巻二・仁祖二年八月十一日に「車牛島、竹島、大小獐子島、薪島以後、非我国地」と見え、薪島までが朝鮮の領土であった。
(37) 『仁祖実録』巻一八・仁祖六年二月十一日（癸卯）。
(38) 李民宬『癸亥朝天録』巻上・仁祖元年六月二日および洪翼漢『朝天航海録』巻一・仁祖二年七月十二日。
(39) 李民宬『癸亥朝天録』巻上・仁祖元年六月二日。
(40) 趙濈『燕行録』仁祖元年九月二十三日。
(41) 洪翼漢『朝天航海録』巻一・仁祖二年八月二十二日。
(42) 『読史方輿紀要』巻三七・「山東」八。
(43) 趙濈『燕行録』仁祖元年九月二十三日。
(44) 李民宬『癸亥朝天録』巻上・仁祖元年六月九日。
(45) 李肯翊『燃藜室記述』巻二八・「仁祖朝故事本末」。
(46) 洪翼漢『朝天航海録』巻一・仁祖二年八月二十二日および仁祖三年三月二十五日。

(47) 朴世堂『西渓集』巻九・誌銘「江原道観察使尹公墓誌銘」。袁崇煥が朝鮮に移咨した内容は『仁祖実録』巻二一・仁祖七年七月二十八日（辛亥）に見える。
(48) 『仁祖実録』巻一九・仁祖六年七月十日（己巳）。
(49) 張維『谿谷先生集』巻二二「貢路奏本」壬申年（仁祖十年）。
(50) 『仁祖実録』巻二〇・仁祖七年四月六日（辛卯）。
(51) 『明史』巻二三〇「朝鮮伝」。この年の六月、袁崇煥は毛文龍を双島で殺害した。
(52) 李忔『朝天録』仁祖七年九月二日。
(53) 李安訥『朝天後録』仁祖十年八月二十日。
(54) 李民宬『癸亥朝天録』巻上・仁祖元年六月九日。金州衛の境界には七十二の島が海辺に並んでいた。住民はここで漁業をしたり土地を開墾したりした。明代には遼左の流民が多く居住した（『読史方輿紀要』巻三七・「山東」八）。
(55) 李忔『朝天録』仁祖七年九月七日。
(56) 金堉『潜谷遺稿』巻八・「貢路硝黄事呈礼部」丙子十二月初七日。実際に陳慰使一行のうち通事の船が女真に捕虜となった（李民宬『朝天録』仁祖元年六月九日）。
(57) 李安訥『朝天後録』仁祖十年八月二十日に、「鉄山觜、乃海路極険之処、山如口角、故以觜為名云」と見える。
(58) 李忔『朝天録』仁祖七年九月十四日。
(59) 鄭経世『愚伏先生文集』巻三「請復登州旧路奏文」に、「辛酉以後、陪臣柳澗、朴彝叙、鄭応斗、尹昌立等相継渰没。皆由於遇風漂淌、誤入此路。今又尹安国到此覆敗。水路之険、委難形言」と見える。
(60) 李肯翊『燃藜室記述』別集巻五・事大典故「使臣」。
(61) 『仁祖実録』巻二二・仁祖八年正月二十七日（丁未）。
(62) 李肯翊『燃藜室記述』別集巻五・事大典故「赴京道路」。
(63) 『仁祖実録』巻二八・仁祖十一年四月十二日（癸酉）。

(64) 洪翼漢『朝天航海録』巻一・仁祖三年三月二十四日（壬申）。

(65) 尹明喆、前掲書、六〇頁、参照。

(66) 仁祖五年の冬至使辺応璧は五月に登州へ向かい、翌年五月に朝鮮へ戻ってきた。風が最も良い時期に帰国したのである。

(67) 『承政院日記』仁祖三年六月十二日（戊子）。

(68) 『承政院日記』仁祖五年十二月六日（己亥）。

(69) 仁祖十年、奏請使の李安訥が八月十四日に長山島から広鹿島へ向かうには東南、東北の風が吹かねばならなかった。しかし、西北、西南の風が連日強く吹き航海できなかったという（李安訥『朝天後録』仁祖十年）。

(70) 李忔『朝天日記』巻三・「続録」仁祖八年八月二十一日。

(71) 李安訥『朝天後録』「覚華島舟中書事」。

(72) 劉恂『嶺表録異』巻上および李肇『唐国史補』巻下。

(73) 李民宬『癸亥朝天録』巻上・仁祖元年六月一日。

(74) 金堉『朝京日録』仁祖十四年八月六日。羚角湾を船乗りたちは「海城島」と呼んだ。

(75) 趙慶男『続雑録』巻三・仁祖七年。冬至使尹安国が沈没した場所は北汎口から覚華島へ行く途中で、九月十七日頃であった。このときも台風が吹き、船を沈没させたのである（李肯翊『燃藜室記述』別集巻五・事大典故「使臣」）。

(76) 『光海君日記』巻一六六・十三年六月二十六日（丙申）。

(77) 徐兢『宣和奉使高麗図経』巻三・城邑「封境」。

(78) 『光海君日記』巻一六四・十三年四月十三日（甲申）。光海君十三年十月八日、廟島近辺の来山で船が壊れ、書状官鄭応斗および員役二七名が溺死し、進香使劉謙が乗った船は行方知れずであった（作者未詳『凝川日録』巻二・光海君九年）。

(79) 安東俊「海洋 使行文学과天妃信仰」（『도남学報』一六、一九九七年）。

(80) 藤田明郎氏は媽祖を中心とする東北アジアの航海神を紹介しながらも、朝鮮については言及がない（「航海神――媽祖を中心とする東北アジアの神々」、桃木至郎編『海域アジア史研究入門』第二三章、岩波書店、二〇〇八年）。また山内晋次氏も朝鮮の航海神として観音信仰を紹介するにとどまっている。(「航海守護神としての観音信仰」、『古代中世の社会と国家』、清文堂、一九九八年)。

(81) 李忔『朝天日記』仁祖七年八月一日。
(82) 作者未詳『甲子水路朝天録』仁祖二年七月四日。
(83) 金堉『朝京日録』仁祖十四年七月十六日。
(84) 洪翼漢『朝天航海録』巻一・仁祖二年八月六日。
(85) 『朝天録』仁祖元年五月二十日。当時、正使もみな参与した。
(86) 趙濈『燕行録』仁祖元年八月二十四日。
(87) 洪浩『朝天日記』仁祖十年七月十六日。このとき大海神、龍王神、小星神の祭文を別々につくった。
(88) 李忔『朝天日記』仁祖七年八月八日。
(89) 彼は帰国の途にも天妃を訪れた。洪翼漢は夜明け前に上使・副使とともに船所に進み、天妃・風神・龍王・小聖に祭祀を執り行なった(洪翼漢『朝天航海録』巻一・仁祖三年三月十九日)。
(90) 李民宬は、天妃を漢の林蘊の娘とし、亡くなって水神となり、勅封で天妃となったと記録する(『朝天録』仁祖元年六月十一日)。
(91) 金景善『燕轅直指』巻二・出疆録・純祖三十二年十二月七日「錦州衛記」。
(92) 金尚憲『清陰先生集』巻九・朝天録「長山島天妃祭文」。
(93) 金堉『潜谷遺稿』巻九・祭文「石多山開洋祭文」丙子七月十六日。
(94) 張維『谿谷先生集』巻二五「送登極賀使韓知枢」。
(95) 趙濈『燕行録』仁祖二年三月二十八日および二十九日。
(96) 洪翼漢『朝天航海録』巻一・仁祖三年三月二十九日および作者未詳『甲子水路朝天録』仁祖二年八月十五日。
(97) 趙濈『燕行録』仁祖二年四月二日。しかし、このムーダンが見えても、波はますます荒かった。

(98) 作者未詳『薊山紀程』巻四・「復路」甲子二月十一月。
(99) 全湜『槎行録』天啓乙丑（仁祖三年）九月二十四、二十五日。
(100) 金堉『潜谷遺稿』巻九・祭文「龍王堂祭文」。
(101) 洪翼漢『朝天航海録』巻一・仁祖三年三月二十九日。
(102) 金堉『潜谷遺稿』巻九・祭文「石多山開洋祭文」丙子七月十六日。
(103) 金堉『潜谷遺稿』巻九・祭文「覚華島開洋祭文」丁丑閏四月。
(104) 서영대송화섭編『용、그 신화와 문화』（민속원、二〇〇二年）。
(105) 권상로「한국고대 신앙의 일별——미리（용）신앙과 미륵신앙에 대하여——」（『불교학보』一、一九八二年）および서영대「세계의해양신령과 분류시론」（『한국해양신앙과 설화의 정체성연구』재단법인 해상왕장보고기념사업회、二〇〇九年）。
(106) 崔溥『漂海録』閏正月六日。
(107) 張漢喆『漂海録』英祖四十七年正月九日。
(108) 金堉も三神でなく、五神と船神に祭祀を執り行なった（金堉「朝京日録」仁祖十四年八月十日および二十一日）。
(109) 金堉『潜谷遺稿』巻一四・「朝京日録」仁祖十四年八月二十一日。
(110) 洪翼漢『朝天航海録』巻一・仁祖三年三月二十日。
(111) 使節たちが信奉した五神は五方神か、それとも天妃・海若・龍王・風伯・小星を指すかについては、さらに考証する必要がある。
(112) 李安訥『朝天後録』「贈別咸興駅子林徳生」。

補註

（1） 祭海壇配置。鄭斗源『朝天記地図』（『燕行禄選集補遺』上、成均館大学校大同文化研究院、二〇〇八年）。

（2）娘娘廟配置（同右）。

（3）龍王堂配置（同右）。

（補註1）石多山の祭海壇

（補註2）娘娘廟

（補註3）龍王堂

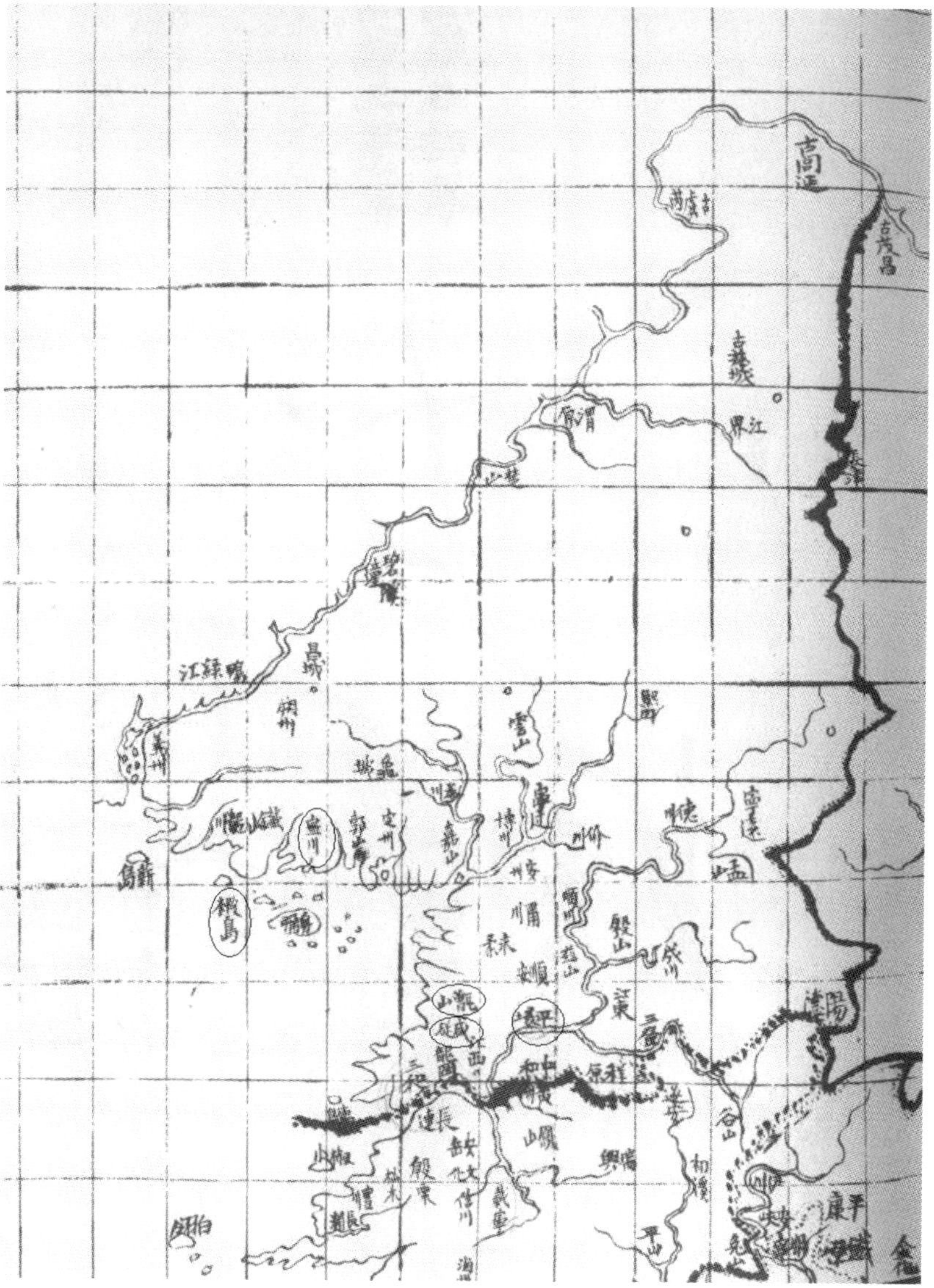

金正浩『青邱図』

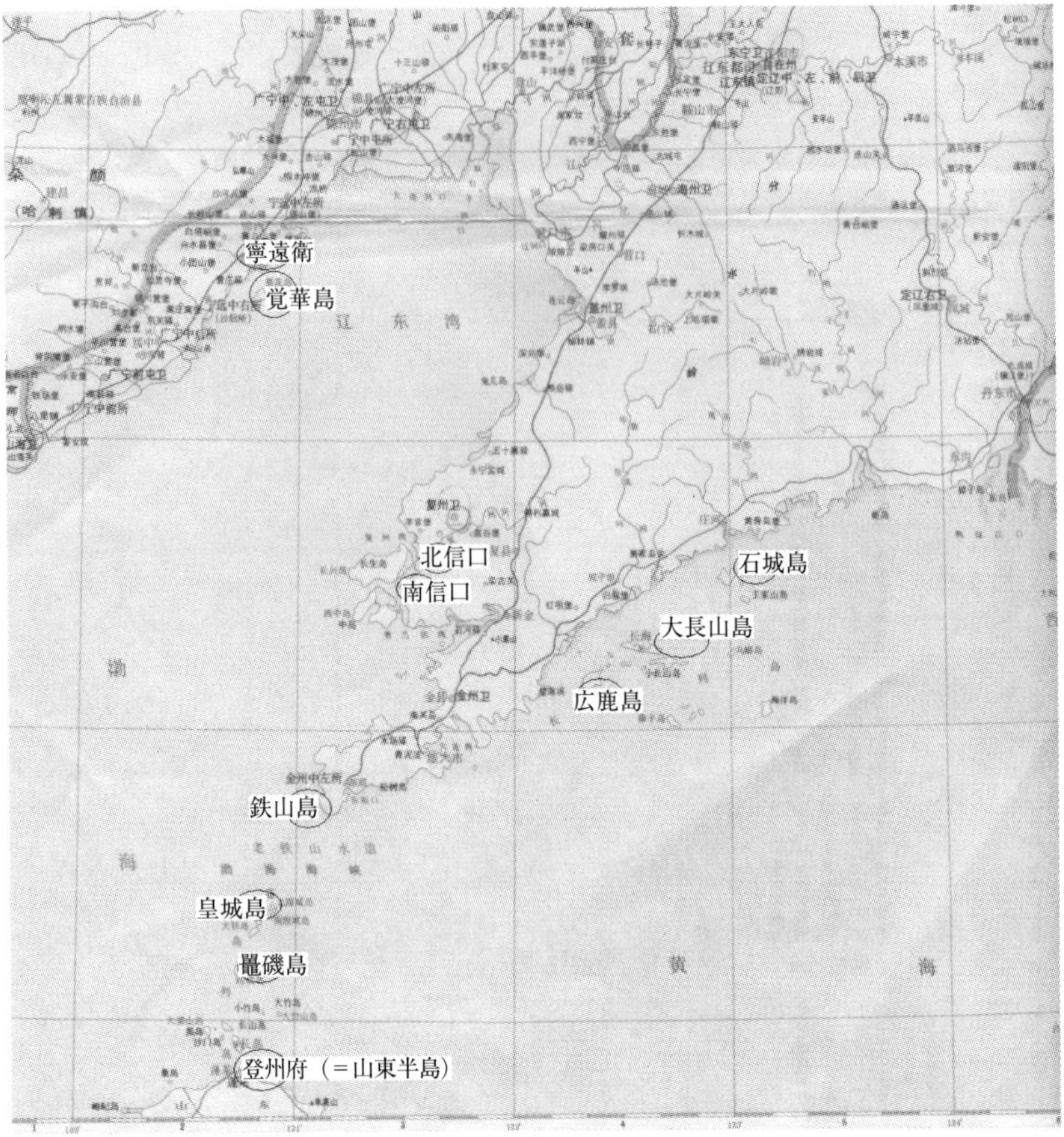

譚其驤主編『中国歴史地図集』元・明時期より

前近代東アジア海域における航海信仰
――海神祭祀・海の境界・観音信仰――

山内晋次

はじめに

近年、日本の歴史学界においても、海域史研究がおおきく進展している。[1] しかし、そのいっぽうでは、当該研究分野の重要性が十分に予見されるにもかかわらず、いまだにほとんど検討がすすんでいない海域史関連の研究テーマも数多く残されている。本稿でとりあげる「航海信仰」の問題も、そのようなとり残された重要テーマのひとつである。[2]

私が、この航海信仰の問題を重要なテーマのひとつと考えるのは、以下のような理由による。すなわち、海域史の不可欠な構成要素として、ヒトによる航海の歴史がある。そして、その航海はしばしば、自然の猛威にさらされ、あるいはヒトによる妨害をこうむった。そのような航海におけるさまざまなトラブルに対処するための一手段として、航海者たちは神や仏などの超自然的存在に航海安全の祈りを捧げ、その神秘的かつ強力な力に守られているという思いを支えとして、さらに航海を発展させていった。とすれば、海域史研究において、ヒト・モノ・情報などの動きを検証する分野とならんで、それらの動きを支えた航海者たちの心性の問題として、航海安全を願う彼らの祈りの問題が、研究の射程におさめられてしかるべきであろう。

このような理解のもとに、本稿では、日本海・黄海・東シナ海などの海と、それをとりかこむ列島・半島・大陸によって構成された歴史世界を「東アジア海域世界」と呼び、おもに前近代のその世界で展開した航海信仰の問題を考えてみたい。[3] そして、その考察をすすめるにあたっては、日本列島と大陸諸地域とを結ぶ船の航路にもとづいて、北から順に〈朝鮮半島—九州〉〈浙江—九州〉〈福建—沖縄〉という三つのルートを作業仮説的に設定し、ルートごとに信仰の状況を具体的に探ってみたい。この三つのルートは、「東アジア海域」という「大海域」の下部構成要素であ

黄　海
鬱陵島
釜山
日本海
対馬島
済州島
加部島
五島列島
長崎
男女群島
乍浦
杭州
舟山群島
寧波
普陀山
浙　江
東　シ　ナ　海
温州
福州
福　建
漳州
久米島
慶良間諸島
那覇
尖閣諸島
台　湾

図１　主要関係地名地図

る三つの「小海域」とも考えられるであろう。このような「小海域」それぞれの個性と、それらのあいだを貫通する共通性とをともに考察することで、「大海域」としての「東アジア海域世界」の歴史もまた、よりいっそう精確に復元されていくものと思う。

一　〈朝鮮半島—九州〉ルートにおける航海信仰

まず、朝鮮半島と九州を結ぶルートにおける航海信仰の事例をみてみよう。このルートにおける航海信仰に関して比較的おおくの史料を残しているのは、十七—十九世紀に朝鮮国王から徳川将軍のもとに派遣された歴代の朝鮮通信使たちである。彼らの残した使行録には、日本にむけて釜山を出航する直前におこなわれた航海の安全を祈る祭祀や、出航後に対馬島とのあいだの洋上でおこなわれた祭祀に関する興味深い記録が散見する。(4) 本節では、朝鮮通信使によるこれらふたつの航海祭祀を素材としてとりあげてみたい。

(1)　釜山における永嘉台祭祀

1　永嘉台と海神祭祀

一六一四（光海君六）年、朝鮮王朝の海防政策の一環として、慶尚道巡察使の権盼により、釜山鎮前方の入江に大型船を繋留するための船だまりが造成された。そして、このときに浚渫された土砂によって、船だまりのそばに小丘が築かれ、そのうえに室房が設けられた。のちにこの小丘は、築造責任者の権盼の出身地（慶尚道安東、旧名永嘉郡）にちなんで「永嘉台」と名づけられた。(5) この永嘉台はまもなく、日本にむかう通信使たちにも利用されるところとなっ

図２　槎路勝区図画集（韓国国立中央博物館蔵）に描かれた永嘉台

た。王命を受けて首都・漢城を出発した通信使の一行は、おもに陸路で朝鮮半島を南下し、釜山に至った。そして、彼らは釜山でしばらく滞在しながら最終的な出発準備を整え、永嘉台の船だまりから乗船し、対馬島をめざした。現在、永嘉台は釜山の都市化の進展のなかで削平され、あとかたもない。ただ、さいわいなことに、いくつかの近世朝鮮絵画から、その往時の姿をうかがうことができる[6]。

この永嘉台の建設以後日本に派遣された、一六一七（光海君九）—一八一一（純祖十一）年の歴代通信使の使行録には、使節団が釜山を出航する直前に、その小丘で航海の安全を海神に祈る儀式をおこなったことが記録されており、その祭祀は「海神祭」・「祈風祭」・「海神祈風祭」などと呼ばれている[7]。

なお、江戸時代最初の通信使（回答兼刷還使）は一六〇七（宣祖四十）年に派遣されているが、この時点ではもちろん、永嘉台はまだ建設されていない。ただし、このときの使行録である慶暹『海槎録』同年二月二十九日条には、釜山湾東岸の戡蛮浦の海岸で海神祭祀をおこなってから日本にむかったと記録されている。そうすると、日本にむかう国家使節団が釜山出航にあたっておこなう海神祭祀は、永嘉台の建設をきっかけに始まったものではなく、それ以前の海神祭祀の流れにつながるものであるといえる。

また、日本が江戸幕府から明治政府にかわって以後の一八七六（高宗十三）年に、丙子修好条約（日朝修好条規）の締結をめぐって日本に派遣された「修信使」たちも、釜山で海神祭をおこなって乗船している(8)。その一行の記録には祭祀場所が明記されていないが、このときの祭祀もやはり、旧例にのっとって永嘉台でおこなわれた可能性が高いであろう。このときには、使節団の乗船もすでに近代的な火輪船（汽船）にかわっていたが、海神祭祀の伝統は依然としてうけつがれていたのである。

2　祭られた神

では、永嘉台においてはどのような儀式がおこなわれていたのであろうか。その儀式については、おおくの使行録が「海神祭（祈風祭）をおこなった」と記すのみである。しかし、金顕門『東槎録』粛宗三十七（一七一一）年六月二十一日条、申維翰『海游録』第一・粛宗四十五（一七一九）年六月一・六日条、金仁謙『日東壮遊歌』第一・英祖四十（一七六四）年九月六―八日条、金履喬『辛未通信日録』巻三・海神祭などに、やや具体的な儀式の内容が記録されている。使行録のあいだで若干の違いはみられるものの、これらの記録から、永嘉台での海神祭祀は概略以下のようなものであったことがわかる。

まず、祭日の卜定がおこなわれ、それが決まると、儀式に参加予定の通信使メンバーは、事前に潔斎をおこなう。祭祀の会場となる永嘉台の室房には、釜山鎮節制使の指揮により壇が築かれ、海神の神位がおかれる。祭物や儀幣は、東莱府により整えられる。三使臣（正使・副使・従事官）以下使節団の中心メンバーは、儀式におけるさまざまな役目を分担する。儀式は深夜に始まり、五礼儀の海瀆祭の規定にのっとってとりおこなわれる。式場には使節団中の職位にしたがって席が配置され、それぞれ規定された衣服を身に着けて儀式に臨む。海神位に対する拝礼・奉献がおこなわれたあと、儀式の核心として、航海の安全を祈る祝文（祭文）が読みあげられる。儀式が終わると、祝文と祭物を船に乗せ、海上で投下する（祝文を燃やす場合もある）。

　このような永嘉台での海神祭祀に関して、本稿でとくに注目したい点は、その祭神の名前である。ほとんどの使行録では、その祭神をたんに「海神」「大海之神」と記しているのみで、祭神の具体的な名前はわからない。しかし、南龍翼『扶桑録』祭海神祝の祭文のなかに「東溟」に神がいるという文言がみえ、金履喬『辛未通信日録』巻三・海神祭の祭文に、神は溟海にいて「東方の庇護」をおこなうと解釈できる文言がみえることから、永嘉台での祭神が「東海神」であったことがわかる。そしてさらに、金仁謙『日東壮遊歌』第一・英祖三十九（一七六三）年九月八日条で、海神祭にあたって「東海の神の阿明氏《アミョンシ》が現れたのであろうか[9]」と記されていることや、趙曮『海槎日記』所収の祭海神文に「阿明の宅」という文言がみえることから、永嘉台での海神祭祀では、「東海神」の「阿明」神が祀られていたと考えてよいであろう[10]。

　この東海神・阿明とは、中国で古来より祀られてきた四海神（東西南北の海神）のひとりであり、道教経典の『黄庭遁甲縁身経』『上清黄庭養神経』『雷法議玄篇』などにみえる、やや特殊な系統の海神である[11]。すると、歴代の通信使たちは、朝鮮固有の海神ではなく、中国由来の海神を祭って釜山を出航していたことになる。このような中国海神の祭祀がおこなわれる理由は、たとえば金世濂『海槎録』仁祖十四（一六三六）年九月十六日条に、その祭祀が「五礼儀の海瀆祭」に依拠すると記されているように、国家的使節団である通信使の祭祀に対しては、中国的礼制を基盤として制定された『国朝五礼儀』（一四七四年刊）の吉礼儀・中祀・嶽海瀆祭の規定が適用されているためであろう[12]。

このように、朝鮮通信使が釜山の永嘉台でおこなった東海神・阿明の祭祀は、国家的礼制の一部を構成する祭祀であった。ただし、上述のように阿明は、儒教的色彩よりもむしろ道教的色彩の濃厚な、やや特殊な系統の海神であると考えられる。なぜこのような系統の中国の海神が近世朝鮮王朝の国家的航海祭祀の場で祀られるのか、さらに検討を深めねばならない課題である。なお、東海神・阿明を含む特殊な系統の中国の四海神は、近世日本の民間の造船儀礼にも登場する。(13) そこになぜ朝鮮半島とも共通する、しかも中国の海神が現れるのか、この問題もまた、前近代東アジア海域における歴史的連関の解明をすすめていくうえで重要な素材であろう。

（2）洋上における水宗祭祀

1　水　宗

一六三六（仁祖十四）年に来日した通信使以降の歴代の使行録のなかに、「水宗」という言葉がみえる。辞書類では、「水宗」という語は「海」を意味すると解説されている。(14) しかし、通信使の使行録においては、そのような漠然とした意味ではなく、釜山と対馬島のあいだの朝鮮海峡（対馬海峡西水道）における、ある特定の場所をさす語として用いられている。

この「水宗」の意味について、一七一九（粛宗四十五）年に来日した申維翰の『海游録』第一・同年六月二十日条では、「水宗」とはとくに岡や嶺があるわけではなく、大洋中で波濤がはげしくぶつかりあい、自然と境目をなしている険しい場所である、と説明されている。この記録からすれば、「水宗」とは朝鮮海峡の洋上でどこか固定された海域をさすのではなく、そのような危険な場所をおおまかに判断していたものであると考えられる。

釜山と対馬島のあいだにあるとされていたこのような「水宗」は、歴代通信使の使行録のなかではたしかに、先述のように一六三六年以降の記録にしかあらわれない。しかし、『朝鮮王朝実録』を検索すると、たとえば、宣祖実録・巻八二・二十九（一五九六）年十一月己酉条の記録として、豊臣秀吉が派遣した朝鮮侵略軍との戦闘をめぐって、大船は「水宗」を越えて入ってくることができない、というような臣下と国王のやりとりがみえる。この記録から、「水宗」という観念・用語自体は、朝鮮において一六三六年以前からすでに存在していたことがしられる。

なお、粛宗実録・巻二七・二十（一六九四）年八月己酉条では、倭人の鬱陵島への侵犯をめぐる記事のなかに、「水宗」が記録されている。そこでは、『海游録』とおなじように、「水宗」とは、波が激しく嶺のようになっているところで、往来が難しいとされているが、その場所は朝鮮海峡ではなく、朝鮮東海のまたべつの海域に認識されている。(15)

「水宗」という語について、さらに『朝鮮王朝実録』を検索していくと、宣祖実録・巻七六・二十九年六月癸亥条に、済州島西部の旌義県からの報告として、末等浦の大洋の「水宗」の外から不審船が現れたという記録がみえる。また、おなじく済州島にかかわる記録として、正祖実録・巻四八・二十二（一七九八）年一月庚辰条には、同島明月浦に漂着した福建・漳州府海澄県船商の船が、停泊二十六日にして出帆し、西南の大洋にむかって水宗を過ぎ去った、と記されており、済州島の西南方向にも「水宗」が観念されている。さらに、光海君実録・巻一四七・十一（一六一九）年十二月戊寅条からは、遼東方面の海域にも水宗が観念されていたことがしられる。

これらの記録から、「水宗」は、釜山と対馬島のあいだだけでなく、それ以外の洋上においても観念されていたことがわかる。なお、同書・高宗実録・巻一七・十七（一八八〇）年十一月癸酉条には、日本の火輪船一隻が水宗よりやってきた、という釜山僉使からの報告が記録されており、近代になってもなお、釜山と対馬島とのあいだに水宗が観念されていた。このような関係諸史料からすれば、往時の朝鮮において観念されていた「水宗」とは、朝鮮半島をとりかこむ洋上の各所に観念されていた、「朝鮮の海」とそれ以外の海、あるいは「朝鮮の世界」とそれ以外の世界をわかつものとして認識された、一種の「境界」であったと考えられる。

2　水宗における祭祀

このような「水宗」に関連する記録として興味深いのは、一七四八（英祖二十四）年および一八一一（純祖十一）年に来日した通信使の使行録にみえる、「水宗」を越える際の祭祀の記録である。

まず、一七四八年の曺命采『奉使日本時聞見録』乾・同年二月十六日条では、この水宗での祭祀は、神にささげる祭りであり、飯や羹などの供物が船上にしつらえた清浄な板の上にならべられ、祈りがおこなわれるとともに、帆柱の下に置かれた米が海中に撒かれている。

つぎに、一八一一年の金履喬『辛未通信日録』巻三・乗船の記録では、同年閏三月十二日、「水宗祭」とあり、まず各使船の船将たちが衣冠を整え、飯・羹・魚・果物などをひとつのテーブルに供え、船べりに置く。これは「海神」を祭るためであるとされている。そして、生きた豚一匹を海に投じ、米を海に撒き、一連の儀礼がおわったのちに、再拝して水宗を通り過ぎる、とみえる。さらに、金履喬の使行録には、「水宗牌」とよばれる、つぎのような制度が記されている。すなわち、各使船は水宗に達すると、釜山の港から並走してきた従船に水宗牌を投じ、その牌は従船により釜山鎮へ届けられ、そこからさらに東萊府に転送され、最終的には都の国王に報告される。その牌は木製であり、一面には年月日および無事に水宗を過ぎた旨を書き、もう一面には署名をする、と述べられている。

この曺命采と金履喬の記録から、水宗での祭祀は、航行の危険な海域を通過するにあたって航行の安全を海神に祈る儀式であり、さまざまな供物が船上で捧げられるとともに、生きた豚や米が海中に投下されるというものであったことがわかる。また、水宗通過の成否は、水宗牌の伝達によって、国王にまで報告される事項であったこともしられる。そして、このような祭祀がおこなわれていた「水宗」が、先述のように、ある種の「海の境界」と認識されていたことを考え合わせると、朝鮮通信使による朝鮮海峡での「水宗祭」とはまさに、「海の境界祭祀」であるといえよう。ただし、上述のように、水宗は朝鮮海峡以外の何箇所かの洋上においても観念されていたが、管見ではそれらの海域での水宗祭祀の有無は確認できない。

二　〈浙江―九州〉ルートにおける航海信仰

浙江と九州のあいだに展開した航路は、ほぼ時代を通じて、日本列島と中国大陸のあいだを結ぶメインルートであった。本節では、このルートにおける航海信仰の状況を、「観音信仰」と「海の境界」というふたつの素材から検討してみたい。

（1）　普陀山における観音信仰

中国浙江省の寧波は、古くは明州・慶元などとも呼ばれ、対日通交を含む対外航路の重要な起点のひとつであった。そして、その寧波の東方海上には、舟山群島の島じまが点在しており、そのなかに普陀山という周囲三〇キロほどのちいさな島がある。この島は古来より、中国最大の観音霊場としてしられている。では、なぜ、歴代王朝の中心地や主要都市などから遠く離れたこの東シナ海の小島が、それほどに重要な観音菩薩の霊場となったのであろうか。

1　観音菩薩・海・航海

インドから東南アジア・東アジアにかけての広大な海域で、観音菩薩は古くから航海の守り神として信仰され、海とふかいつながりをもってきた。たとえば、日本においては、そのような海の観音信仰が、すくなくとも九世紀の平安初期以来、現在まで連綿と続いていることが史料的に確認できる。それでは、このような観音菩薩と海や航海との密接なかかわりは、どのようなところに淵源をもつのであろうか。

観音菩薩自体にたいする信仰は、一世紀ごろのインドで形成されたと考えられている。そしてとくに、一―二世紀ごろに編まれたと推定される『法華経』の「観世音菩薩普門品」という章を重要なよりどころとして、その信仰が拡大していった。なお、この章はしばしば単独でも読誦され、その場合には『観音経』とよばれている。『法華経』のこの章では、観音菩薩が三十三種類に変身して衆生を救うことや、一心に観音の名号を称えればさまざまな危難から救われることなどが説かれている。そして、その観音菩薩が救済する七難のなかに、羅刹鬼の島へ漂着した海商の救済（羅刹難）があり、また七難の項目をさらに拡大した十二難のなかに、大海での漂流からの救済（水難）が説かれている。このような経文の成立の背景には、羅刹鬼が住むと信じられていた師子島（スリランカ）などを交易相手とした古代インドの人びとの南海貿易の歴史とその航海の安全を求める祈りがあると考えられている。このように、観音菩薩はその信仰形成のはじめの時期から、海や航海とつよく結びついていたのである。

観音菩薩と海・航海とのふかいかかわりを物語るもうひとつの重要な仏典として、『華厳経』がある。この経典は、三世紀ごろの中央アジアで、先行する複数の独立経典を集成して編まれたと推定されており、仏陀の悟りの内容やそこにいたる菩薩の修行の過程などが説かれている。そして、そのなかの「入法界品」と名づけられた長編の章では、善財童子という若者が真理への道を求めて、菩薩・僧侶・医師・商人・遊女・神などのさまざまな善知識五十三人を歴訪し、教えを受ける物語が展開されており、童子はその真理への遍歴の途中、二十八番目に観音菩薩のもとを訪れている。この「入法界品」のなかで、善財童子が訪れた観音菩薩の住所は「ポタラカ（Potalaka）」とよばれる山であり、中国仏典では「補怛洛迦」「補陀落」などと漢訳されている。この観音菩薩の住む山は、インド半島の南端あたりに存在し、海上交易がさかんであったその地方を航海する船の目印になるとともに、航海の安全を祈る霊地としても信仰されていた実在の山がモデルとされたと推測されている。このような観音菩薩の住所・霊場としてのポタラカの信仰は、観音信仰の拡大につれてアジア各地に伝播し、中国・舟山群島の普陀山をはじめ、チベットのポタラ宮殿、朝鮮・江原道の洛山、日本の那智山・日光山などがその霊場に擬せられ、信仰をあつめることとなった。

以上のような、観音信仰の重要な基盤である『法華経』や『華厳経』にみえる観音菩薩と海・航海・海上交易などとのつよい結びつきは、古代インドにおいてそれらの母胎となる仏典が成立する時期にすでに海上交易が活発化しており、その交易に従事する人びとが航海の安全を観音菩薩に希求したことがその歴史的背景となっていると考えられる。そのような航海の安全にかかわる観音信仰が、すでに西暦三〇〇年頃のインドにおこっていたと推測する説もある(16)。そして、インドにおいて発生した、観音菩薩が航海の安全を守ってくれるという信仰もまた、観音信仰の伝播とともにアジア各地にもたらされたのである。

2　国際的観音霊場としての普陀山

中国・舟山群島「普陀山」の「普陀 pǔ tuó」はもちろん、先述の『華厳経』にみえる観音菩薩の住所「ポタラカ」に由来している。この島が、上述のように重要な観音霊場となったのは以下のような歴史的背景による。

中国で観音菩薩がいつごろから信仰されるようになったのか、そしてまた、その信仰の一環である航海の守り神としての信仰がいつごろからはじまったのか、正確な年代をしることはむずかしい。ただ、五世紀はじめの東晋の入竺僧・法顕の伝記である『高僧法顕伝』に、彼がインドから海路、東南アジア経由で帰国の途中、嵐にまきこまれたが、観音菩薩に救済を祈り、窮地を脱したとみえる。この記録から、すくなくとも五世紀はじめごろにはすでに、中国においても観音菩薩が航海の守り神として信仰されていたことがわかる。

こののち、六朝時代を通じて観音信仰はもりあがりをみせ、『光世音応験記』（宋・傅亮）・『続光世音応験記』（同・張演）・『繫観世音応験記』（斉・陸杲）などの、さまざまな観音霊験譚の集成がおこなわれたが、それらの霊験譚のなかにはもちろん、海や河川における水難からの救済に関する説話が収載されている。これらの事例から、五世紀ごろ以降、とくに南朝の領域を中心にさかんとなった観音信仰のなかで、その菩薩を航海の守り神とする信仰もまた確実にひろまっていたことがわかる。

ここでふたたび普陀山に注目すると、この島が観音菩薩の一大霊場となるきっかけに関して、ふたつの伝承が残されている。

ひとつめは、九世紀なかばの日本人入唐僧・恵蕚（慧鍔）による観音菩薩像の奉祀をその契機とする伝承である。たとえば、十三世紀期なかば、南宋の志磐により編まれた仏教史書『仏祖統紀』第四二には、つぎのような伝承が記されている。

唐・宣宗の大中十二（八五八）年、日本僧の慧鍔が五台山で入手した観音菩薩像とともに帰国しようとしていたところ、船が普陀山の沖合で動かなくなった。これは観音菩薩像が海東にいくのを拒んでいるためであると慧鍔が悟ると、船が動いてその島の海岸に到着した。そして、慧鍔はその海岸に観音菩薩をまつる庵をむすんだ、という。

このような、日本僧・恵蕚による観音霊場としての普陀山開創伝承は、十三世紀前半の明州（寧波）の地方志『宝慶四明志』、十四世紀後半の盛熙明『補陀洛迦山伝』などの漢籍や、十三世紀日本の仏教史書・虎関師錬『元亨釈書』などにもみえる。

そして、ふたつめの伝承として、十二世紀前半に高麗に派遣された北宋外交使節団の記録である、徐兢『宣和奉使高麗図経』巻三四・海道などに、新羅海商が観音菩薩像を船に載せて帰国しようとしたところ、恵蕚の伝承とおなじようなことがおこり、普陀山にその像を祀ったとする開創伝承が記録されている。

このように、普陀山観音霊場の開創事情については、日本人僧とする伝承と新羅海商とする伝承のふたつが対立している。しかし、それらの伝承で開創の時期とされる唐末・九世紀に近い、より古い時期の確実な史料などもみあたらず、結局のところ、普陀山が一大観音霊場として発展する契機に関しては、すくなくとも現存の諸史料から断定的な結論を導きだすことはきわめてむずかしい。そこで、これらふたつの伝承を折衷し、日本人僧と新羅海商が共同で観音像を祀りはじめたことを契機とする、という説も提出されている[17]。

たしかにここで、普陀山観音霊場の開創に関する以上のような十二―十四世紀ごろの諸文献が、日本人僧や新羅海商という外来者による開創を物語っている点は重要であろう。つまりそこからは、観音霊場としての普陀山が、中国国内の人びとの信仰のみから生まれたものではなく、日本や朝鮮半島の人びとも含めた国際的な海上往来のなかで形成された、まさに国際的な観音霊場であったことが推測されるのである。そしてさらに、それらの伝承が「入唐」日本人僧や「新羅」海商による開創を伝えている点に注目すると、東アジア海域史の展開において、そのような日本人や新羅人たちが海域を頻繁に往来するようになるのはまさに九世紀ごろからであり[18]、前者の多くが後者の貿易船に便乗して渡海していたことを考えると、普陀山観音霊場の発展の契機は、九世紀の東アジア海域におけるヒト・モノの往来の活発化とふかくかかわっており、そこには国家や民族の枠を超えた渡海者たちに共通する航海安全の祈りがあったと推測される。とすれば、上述の日本人僧と新羅海商の共同作業による観音霊場の開創という説は、その実相を言い当てている可能性が高いのではなかろうか。

このようにして生まれた国際的な霊場であったからこそ、普陀山については、たとえば、十二世紀中国の張邦基『墨荘漫録』巻五に、そこの寺院の法具の多くが朝鮮半島の商人の寄進によるものである、とするような記述もみられるのであろう。そして、同書において、「航行する船がこの島の観音菩薩に祈れば、かならず霊応（つまり航海の安全守護）がある」とされていることはまさに、この島に祀られる観音菩薩が航海の守り神としての役割をその根本としていたことを証言している。

また、日本に残されている史料に関しては、たとえば、十五世紀半ばの東洋允膨を正使とする遣明使一行の記録である『笑雲入明記』享徳二（一四五三）年四月六日条・景泰五（一四五四）年六月二十二日条に、入明および帰国の途上で普陀山の観音菩薩に参詣したことがみえる。これらの記録から、普陀山に祀られる観音菩薩が航海安全の守り神として国際的な信仰をあつめていたことが、あらためて確認できる。

ちなみに、平安後期の日本人入宋僧・成尋の『参天台五臺山記』巻一・延久四（一〇七二）年四月二日条には、入宋にあたって便乗した宋商船が、舟山群島の「東茄山」（浙江省舟山市の岱山島）(19)という島に着岸し、宋海商たちがその山頂にある泗州大師堂に参拝したことがみえる。ここにみえる泗州大師とは唐代の高僧であり、死後に観音菩薩の化身として信仰をあつめた人物である。そうすると、この宋海商たちの泗州大師堂への参拝は観音菩薩への祈りであり、その最大の目的はまさに航海の無事を願う（あるいは感謝する）ものであったと考えられる。この成尋の記録からすれば、舟山群島には普陀山以外にも観音菩薩にまつわる霊場が点在しており、その群島の海域が全体として国際的な観音霊場を形成していたことが推測される。(20)

このように、とくに九世紀以降の東アジアの海で、新羅海商や唐海商による海上貿易がおおきく進展し、その海域を往来する人びとが増加したことにより、航海の無事を祈る対象として、国際的な観音霊場が生まれる機運が高まった。そしてその結果、中国国内航路の要衝であるだけでなく、朝鮮・日本などとつながる国際航路の要衝でもあった舟山群島が、その霊場として浮上してきたと考えられる。先述の『華厳経』「入法界品」では、観音菩薩の住所であるポタラカを「海島」とする記述もみられるが、舟山群島およびそのなかの普陀山はまさに、この記述とも合致するものであった。浙江と九州をつなぐ海の道は、ヒトやモノの往来だけでなく、このような「海の観音信仰」という回路を通しても、確実につながっていたのである。

（2）洋上における境界認識

第1節でみたように、近世の日本を訪れた朝鮮通信使たちは、朝鮮と日本のあいだに「水宗」とよばれる「海の境界」を認識していた。それでは、このような海の境界は、浙江と九州をむすぶ海のルートでも認識されていたのであろうか。

1　古代・中世の日本史料にみえる事例

浙江―九州ルートにおける海の境界認識に関しては、とくに中国史料について、私の史料検索がほとんど及んでいないが、日本側の史料については、そのような認識を記録している史料をいくつか指摘することができる。

まず、さきほども言及した平安後期の入宋僧・成尋の『参天台五臺山記』巻一の記録がある。一〇七二（延久四）年三月十九日、成尋が便乗した宋海商の貿易船は、中国大陸をめざして肥前国松浦郡壁島（佐賀県唐津市呼子町加部島）

を出航した。翌二十日の昼ごろに耽羅山（韓国・済州島）を望み、二十一日は終日、東シナ海のまっただなかを航行した。そして、二十二日に、宋人の乗組員が成尋に、「昨日の未の時に、唐の海にはいりました。縄で鉛を結んで海底に下ろしたとき、日本の海は深さが五十尋ほどで、海底には石や砂があります。（それにたいして）唐の海は深さ三十尋ほどで、海底には石がなく沼（泥）があります。この点を昨日計測しました」と告げた。ついで、二十三日・二十四日とまわりに島などがまったくみえない海域を航行し、二十五日午後に、蘇州石帆山がみえ、夜中に蘇州の大七山（浙江省舟山市の大戢山島）[21]に至った。こののち、舟山群島を南下し、明州・越州の領域を過ぎ、四月十三日に杭州に到着した。

この記録から、十一世紀後半の対日貿易にたずさわる宋人たちのあいだに、「唐の海」と「日本の海」を区別する認識が存在していたことがわかる。そしてその区分は、水深や海底地形という具体的な地理情報と結びついていた。また、成尋の入宋から十年後、戒覚という日本人僧が同様に、帰国する宋海商の貿易船に便乗して入宋する。一〇八二（永保二）年九月十四日、肥前国上部泊（上述の佐賀県加部島）より大洋にのりだし、十六日夜に託羅山（済州島）の沖を通過、十八日には乗船する宋人たちが「鉛綱を海底に下ろして水深を量ると、唐の東海は、北に浅く南に深い。そこで浅いところを避けて深いところに従い、水深を量りながら船をすすめる」と言い、十九日には「四方をみわたしても陸地がなく、わずかに遠くの山がみえるだけである。いままさに唐海のなかにいるということである」という記述がみえる。戒覚はこののち、島のみえる海域を進み、二十一日に明州の「前海」に停泊し、翌二十二日に明州定海県に到着しているので、十八日・十九日ごろは舟山群島の海域にさしかかっていたと推測され、そこが当時の宋人の海商・船員たちに「唐海」と認識されているものと考えられる。そして、この戒覚の記録でもまた、水深という具体的な地理情報が、その「唐の海」を確認するデータとして利用されている。

以上ふたつは平安期の事例であるが、ややくだって室町期の遣明使の記録にも、事例をみいだすことができる。まず、さきの観音信仰の項目でも言及した『笑雲入明記』では、一四五三（享徳二）年三月三十日に五島列島の奈留浦を出航し、四月四日午後、「海水が少し濁ってきた。水夫がいうには、すでに唐の地にはいったとのことである」とあり、六日に補陀羅山（普陀山）に到着している。また帰国時においても、一四五四（景泰五）年六月二十五日に、海水が澄んできたことから、水夫が「すでに唐の地を離れた」と告げている。この允澎たちの記録においてもやはり、海の色の変化が、「唐の地」つまり中国世界に属する海域の目印とされている。

また、允澎一行から一〇〇年ほどのちの遣明副使・策彦周良の記録『策彦和尚初渡集』では、一五三九（天文八）年四月十九日に五島列島の奈留浦を出航し、同日中に男女群島の近海を通過した。二十日・二十一日と東シナ海のまっただなかを航行し、二十二日に、「午の刻（昼十二時頃）に貢馬の嘶きが一声あった。そして、ここが支日の塩界であることをしった」と、中国と日本の「塩界（しおざかい、潮境）」の通過が記録されている。二十四日には、イカ・松葉・海藻根などが海面に浮遊しているのをみて、「思うに海が唐に近いのであろう」と認識し、「水長絲」で水深を計測している。こののち、北風のために南に押し流され、五月二日に温州沖の島に到着している。

この策彦の記録では、五島列島の奈留島を出航して三日後の東シナ海のまっただなかで、日本と中国の「塩界」とよばれる海の境界を認識している。ただ、その境界の判断材料としては、明皇帝への貢物として搭載されている馬がいなないたことを述べているが、それがなぜ海の境界の指標になるのか、その理由はいまひとつわからない。

さらに、室町期については、遣明使の記録のほかに、文学作品のなかに興味深い海の境界が登場する。それは十五・十六世紀頃に流行した芸能である幸若舞の謡にみえるものであり、たとえば『大織冠』『百合若大臣』などに語られる「日本と唐土の潮境ちくらが沖」という境界である。もちろん、この境界はそれぞれの謡の荒唐無稽な筋書きのなかで使われる演出上の素材であり、それらの物語からその潮境の具体的な海域を特定することはできない。ただ、どれほど荒唐無稽な物語であるとはいえ、その潮境が漠然と中国大陸と九州のあいだの東シナ海上に観念されていたことは認められるであろう。

人文地理学の海野一隆は、九州方面の航海者たちが、古くは「値嘉《ちか》」とよばれた五島列島のはるか海上のあたりを漠然と日唐両国の境界として「値嘉浦《ちかうら》が沖《おき》」と称していたが、のちにその「ちかうら」の中間母音が省略されて「ちくらがおき」となったのではないかと推測している(22)。もし、この海野説が認められるとすれば、上述の策彦周良の記録にみえる「塩界」ともうまく対応し、室町期の日本において、浙江―九州ルートの洋上に日本と中国の海の境界が観念されていたといえるのではなかろうか。

以上の、平安・室町期の記録から、日宋貿易に従事する宋人の海商・船員たちや、日明貿易に関係した日本人たちのあいだで、中国の浙江地域と日本の九州地域とのあいだにひろがる東シナ海の洋上に、漠然とではあるが中国と日本の海の境界が認識されていたことがわかる。そしてそれは、海の色や深さにもとづくより具体的な境界と、それよりもはるかに観念的な境界の二種類があったようである。ただし、これらの古代・中世の日本史料にみえる事例では、海の境界を越える際の祭祀についてはなんら情報がみられないので、当時はそのような境界祭祀がおこなわれていなかったのかもしれない。この点については、今後さらに広範な史料を検索し、その有無を確認してみたい。

2　近世の日本史料にみえる事例

つぎに、近世の日本史料にみえる、浙江―九州ルートの海の境界の事例を紹介してみたい。江戸期の日本ではおおくの漂流記録が作成されたが、それらのひとつに『唐土漂流記(23)』がある。この漂流記には概略、つぎのような漂流譚が記されている。

一七九五（寛政七）年十月、陸奥国土佐郡青森大町の久保屋儀兵衛所有の廻船・徳永丸が、函館沖で嵐に巻き込まれた。船は太平洋を漂流し、翌年一月、フィリピンに漂着した。その後、乗組員たちは、中国海商の船で中国本土に送られ、一七九八（同十）年十二月、中国海商の貿易船で長崎に送還されてきた。

この漂流記のなかで、海の境界に関する記事がみられるのは、日本人漂流民たちが中国海商の船で中国・浙江省の乍浦から長崎へ送還される途中、東シナ海を航行している場面である。そこでは、

唐船日本の海え乗込候頃と覚敷、船中の祝ひに御座候哉、其日は酒を沢山、乗組一統え呑せ、粥を焚、一椀盛付候て、右一椀の内、壱箸つゝ喰せて、跡を海中えジユンホウと唱へ捨候、右は風神え預候為の由、其外豬を打殺し、汁に焚、各沢山に喰ひ候、又乗組候内、一人如何様の職分に候哉、四尺位の黒塗の棒え、黒き絹切を付候て、幣のごときものをふり立、祭候様子に相見申候

と、唐の海から「日本の海」へとはいったあたりで、祭祀がおこなわれたことが記録されている。これはあきらかに、中国と日本のあいだの「海の境界」を記録した事例である。この事例から、清代中国の対日貿易にかかわる人びとのあいだで、「中国の海」と「日本の海」のあいだになんらかの境界が認識されていたことがはっきりとわかる。そして、この事例に関してさらに興味深いことは、その海の境界を越えるにあたって船内でおこなわれた祭祀の様子を比較的詳しく伝えている点である。この祭祀はまさに「海の境界祭祀」とよべるものであり、そこに記されている粥（米）の海中投下の行為などは、前節で紹介した朝鮮通信使の水宗祭祀や、次節で検討する冊封琉球使の黒水溝祭祀とも接点がみてとれ、いっそう興味深いものである。

三　〈福建―沖縄〉ルートにおける航海信仰

東シナ海南部の福建―沖縄間の航路において、比較的おおくの航海信仰関連のデータを提供してくれるのは、明・清皇帝が琉球国王の冊封のために派遣した冊封琉球使たちの使行録と文集である(24)。そこで本節では、それらの使行録や文集のなかに記録されている冊封琉球使のふたつの航海祭祀を通して、福建―沖縄ルートにおける航海信仰の状況を観察してみたい。

(1)　閩江河口部における海神祭祀

明・清代を通じて、歴代の冊封琉球使たちの使行ルートは、ほぼつぎのようなものであった。皇帝の命をうけて首都・北京を出発した一行は、陸上ルートで福建の福州にくだる。彼らはここで渡海用の船「封舟」を調達・艤装して閩江の上流にある福州の港を出発し、その河口から東シナ海にのりだす。そして、台湾島の北をかすめながら、尖閣諸島の近海を通過し、沖縄の久米島・慶良間諸島近海をへて、沖縄島南部の那覇港に入港する。帰路はまた福州をめざして渡海するが、海流などの影響でやや北側に航路がふくらみ、場合によっては、北方の浙江沿岸あたりまで流されこともある。そして、海岸沿いに閩江河口部まで南下し、そこから福州までさかのぼる。その後はまた陸上ルートで北京に戻り、皇帝に対して復命をおこなう(25)。

このような冊封琉球使たちの行程のなかで、まずとりあげたいのは、彼らが閩江の河口部でとりおこなった祭祀である。現存最古の冊封琉球使録である一五三四（嘉靖十三）年来琉の陳侃『使琉球録』以降、歴代の使行録には、彼

らがその河口部から東シナ海に乗りだす際、あるいは河口部に帰着した際におこなった海神祭祀が記録されている。(26)

1　祭祀の場所

歴代冊封使の記録を通覧すると、陳侃『使琉球録』使事紀略・嘉靖十三年五月一・二日条、一五六一（嘉靖四十）年来琉の郭汝霖『重編使琉球録』使事紀・同年五月二十七・二十八日条、一五七九（万暦七）年来琉の蕭崇業・謝杰『使琉球録』巻上・使事紀・同年五月十五日条、一六〇六（万暦三十四）年来琉の夏子陽『使琉球録』巻上・使事紀・同年五月十七・十九日条、一六三三（崇禎六）年来琉の胡靖『杜天使冊封琉球奇観』同年五月二十三日条などの明代の使節団の記録では、閩江南岸にある長楽県の「广石」という場所（福建省長楽市鐔頭鎮广石村）で海神祭祀をおこなって東シナ海にのりだしている。これらの明代の使行録では、ここに海神を祀る廟があったことを記しており、とくに夏子陽や蕭崇業の使行録では、その建物のごく簡単な図も付されている。

ついで、一六四〇年代の明清交代をはさんで、清朝最初の冊封琉球使として一六六三（康熙二）年に来琉した張学礼『使琉球紀』同年五月二十日条には、閩江南岸の長楽県の「猴嶼」（福建省長楽市猴嶼鎮）で祭祀をおこなったことが記録されている。この使行録では、その地で「天妃を祭った」と記されているので、そこには天妃（媽祖）(27)にかかわる廟があったのであろう。

これ以後の清代の歴代冊封使たちについては、一六八三（康熙二十二）年来琉の汪楫『使琉球雑録』巻五・神異・同年六月十九日条、一七一九（康熙五十八）年来琉の徐葆光『中山伝信録』巻一・前海行日記・同年五月二十日条／後海行日記・五十九年二月三十日条、一七五六（乾隆二十一）年来琉の周煌『琉球国志略』巻五・針路付・同年六月六日条／二十二年二月十三日条、(28)一八〇〇（嘉慶五）年来琉の李鼎元『使琉球記』巻三・同年五月五日条／巻六・同

図 3　奉使琉球図巻（沖縄県立博物館・美術館蔵）に描かれた怡山院祭祀

年十一月二日条などの使行録に、閩江北岸の連江県の「怡山院」（現在の福建省福州市亭江鎮・亭江中学内）という場所で祭祀がおこなわれたことが記されている。

この怡山院については、上述の周煌の使行録に「怡山院におもむき、海神を諭祭し、天后宮に行香した」とあり、天后宮が存在したことはわかるが、歴代の使行録からはそれ以上の詳しい情報は得られない。ただ、さいわいなことに、沖縄県立博物館・美術館に所蔵されている、冊封使（一七五六年の冊封使カ）の福州出発からそこへの帰還までを描いた『奉使琉球図巻』の一場面に、「諭祭海神」と題された怡山院での祭祀の様子が描かれている。(29)ただ、その場面は、怡山院一帯を遠望した、かなり広角の描法で描かれているため、怡山院らしき二階建の施設や二隻の封舟はみてとれるものの、祭祀の内容など細かい状況は確認できない。(30)

清代後期の使行録については、一八〇八（嘉慶十三）年来琉の斉鯤・費錫章『続琉球国志略』に、「諭祭天后文」「諭祭海神文」各二道が収載されているが、その祭祀場所は明記されていない。また、使行録の残されていない一八三八（道光十八）年来琉の林鴻年一行の場合についても、天后・海神諭祭文が次回一八六六（同治五）年に来劉した趙新の使行録に採録されているものの、祭祀の場所は明記されていない。しかし、「冊封使林鴻年等奏報抵閩風放洋日期摺」と題する檔案史料[31]から、彼らの祭祀場所が怡山院であったことが確認できる。最後の冊封使となった趙新の『続琉球国志略』については、「諭祭天后文」「諭祭海神文」各二道が収録されているが、その祭儀の場所は他の檔案類にも明記されていない。ただ、怡山院の旧跡には現在、一八六六年に冊封琉球副使・于光甲が建てた、天后宮への修築費寄付の石碑が残されているので[32]、この一行も怡山院で祭祀をおこなったと考えてよいであろう。

以上のように、十六世紀前半以来の現存する使行録を通覧すると、冊封琉球使たちの海神祭祀場所の時代的な変遷としてはおおむね、明代は「广石」でおこなわれ、清代は「怡山院」でおこなわれたと概括できるであろう[33]。そうすると、一六六三年来琉の張学礼一行が「猴嶼」でおこなった祭祀は、その過渡期のものと推測される。また、具体的な祭祀場所が明記されていない一八〇八年来琉の斉鯤一行についても、その使行の時期を考えれば、「怡山院」で祭祀をおこなったとしてあやまりないであろう。

このように明朝と清朝で祭祀場所が変化した理由としては、汪楫『使琉球雑録』巻二・彊域に、閩江の南岸に砂が堆積して水深が浅くなったので、船が北岸から外洋にでるようになった、と記されているので、その要因のひとつとして航路における土砂の堆積という問題があったことはたしかであろう。しかし、そのような自然条件以外に要因は考えられないものであろうか。私は、その他の要因として、明から清へという王朝の交代そのものが祭祀場所の変化につながった可能性を考えたいのである。というのも、郭汝霖『重編使琉球録』巻上・敬神所載の「广石廟碑文」には、广石の海神廟は永楽年間に内監の鄭和が西洋遠征をおこなった際に創建された、とする旧伝が記されている。いっぽう、怡山院は清代初めの創建と伝えられている[34]。これらのことから、清朝が、明朝との結びつきの濃厚な广石から怡山院へと祭祀場所を政治的に変更したのではないか、という可能性も考えられるからである。現時点で、この推測を直接的に証明する史料はみあたらないが、ひとつの可能性として考えておきたい。

2　祭られた神

上述のように、冊封琉球使たちの閩江河口部における祭祀はほぼ、明代は「广石」、清代は「怡山院」でおこなわれていた。しかし、その祭祀がどのような手順で進められていたのかについては、たとえば汪楫『使琉球雑録』巻五・神異のように、怡山院内における供薦とその近くの高所での海の望祭の様子が簡略に記されている使行録もあるが、その他の使行録や関係者の文集には具体的な記録がほとんどなく、不明とせざるをえない。ただ、その儀式で祀られた海神については、比較的多くの史料が残されている。

まず广石での祭祀に関して歴代の使行録をみていくと、一五三四年来琉の陳侃『使琉球録』使事紀略および天妃霊応記からは、彼らが广石で「天妃」を祭ったことが推測される。一五六一年来琉の冊封使に関しては、郭汝霖『重編使琉球録』所収「广石廟碑記」により、この一行が广石で祭ったのは、天妃であったとしてよいであろう。一五七九年来琉の蕭崇業一行については、その使行録『使琉球録』の首巻・諭祭文、巻上・「重修广石廟碑記」、巻下・「航海賦」などの記述から、彼らが广石で天妃を祭ったことがわかる。一六〇六年来琉の夏子陽たちもまた、使行録の付図「琉球過海図」の广石の場所に「天妃宮」と書かれた建物がみえることから、この一行もそこで天妃を祭ったと考えられる。

一六三三年来琉の杜三策たちについては、従客・胡靖の『杜天使冊封琉球真記奇観』同年五月二十三日条の記述から、やはり广石で天妃の祭祀をおこなったことがわかる。そして、この記録で注目すべき点は、天妃とならんで「水聖」を祭っていることである。この「水聖」の具体的な神名は不明であるが、冊封琉球使が閩江河口部で祀る神は、かならずしも天妃のみではなかったようである。一六六三年来琉の張学礼たちは、先述のように広石ではなく、やや上流の猴嶼で祭祀をおこなっているが、その使行録の同年五月二十日条の記録からやはり、天妃の諭祭をおこなったことがわかる。

一六八三年来琉の汪楫一行以後は、先述のように怡山院に祭祀場所が変更されている。汪楫『使琉球雑録』巻五・神異や彼の文集『観海集』からは、祭神はたんに「海神」としかわからないが、巻五・神異の内容がほぼ、使行における天妃の霊異を中心に述べられていることからすれば、彼らもやはり天妃を祭ったものであろう。一七一九年来琉の海宝一行については、副使・徐葆光の『中山伝信録』巻一・春秋祀典疏や彼の文集『海船三集』の船中集・船後集などの記述から、祭神が天妃であったことがわかる。

一七五六年来琉の全魁一行については、副使・周煌の『琉球国志略』巻七・祠廟・天后封号に、興味深い記録がみえる。それによれば、このときの冊封使は、怡山院祭祀の祭文には「天妃」の名がなく「海神」とのみ書かれていることや、海にはおのずから神があるので天妃を海神としてはならないことなどを述べつつ、琉球冊封の年には天妃に対して海神とはべつに二道の祭文を頒ち、海神とともに祭祀をおこなうか、あるいは諭祭海神文のなかに「天妃」の名をはっきりと記すべきことを、帰国後に皇帝に奏請している。

この冊封使の奏請に対して、皇帝から対応策の協議を命じられた礼部は、皇帝への返報のなかで、

・『会典』によれば、東西南北の四海龍神にはそれぞれ封号があり、毎年官員が規定どおりの祭祀をおこなっている

・『会典』では、天妃も海神と称している

・従来、冊封琉球使たちが祀ってきたのは、じつは南海龍神ではなく天妃であった

・そこで今後は、諭祭文二道に明確に天妃の名を記し、怡山院の天后宮で祭祀をおこなえばよい

・また、それとはべつに諭祭南海龍神文二道を頒ち、閩江の岸において望祭すればよい

などの報告・提案をおこなっている。

この『琉球国志略』天后封号の記載からは、つぎのようないくつかの重要な事実が判明する。まずひとつは、怡山院での祭祀が、天后宮での媽祖への行香と閩江岸での海神望祭という二本だてであったことである。また、本来、海神と天妃はべつであったが、冊封琉球使の海神祭祀では混同されており、むしろ天妃が主として祭られていたこともわかる。そしてさらに、今後、天妃への祭文と南海神への祭文をべつべつに作成し、怡山院天后宮での媽祖祭祀と、閩江岸での南海神祭祀の両方をおこなうべきことが正式に規定された（皇帝に提案された）ことがわかる。

このような一七五七（乾隆二十二）年の措置をうけて、次回一八〇〇年来琉の趙文楷一行については、副使・李鼎元の『使琉球記』巻三・巻六に、往復路において怡山院で天后と海神（南海神）の両方が明確にわけて祭られたことが記されている。なお、このときの諭祭文はなぜか、次回一八〇八年来琉の斉鯤・費錫章『続琉球国志略』諭祭天后文に収載されている。

一八〇八年の斉鯤一行に関しては、斉鯤・費錫章『続琉球国志略』諭祭天后文に、天后および海神に対する祭文各二道が収載されており、一七五七年の措置どおりに祭祀がおこなわれていることがわかる。そして、とくに注目すべき点として、このときの往路の海神諭祭文（祈祭文）に、唐の天宝年間（七四二―七五六）に広利王の封号を加えられたこと、および同じく元和年間（八〇六―八二〇）を越えてもなお祝融の祭祀が重ねられたことなどが述べられていることから、この祭祀の対象である海神が、唐の玄宗皇帝より「広利王」の封号を授けられた[35]、広州・南海神廟に祭られる南海神「祝融」であることが明確にしられる。

一八三八年来琉の林鴻年一行に関しては、先述のように使行録が残されていないが、他の檔案史料より怡山院で祭祀をおこなったことが明白である。そして、次回一八六六年来琉の趙新『続琉球国志略』首巻に載録されている往復路二道ずつの「諭祭天后文」「諭祭海神文」からして、林鴻年一行も規定どおりに天后と南海神に対する祭祀をおこなったことがわかる。最後の冊封使となった趙新一行についても、その使行録である趙新『続琉球国志略』に二道ずつの「諭祭天后文」「諭祭海神文」が載録されている。この一行に関しては、先述のように、その使行録やその他の檔案類からは祭祀場所がわからないものの、おそらく従来の規定どおりに怡山院でそれらの祭文を読みあげつつ祭祀をおこなったものと推測される。

以上の歴代使行録からは、彼らが閩江河口部から東シナ海に乗りだすにあたって广石あるいは怡山院で祀った神のもっとも中心となったものは、媽祖（天妃・天后）であったといえる。これは従来の諸研究でもごく一般的に指摘されている点であり、[36]冊封琉球使の航海安全のための祭祀の中心が媽祖であったことは、認めてよいであろう。ただ、本稿がとくに注目したいのは、この媽祖の祭祀が当初からまったく独立しておこなわれていたのではなく、諭祭文のなかではたんに「海神」としか表記されず、一八〇〇年来琉の冊封使になってやっと「天后」と「南海神」それぞれ独立の諭祭文が作成された事実である。つまり、宋代以降に比較的新しく信仰が生まれて発展した媽祖とならんで、それよりも古くから国家祭祀の対象として信仰されてきた南海神を含む四海神という、信仰の「古層」がいまだに残存していたのである。[37]このように、「古層」に属する四海神祭祀は結局切り捨てられることなく、天后とならんで皇帝の諭祭をうける存在として、冊封琉球使たちの祭祀のなかに生き続けていたのである。この状況とかかわり、さらに注目すべき点は、さきに検討した朝鮮通信使の場合にも同様に、中国古来の四海神の祭祀が生きていた、という事実である。このような海神祭祀の共通性がどのような歴史的事情に由来するのか、さらに考察を深めていかねばならない。

なお、冊封琉球使たちは、广石・怡山院で国家祭祀の対象として最重要視された媽祖・四海神のほかにも、航海の安全にとって霊験があるとされたさまざまな神を船内に奉祀したり、渡海中に祈りを捧げている。歴代冊封使の記録には、たとえば、臨水夫人・拿公・尚書陳文龍・蘇神などのやはり福建系の神々がしばしば登場する。そして、時代がくだるにしたがって新しい神が付加されていく傾向にあった。(38) 結局、冊封使一行は、自分たちの航海の安全を守ってくれる神であれば、とにかく祈りの対象に加えていったのである。しかし、これらの神がみは、皇帝による諭祭がおこなわれた媽祖および南海神とくらべるとやはり、神としての地位・立場を異にしていた点は、注意なければならない。

（2）洋上における黒水溝祭祀

歴代冊封琉球使たちの使行録によれば、彼らは東シナ海に乗りだしたのち、ある海域にさしかかると祭祀をおこなっていた。本項では、この洋上での祭祀について検討してみたい。

1　黒 水 溝

一五三四年来琉の陳侃『使琉球録』以後の現存する使行録をみていくと、一六八三年来琉の汪楫『使琉球雑録』以降、歴代の冊封使たちが東シナ海のある海域で祭祀をおこなっていたことが記録されている。それは、現在の尖閣諸島と久米島のあいだにひろがる海域であり、冊封使たちはその場所を「溝」「郊」「黒水溝」などとよび、そこを通過するにあたって祭祀をおこなっている。

汪楫以前の使行録に関しては、陳侃・郭汝霖・蕭崇業・夏子陽・胡靖・張学礼らいずれの記録にも、「溝」「郊」「黒水溝」の語およびそこでの祭祀の記述はみられない。ただ、夏子陽『使琉球録』巻上・使事紀・万暦三十四（一六〇六）年五月二十七日条に、現在の尖閣諸島に属する釣魚嶼（魚釣島）・黄尾嶼（久場島）などを過ぎ、久米島にいたるまでの海域で、深い黒色の海水を実見したことがみえる。そしてこの黒い海水は、前回一五七九（万暦七）年に派遣された副使・謝杰の『琉球録撮要補遺』（琉球奉使にあたって夏子陽が謝杰から贈られた記録、夏子陽『使琉球録』所収）の記述とも合致すると述べている。また、夏子陽は使事紀・万暦三十四年十月二十九日条で、中国への帰航にあたって、海水が黒色から青色に変わったことから、「中国の界」にはいったことを確信している。夏子陽のこれらの記述からすると、汪楫以前の使節たちにも、中国沿海の「青い海」から琉球近海の「黒い海」へという海の変化の認識はあったようである。しかし、その境界はのちの使行録にみえる「溝」「郊」「黒水溝」という観念・用語でとらえられてはいなかったと考えられる。

とすれば、「溝」「郊」「黒水溝」の観念・用語およびそこでの祭祀などは、汪楫らの奉使の前後、つまり清代になってから生まれた可能性が高い。そこで、汪楫の使行録以降の関連記録をみていくと、まず汪楫『使琉球雑録』巻五・神異・康熙二十二年六月二十五日条に、明確に「郊」「溝」という認識がみられ、その通過に際してある種の祭祀がおこなわれている。この祭祀の内容については、次項であらためて考察を加える。つづく一七一九年来琉の徐葆光『中山伝信録』巻一・後海行日記・康熙五十九年二月二十日条には、中国への帰航に際して、海色が黒から緑に変わった「溝」の海域で海を祀ったことが記されている。なお、『中山伝信録』のなかには往路に「溝」を通過して祭祀をおこなった記録がみえないが、彼の文集『海舶三集』舶中集所収の詩文から、往路においても「溝」の通過とそこでの祭祀が確認できる。

つぎの一七五六年来琉の冊封使については、周煌『琉球国志略』巻五・海・乾隆二十一年六月十二日条および二十二年二月五日条、彼の文集『海東集』巻下、従客・王文治の文集『夢楼詩集』巻二などの記録・詩文から、往復路ともに「溝」を通過し、祭祀をおこなったことが確認できる。つづく一八〇〇年の奉使に関しては、李鼎元『使琉球記』巻三・嘉慶五年五月九日条および十月二十五日条をみると、彼らははっきりとは黒水溝を確認できなかったようであるが、それと思われる海域で祭祀をおこなっている。なお、正使・趙文楷の詩集『石柏山房詩存』巻五や李鼎元の文集『師竹斎集』巻一二にも、往路の黒水溝に関する詩文がみえる。

一八〇八年来琉の一行は、斉鯤・費錫章『続琉球国志略』巻三・針路・嘉慶十三年閏五月十三日条および十月十一日条から、往復路ともに「溝」を過ぎ、祭祀をおこなったことがわかる。また、正使・斉鯤の詩集『東瀛百詠』航海八咏や、副使・費錫章の文集『一品集』巻下にも、黒水溝の通過とそこでの祭祀を詠んだ詩文が収められている。つぎの一八三八年来琉の林鴻年一行については、先述のように現在、使録がみいだされていないため、黒水溝の通過およびそこでの祭祀の有無については不明である。ただ、次回一八六六年派遣の趙新『続琉球国志略』巻一・針路に載せられている林鴻年一行の渡航ルートはほぼ他の使節たちと同一なので、おそらく過溝とそこでの祭祀がおこなわれたものと推測される。最後の冊封使となった趙新の『続琉球国志略』については、使行録全体がごく短いものであり、記述も簡潔である。そのため、他の使行と同様な往復ルートをとっているにもかかわらず、過溝およびそこでの祭祀の記述は確認できない。しかし、この一行についてもおそらく、前回の林鴻年たちと同様に、それらがおこなわれた可能性は高いであろう。

以上のように、一六八三年来琉の冊封使以後、歴代の使節たちは「溝」「郊」「黒水溝」などと呼ばれる特殊な海域の認識をもっていた。では、それは具体的にはどのような場所と考えればよいのであろうか。

この「黒水溝」（以下、「黒水溝」の呼称で代表させる）での祭祀は従来、黒潮を渡る際の儀礼であると説明されてきた(39)。しかし、汪楫『使琉球雑録』巻一・使事・康熙二十二年六月二十五日条で、その境界（黒水溝）はどのように識別するのかという問に対して、懸揣（推測）するものであるとされていること（ただ、汪楫たちの場合は、今回は推測ではなく、まさにこの場所である、と船人が断言している）や、李鼎元『使琉球記』嘉慶五年十月六日条に、酒席で黒水溝の話題が出た際に、李鼎元が、一年に一度渡海している琉球人が黒水溝のことをしらないことからして、黒水溝などないのではないか、といっている記録などをみると、ことはそう簡単なものではなさそうである。さらに、水産海洋物理学の川合英夫による黒潮認識の研究においては、徐葆光『中山伝信録』では黒潮に相当する強い海流が漠然ととらえられているものの、いまだその存在自体が曖昧模糊とした認識であったとしている(40)。これらのことからすれば、原田禹雄も述べるように(41)、『元史』巻二一〇・瑠求伝（現在の台湾）にみえる、水が走りくだって船が帰れなくなってしまう「落漈」という海域の伝承と黒水溝とが混乱して理解されていたと考えたほうが、より真実に近いであろう。川合英夫も、この「落漈」と尖閣諸島付近で感知される強い東向きの海流の情報が混同されていた可能性を指摘している(42)。とすれば、黒水溝とは、中国大陸沿岸からなだらかにくだってきた大陸棚が、尖閣諸島を過ぎたあたりで急激に落ち込んで、沖縄舟状海盆を形成する海域で、海の色が中国近海の青色・緑色から黒色へと変わり(43)、しかも場合によっては黒潮に相当する強い海流を感じる海域をさし、それは中国古来の諸文献にみえる「落漈」と混同され、海の難所と認識されていた、とまとめるのが現時点でもっとも妥当な結論ではなかろうか。

歴代冊封使たちの「黒水溝」関連記事をさらにみていくと、汪楫『使琉球雑録』巻一・使事・康熙二十二年六月二十五日条の、それを「中外の界」と認識する記録や、徐葆光の文集『海舶三集』舶中集の「（中国の）内と外を分界することから過溝という」という文言、斉鯤の文集『東瀛百詠』・航海八咏の「大海には中外の区別がなく、渾然としてひとつの溝を画している」という詩句、および費錫章の文集『一品集』巻上の黒水溝を「中外の分界の処である」と註する文言や巻下の「黒溝を過ぎると中華の界を過ぎる」という文言などから、「黒水溝」はある種の境界であったことがわかる。しかしもちろん、この境界とは現在の諸国家間の「国境」というような性格のものではなく、漠然と青い「中国の海」＝「中国の世界」から黒い「琉球の海」＝「夷狄の世界」にはいるあたりに「海の境界」を認識する、中国側におけるある種の世界観と考えるべきであろう。(44)(45)

2　黒水溝における祭祀

以上のように、「中国の海」と「琉球の海」の境目である「黒水溝」では、ある祭祀がおこなわれていた。たとえば、汪楫『使琉球雑録』巻五・神異・康熙二十二年六月二十五日条には、生きた豚と羊一頭ずつを海に投げこみ、五斗の米粥を海に注ぎ、紙でできた船の模型を焼き、鉦を鳴らし鼓を撃ち、兵士たちがみな甲を着けて刀を抜き、船べりに俯して敵を禦ぐかたちをとった、という祭祀の状況が記録されている。さらに他の使行録をみると、徐葆光の文集『海船三集』船中集所収の漢詩からも、過溝の祭祀として、豚・羊が海中に投下され、楽器が鳴らされている。また、李鼎元の『使琉球記』巻三・嘉慶五年五月九日条および彼の文集『師竹斎集』巻一二・「航海詞二十首」では、生きた羊・豚が海中に投じられたが、兵士の武装はおこなわなかったとされている。さらに、一八〇八年来琉の斉鯤（正使）の詩集『東瀛百詠』「航海八咏」や、費錫章（副使）の文集『一品集』巻上・「黒溝洋」および巻下・「題家弟乗風破浪図」と題する詩文などでは、豚・羊が海中に投じられ、楽器が鳴らされたが、兵士の武装はおこなわれなかったとみえる。そしてさらに、徐葆光『中山伝信録』巻一・後航海日記・康熙五十九年二月二十日条や、斉鯤・費錫章『続琉球国志略』巻三・針路・嘉慶十三年閏五月十三日条などには、その祭祀が「海神」を祭る儀式であったと記さ

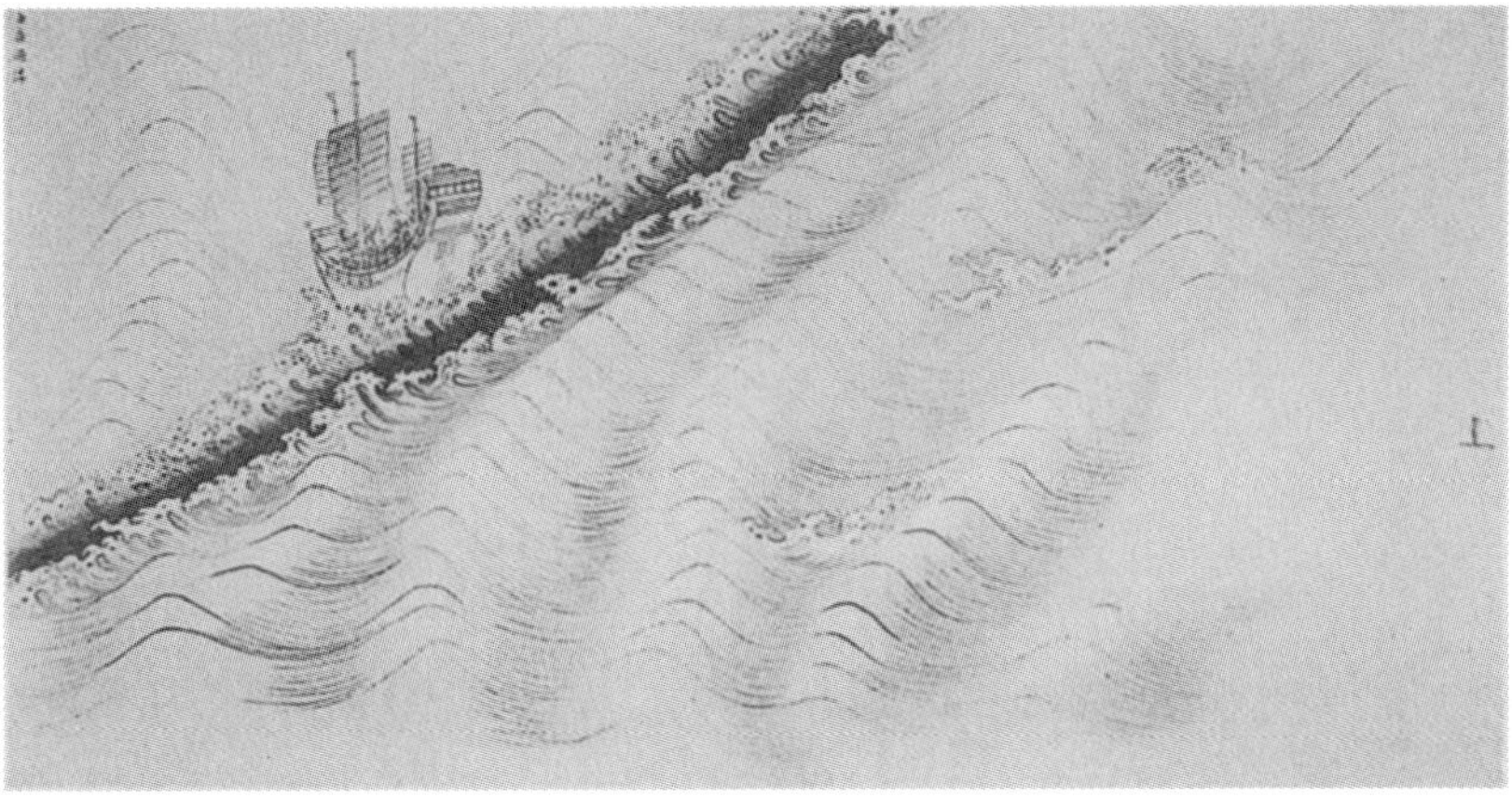

図４　奉使琉球図巻（沖縄県立博物館・美術館蔵）に描かれた黒水溝祭祀

れている。

そうすると、清代の冊封琉球使たちがおこなっていた「黒水溝」での祭祀は、「中国の海」と「琉球の海」というふたつの世界の境目で、航海の無事を海神に祈るための儀式であったということになる。これはまさに、先述の朝鮮通信使による水宗祭と同様の「海の境界祭祀」であるといえよう(46)。そして、このふたつの海の境界祭祀に関してさらに注目すべき点は、双方とも豚や米の海中投下がおこなわれる、という共通点である。また、米の海中投下という点に関しては、先述の近世日本の『唐土漂流記』にみえる唐船乗組員たちの祭祀とも共通点がみえてくる。前近代東アジア海域での海の境界祭祀において、このような細部の共通点がなぜ看取されるのか、その歴史的事情をさらに探っていかねばならない。

なお、沖縄県立博物館・美術館には、この「黒水溝」での祭祀を描いた、おそらく現存するただ一枚の絵画が所蔵されている。それは、先述の『奉使琉球図巻』のなかの「午夜過溝」と題された場面である(47)。その絵をみると、まさにいま、波がわきたつ黒い溝を越えている封舟の甲板で、卓を並べて儀式がおこなわれており、その側では兵士たちが刀を抜いてななめ上方に突き出すポーズをとっている。この絵画は、従来しばしば沖縄関連の著作やガイドブックに、海洋王国・琉球をイメージさせる絵画として登場しているが、「黒水溝」祭祀を描いたただ一枚の貴重な絵画であるという点は、さほど認識されてこなかったように思われる。今後、さらに詳細な画像の解析がすすめられる必要があろう。

おわりに

以上、〈朝鮮半島―九州〉〈浙江―九州〉〈福建―沖縄〉という三つのルートにおける航海信仰を、おもに前近代の事例を中心に検討してきた。そして、その考察を通じて、それぞれのルートにおいて、独自の海神祭祀や海の境界認識がおこなわれていたことがわかった。そのような個々のルートにおける独自性は、各地域（とくに後背陸域）の人為的歴史条件の違いや、ルート上の島の分布状況、海流・海底地形などの自然的条件の違いなど、いくつかの人為的・自然的条件が複合した結果として生まれてきたものと考えられる。たとえば、海の境界認識に関していえば、後背陸域における商業流通の発展や造船技術の進歩などの人為的条件を背景として、あるルート（航路）における人びとの往来が活発化することにより、ルート上の島の分布、海の深さや色、波や海流の状況などの自然的条件にかかわる具体的な知識・情報が蓄積され、その結果、その自然的条件に適合した、かなり具体的な海の境界が特定の場所に認識され、それを無事に越えるための祭祀などもおこなわれるようになっていく、というようなプロセスが想定されるのではなかろうか。しかし、本稿では、そのようなルートごとの独自性が生まれてくる背景やプロセスについて、ほとんどふれることができなかった。それらはすべて、今後の検討にゆだねたいと思う。

また、このような各ルーがもつ独自性のいっぽうで、国際的に信仰を集める観音霊場が形成されたり、個々の海神祭祀や海の境界祭祀のなかに、祀られた神や儀式次第などに関して、いくつかの共通点がみられるなど、ルート間にまたがる多様な共通性も看取された。そして、その共通性のなかでおおきな比重を占めていたのが、中国起源の可能性が高い要素であることは、注目されるべき点であろう。そのような中国起源の諸要素がどのような歴史的プロセスを通じてひろく海域世界に伝播していったのか、その具体的な追究もまた、今後に残された重要な課題である。

いずれにしろ、以上のような残された諸問題は、一人の研究者がそのすべてを解明することなど不可能である。今後とも、「にんぷろ」で培われた研究分野・国境・言語などの壁を越えた広範な研究協力体制が維持されていくことを切に願っている。

註

（1）桃木至朗編『海域アジア史研究入門』岩波書店、二〇〇八年、参照。

（2）藤田明良「航海神――媽祖を中心とする東北アジアの神々」（註（1）桃木編著所収）では、この分野の研究動向が、東アジア海域における媽祖信仰の問題を中心に概観されている。

（3）本稿は、山内晋次「航海守護神としての観音信仰」大阪大学日本史研究室編『古代中世の社会と国家』清文堂出版、一九九八年、「観音信仰与海域世界」郭万平・張捷主編『舟山普陀与東亜海域文化交流』浙江大学出版社、二〇〇九年、「海域アジア史研究のポテンシャル――硫黄交易と航海信仰を素材として――」『新しい歴史学のために』二六五、二〇〇七年、「近世東アジア海域における航海信仰の諸相――朝鮮通信使と冊封琉球使の海神祭祀を中心に――」『待兼山論叢』四二・文化動態論篇、二〇〇八年、の主要な論点を再構成し、さらに新たなデータや論点を追加したものである。より詳細な議論や典拠文献については、それらの論文を参照されたい。

（4）本稿では、歴代使行録のテキストとして、辛基秀・仲尾宏責任編集『大系朝鮮通信使　善隣と友好の記録　1―8巻』明石書店、一九九三―一九九六年、および金仁謙（高島淑郎訳注）『東洋文庫662　日東壮遊歌　ハングルでつづる朝鮮通信使の記録』平凡社、一九九九年、を利用した。

（5）永嘉台については、松田甲「釜山鎮の永嘉台」『ユーラシア叢書23　日鮮史話（二）』原書房、一九七六年、李進熙『倭館・倭城を歩く　李朝のなかの日本』六興出版、一九八四年、二三九―二四四頁、上田正昭・辛基秀・中尾宏『朝鮮通信使とその時代』明石書店、二〇〇一年、一二六―一二七頁、など参照。永嘉台は一九三〇年ごろにとり壊されたが、その故地は鉄道・京釜線のそばの城南小学校の敷地周辺であるという。なお、現在釜山市内の子城台公園にある永嘉台は、韓日交流事業の一環として、二〇〇三年に本来とは違う場所に復元されたものである。

（6）辛基秀・仲尾宏責任編集・註（4）叢書・第6巻・七―八頁・「槎路勝区図画集」（伝・李聖麟）、および第七巻・二九頁・「釜山草梁客舎日本使節接待図屏風」、三五―三六頁・「東莱府使接倭使図」（伝・鄭敾）など。

（7）金世濂『海槎録』仁祖十四（一六三六）年九月十六日条、趙珩『扶桑日記』孝宗六（一六五五）年五月二十六日条、金顕門『東槎録』粛宗三十七（一七一一）年六月二十一日条など。

（8）金綺秀『日東記游』巻一、乗船、同年四月二十七日条（『海行摠載（続）』第九輯所収本による）。

（9）金仁謙（高島淑郎訳注）・註（4）訳注書・八〇頁。

（10）一五九六年に豊臣秀吉のもとに派遣された黄慎の文集『秋浦集』巻二・祭文所収の、おそらく釜山出航の際に読みあげられたと考えられる「誓海文」には、「維万暦二十四年八月二十五日庚申、朝鮮国通信使黄某、敢告于東海之神」とあり、江戸幕府成立以前の通信使においてもやはり、東海神が祭られていたことがわかる。

（11）山内晋次「航海と祈りの諸相――日宋関係史研究の一齣として――」『古代文化』五〇―九、一九九八年、五五―五六頁。

（12）朝鮮王朝における礼制の整備に関しては、李範稷「朝鮮王朝における王権と五礼」『朝鮮学報』一三八、一九九一年、桑野栄治「李朝初期における国家祭祀――『国朝五礼儀』吉礼の特性――」『史淵』一三〇、一九九三年、など参照。なお、『朝鮮王朝実録』正祖・巻四一・十八（一七九四）年九月辛丑条には、飢饉がおこった済州島に朝鮮半島本土から穀物を送るにあたって、その航海安全のために、おなじく中国由来の南海神「祝融」の祭祀を命じた記録がみえる。

（13）山内晋次・註（11）論文・五四―五五頁、および註（3）二〇〇七年論文・一九―二〇頁。

（14）『大漢和辞典』巻六・八七一頁、『漢語大詞典』巻五・八六五頁など。

（15）このような釜山・対馬島間以外の朝鮮東海における「水宗」は、十八世紀半ばの地理書・李重煥『択里志』卜居総論・海山にもみえる。

（16）松本文三郎『仏教史雑考』創元社、一九四四年、二五九―二六〇頁。

（17）朴現圭「再論普陀山新羅礁」方牧主編『慈航慧炬化絲路　普陀山与〝海上絲路〟国際研討会論文選輯』中国文聯出版社、二〇〇四年、二〇〇―二〇三頁、曹永祿「善妙与洛山二大聖―9世紀海洋仏教伝説的世界」陳尚勝主編『登州港与中韓交流国際学術討論会論文集』山東大学出版社、二〇〇五年、三四―三八頁、田中史生『ちくま新書767　越境の古代史――倭と日本をめぐるアジアンネットワーク』筑摩書房、二〇〇九年、一九〇―一九五頁。

（18）山内晋次「日本列島と海域世界」（註（1）桃木至朗編著書所収）四〇頁。

（19）地名比定は、藤善眞澄『参天台五臺山記の研究』関西大学出版部、二〇〇六年、一七八―一八〇頁による。

（20）田中史生・註（17）著書・一九五頁。

（21）地名比定は、藤善眞澄・註（19）著書・一六四頁による。

（22）海野一隆「ちくらが沖――合わせて磁石山も――」『天理図書館報ビブリア』一一七、二〇〇二年。

（23）加藤貴校訂『叢書江戸文化1　漂流奇談集成』国書刊行会、一九九〇年、所収。

（24）本稿では、歴代使行録のテキストとして、原田禹雄訳注『陳侃　使琉球録』『汪楫　冊封琉球使録三篇』『張学礼　使琉球紀・中山紀畧』『徐葆光　中山伝信録』『郭汝霖　重編使琉球録』『夏子陽　使琉球録』『周煌　琉球国志畧』『斉鯤・費錫章　続琉球国志畧』『李鼎元　使琉球記』榕樹書林、一九九五―二〇〇七年、所収の原文および訳注、企画部市史編集室編『那覇市史資料篇第1巻3　冊封使録関係資料（原文編・読み下し編）』那覇市役所、一九七七年、所収の原文・訓読文、および文部省科学研究費補助金重点領域研究「沖縄の歴史情報研究」編『重点領域研究「沖縄の歴史情報研究」CD-ROM 版研究成果報告書　第8巻「使琉球録」の情報化』同重点領域研究（領域代表者：岩崎宏之）、一九九八年、所収のテキスト画像を参照した。

また、歴代使節の詩文集のテキストとしては、王菡編『国家図書館蔵琉球資料三編　上・下』北京図書館出版社、二〇〇六年、所収の影印本を利用した。
(25) 東喜望「中国――琉球の国交と冊封使来琉の陸・海路」中国福建省・琉球列島交渉史研究調査委員会編『中国福建省・琉球列島交渉史の研究』第一書房、一九九五年。
(26) 郭汝霖『重編使琉球録』巻上・敬神所載の「广石廟碑文」に「成化七年、給事中董旻・行人張祥使琉球新之」とあることより、使行録の残されていない一四七九年来琉の董旻一行についても、後述の閩江下流の广石で同様な祭祀をおこなったと考えられる。
(27) 媽祖信仰およびその研究史の概略については李献璋『媽祖信仰の研究』泰山文物社、一九七九年、藤田明良・註（2）論文、など参照。
(28) このときの周煌一行は、怡山院以外に、閩江河口部末端の「五虎門」と呼ばれる岩礁でも祭海の儀式をおこなっている。
(29) 沖縄県立博物館編『冊封使――中国皇帝の使者――』沖縄県立博物館友の会、一九八九年、一三頁。
(30) 怡山院には現在、かつての天后宮の一部が残存している。上里賢一『タイムス選書Ⅱ―12　閩江のほとりで――琉球漢詩の原郷を行く――』沖縄タイムス社、二〇〇一年、二八―二九頁、および徐恭生（西里喜行・上里賢一訳）『おきなわ文庫56　中国・琉球交流史』ひるぎ社、一九九一年、二一四―二一五頁、など参照。
(31) 中国第一歴史檔案館編『清代中琉関係檔案選編』中華書局、一九九三年、七六五―七六六頁。
(32) 徐恭生・註（30）著書・二一四―二一五頁、および謝必震『明清中琉航海貿易研究』海洋出版社、二〇〇四年、三八頁。
(33) 原田禹雄『冊封使録からみた琉球』榕樹書林、二〇〇〇年、一三頁。
(34) 東喜望・註（25）論文・二〇三頁、上里賢一・註（30）著書・三〇頁写真など。
(35)『旧唐書』巻二四・志四・礼儀四。
(36) 林田芳雄「明代の琉球冊封と天妃信仰」『史窓』四八、一九九一年、張文綺「明清冊封琉球使者的媽祖信仰」『海交史研究』二〇〇〇―一〈総三七〉、二〇〇〇年など。

（37）中国における四海神信仰の歴史的展開および四海神と媽祖の主導権交代の状況などについては、古林森廣「宋代の海神廟に関する一考察」『中国宋代の社会と経済』国書刊行会、一九九五年、王榮国『海洋神霊――中国海神信仰与社会経済』江西高校出版社、二〇〇三年、二九―四一・六二―七七・二五三―二五九頁、森田健太郎「宋朝四海神信仰の実像――祠廟政策を通して――」『早稲田大学大学院文学研究科紀要』四九―四、二〇〇三年など参照。

（38）謝必震・註（32）著書・三一―三四頁。

（39）井上裕正「斉鯤・費錫章撰『続琉球国志略』解題」夫馬進編『増訂　使琉球録解題及び研究』榕樹書林、一九九九年、一三二―一三三年。

（40）川合英夫『黒潮遭遇と認知の歴史』京都大学学術出版会、一九九七年、一〇四―一〇六頁。

（41）原田禹雄『尖閣列島　冊封琉球使録を読む』榕樹書林、二〇〇六年、一二三―一二五頁。

（42）川合英夫・註（40）著書・九一頁。なお、吉尾寛「台湾海流考――漢籍が表す台湾をめぐる海流と〈黒潮〉遭遇――」『海南史学』四四、二〇〇六年、では、台湾周辺海域における前近代の海流認識が総合的に検討されており、その一環として、冊封琉球使たちが記録する「黒水溝」についても考察が加えられている。とくに、その論文末尾に付載されている台湾周辺の海流図は、近世中国における海洋認識を考えるうえで貴重なデータを提供する。

（43）緑間栄『おきなわ文庫14　尖閣列島』ひるぎ社、一九八四年、一八八頁、孫湘平『中国自然地理知識叢書　中国的海洋』商務印書館、一九九五年、一三一―一五・七五―七六頁。

（44）たとえば、李鼎元『使琉球記』巻三・嘉慶五年五月九日条に「琉球の夥長云わく、伊等往来するも、黒溝有るを知らず。ただ釣魚台を望見し、即ち神に酬いて以って海を祭る」とあり、彼の文集『師竹斎集』巻一二・「航海詞二十首」にも「球人、黒溝の名を識ることなし」などとみえるように、琉球の人びとは黒水溝の存在を認識していなかったようである。

（45）原田禹雄・註（33）著書・一三一―一四頁、および註（41）著書・一九―二七頁。なお、最近公刊された楊国楨・周志明「中国古代的海界与海洋歴史権利」『復印報刊資料地理』二〇一〇―三、二〇一〇年（原載：『雲南師範大学学報哲学社会科学報』二〇一〇―三）、六二頁では、このような冊封使たちの海洋認識を中国における「海洋主権意識」の例証としているが、前近代における彼らの認識を、そのような近代国民国家的な領域・主権認識と直結させる理解については、つよい違和感・疑問を感じる。

（46）　歴代の冊封琉球使録には、黒水溝祭祀以外にも、洋上において航海の無事を願う、免潮牌・金光明経・綵船・降箕術・筊などのさまざまな呪術的習俗が記録されている。たとえば、郭汝霖『重編使琉球録』巻上・敬神（金光明経・綵船・降箕術）、蕭崇業『使琉球録』巻上・使事紀（彩船・降箕術）、夏子陽『使琉球録』巻上・使事紀（彩船）、胡靖『杜天使冊封琉球真記奇観』崇禎六年六月条（免潮牌）、張学礼『使琉球記』崇禎六年六月十九日条（免潮牌）、李鼎元『使琉球記』巻六・嘉慶五年十月十六日条（筊）などである。これらの習俗についても今後個別に検討を加えることにより、東アジア海域における呪術的習俗世界のつながりが、より具体的に明らかになっていくであろう。

（47）　沖縄県立博物館編・註（29）図録、一四頁。

進貢船航海に関する工学的検討（福州―那覇）

八木　光

はじめに

琉球王朝は一三七二年から一八七四年まで中国の明朝、清朝との進貢貿易を行った。この間一六〇九年の島津侵攻や一六三五年から始まる徳川時代の鎖国政策の間も中国との交流が続けられた。一三七二年に明の太祖が楊載を派遣し、進貢を招諭したのを受け、中山の察度王が進貢を行ったことにはじまるとされる(1)。この進貢貿易に従事した船が「進貢船」と呼ばれ、当初は中国より下賜されたものである。一五五七年ごろには琉球建造の「唐船」が建造されていたとも推定されている(2)。中国造船技術の琉球への伝搬は、中国との進貢、冊封関係により始まったと考えられる。進貢船の船型は十九世紀に描かれた『琉球進貢船図屛風』などから進貢船の水面上部の形状や、航海状況を伺うことができるが、船の詳細な形状は我が国においても中国においても明らかになっていなかった。しかし、明治初期の作とされる沖縄進貢船の二十分の一縮尺と見られる模型が東京国立博物館に保存されていることが明らかとなり、この展示模型に基づいて、船体を詳細に計測し線図の復元が行われた(3)。

進貢船の航海性能を評価するためには航海中の環境条件として、風、波浪、潮流などを定める必要があり、そのためにも航路の特定が必要である。ここでは冊封使による代表的な使記をもとに福州—那覇間の航海記録をもとに、運航の様子を調査するとともに、実験、理論両面から行った工学的検討、評価の結果とを対応付けて、出来る限り数値的な考察することを試みた。

なお、数百年にわたる長期間の歴史的な航海を、単なる一航海のみを特定し、その航路の海象気象で断定して論ずることは適切でない。そのため、評価については海象気象に出来るだけ現代的な統計的取り扱いを導入することで、ある程度平均的な結果が得られるものと考えた。

また、船舶の挙動は船の特性のほか操船者の技能によっても大きく異なることから、ここでは人的な要素を含めない純粋な技術的評価として船の運航性能を工学的な視点のみでとらえ、検討することにした。

一　冊封使記にみる航海環境

(1) 航　路

進貢船の航路は福州、那覇間の航海における針路、距離および途中の島嶼等との位置などから長年の知識が蓄積されてほぼ固まっていたと考えられる。例えば、徐葆光の『中山伝信録』[4]には針路図が示されており、福州から那覇への航路は琉球列島北側の航路を、那覇から福州へは南杞山の南を通る航路が示されている。図1は赤嶺により示された航路図で[5]、西暦一八〇〇年に李鼎元の辿った北京―福州―那覇の旅程を図化している[6]。同図では、福州から那覇へ台湾北部から琉球列島沿いを東に向かう航路をしめしており、ほぼ北緯二六度にある二港間を航海することになる。当時の船は羅針盤を利用していたが帆による推進を行っていたため、風向、風速影響と潮流の影響を強く受け、航路を大幅にずれていることもあるとの記述が使記には散見される。当然のことながら、断定的に本航海航路がすべてとは言えないが、進貢船の大略の航海状況を評価する上では十分であると考えられる。

全長：LOA(m)	30.7
水線長：LWL(m)	23.2
最大幅：Bmax(m)	8.7
水線幅：BWL(m)	8.5
最大深さ：Dext(m)	6.8
最大喫水：dext(m)	3.2
LWL/BWL	2.74
BWL/dext	2.72
$C_B' = \nabla / (Lwl \cdot Bwl \cdot d)$	0.41
排水容積：∇ (m^3)	265
帆面積：S_A (m^2)	170

表1　進貢船の推定要目

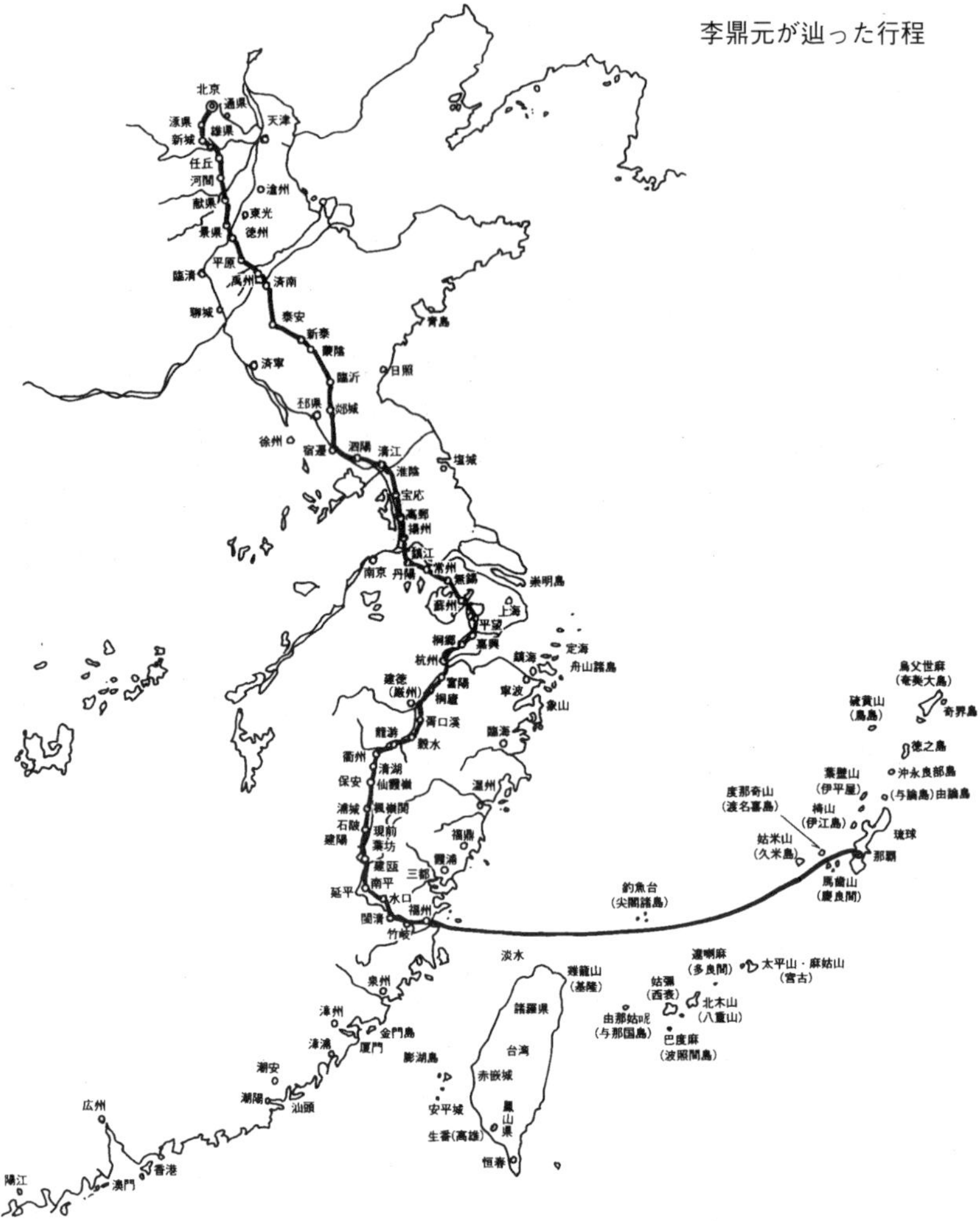
李鼎元が辿った行程
北京
通県
涿県
雄県
天津
新城
任丘
河間
滄州
献県
東光
景県
徳州
平原
臨清
禹州
済南
聊城
泰安
青島
新泰
済寧
日照
臨沂
郯城
徐州
宿遷
泗陽
清江
塩城
淮陰
宝応
高郵
揚州
鎮江
南京
丹陽
常州
無錫
崇明島
蘇州
上海
平望
桐郷
嘉興
定海
杭州
鎮海
舟山諸島
建徳
(厳州)
富陽
桐廬
寧波
象山
衢口渓
臨海
龍游
穀水
衢州
清湖
保安
仙霞嶺
温州
浦城
楓嶺関
石陂
現前
建陽
葉坊
福鼎
建甌
霞浦
三都
南平
延平
水口
福州
閩清
竹岐
釣魚台
(尖閣諸島)
淡水
泉州
雞籠山
(基隆)
漳州
金門島
諸羅県
漳浦
厦門
台湾
潮安
膨湖島
赤嵌城
潮陽
汕頭
安平城
鳳山県
広州
生番(高雄)
香港
恒春
陽江
澳門
烏父世麻
(奄美大島)
硫黄山
(鳥島)
奇界島
徳之島
葉壁山
(伊平屋)
沖永良部島
度那奇山
(渡名喜島)
(与論島)由論島
椅山
(伊江島)
琉球
姑米山
(久米島)
那覇
馬齒山
(慶良間)
達喇麻
(多良間)
太平山・麻姑山
(宮古)
姑彌
(西表)
北木山
(八重山)
由那姑呢
(与那国島)
巴度麻
(波照間島)

図1　福州—那覇間航路図

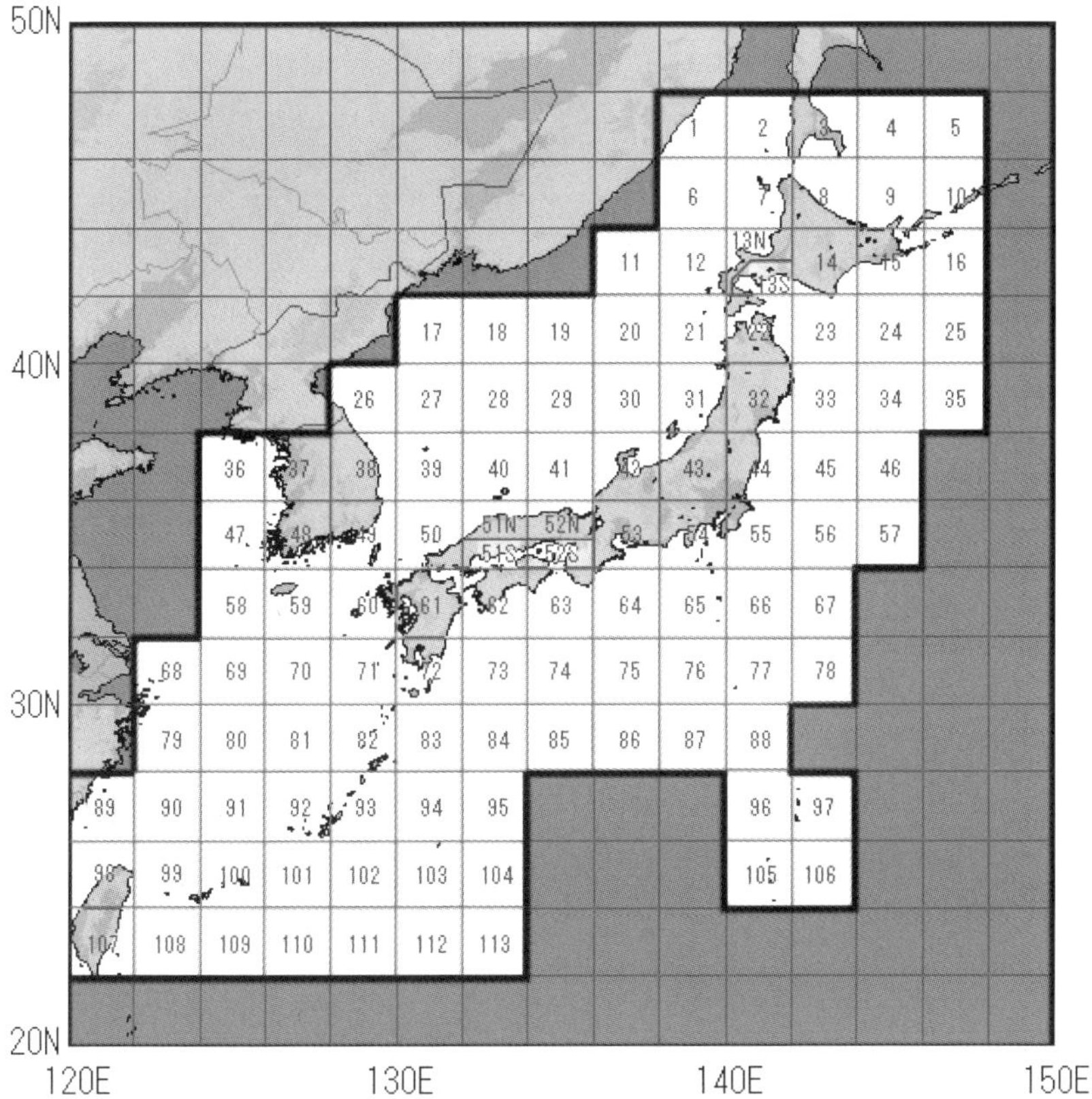

図2　海象統計海域区分図（海上技術安全研究所）

（2）環境条件の推定

日本近海の海象に関する統計データは独立行政法人海上技術安全研究所により公開されている。上述の航路を図2に示す統計図より区画を求めると89―92、98―101で覆うことができ、大海の平均的な海象はさらにこれらの区画の平均として見ることができる。一方、季節影響については風の向き、強さに大きな差異があるため、個別の評価が必要である。また、潮流については海上保安庁海洋情報部海洋情報課日本海洋データセンター(JODC)により緯度経度各一度メッシュ毎の平均流速と流向ベクトルが公開されている。図3には代表例として台湾―与那国間の北緯二五―二六度、東経一二二―一二三度の速度及び流向図を示す。

これらの現代の統計データにより平均的な航路の大略の風、波、潮流の航海に及ぼす主要な環境条件を大略定めることが出来る。

二　冊封使記にみる船舶の性能に関する記述

冊封使の航海に関する記録には、航海中の様々な船体の様子が記述されている。現代の船舶性能の視点から進貢船の速力、運動、操縦などと密接に関連する記述を抽出した。

(1) 速　度

李鼎元撰『使琉球記』(6)によれば、一八〇〇年の冊封船は旧暦五月七日に五虎門を出てから十二日の辰の刻に那覇港に入ったとの記述があり、「今回は一番近道をし、わずかに三つの島を見ただけで姑米《くめ》に到着したのである」と記述されている。この航海では、ほぼ直線的な航路をとったと考えられる。また、速力については「今までの渡海では、これほど船足が速かったことはなかった」とも記されている。

推定航路の距離を概算し、この記録された時刻から船の平均速度を計算すると六日ベースで約三ノットとなり、五日ベースで三・五ノットとなる。なお、五月十日には「夜は航行せず、帆を降ろし漂泊（浅瀬が多く危険）」との記述もあり、この最も順調な航海における速度は、平均的には四ノット以上の速力を得ていたものと考えられる。

汪揖による一六八三年の記録(7)によれば「船はまるで空をゆくかのごとくであった。時として、船はまた傾くことが

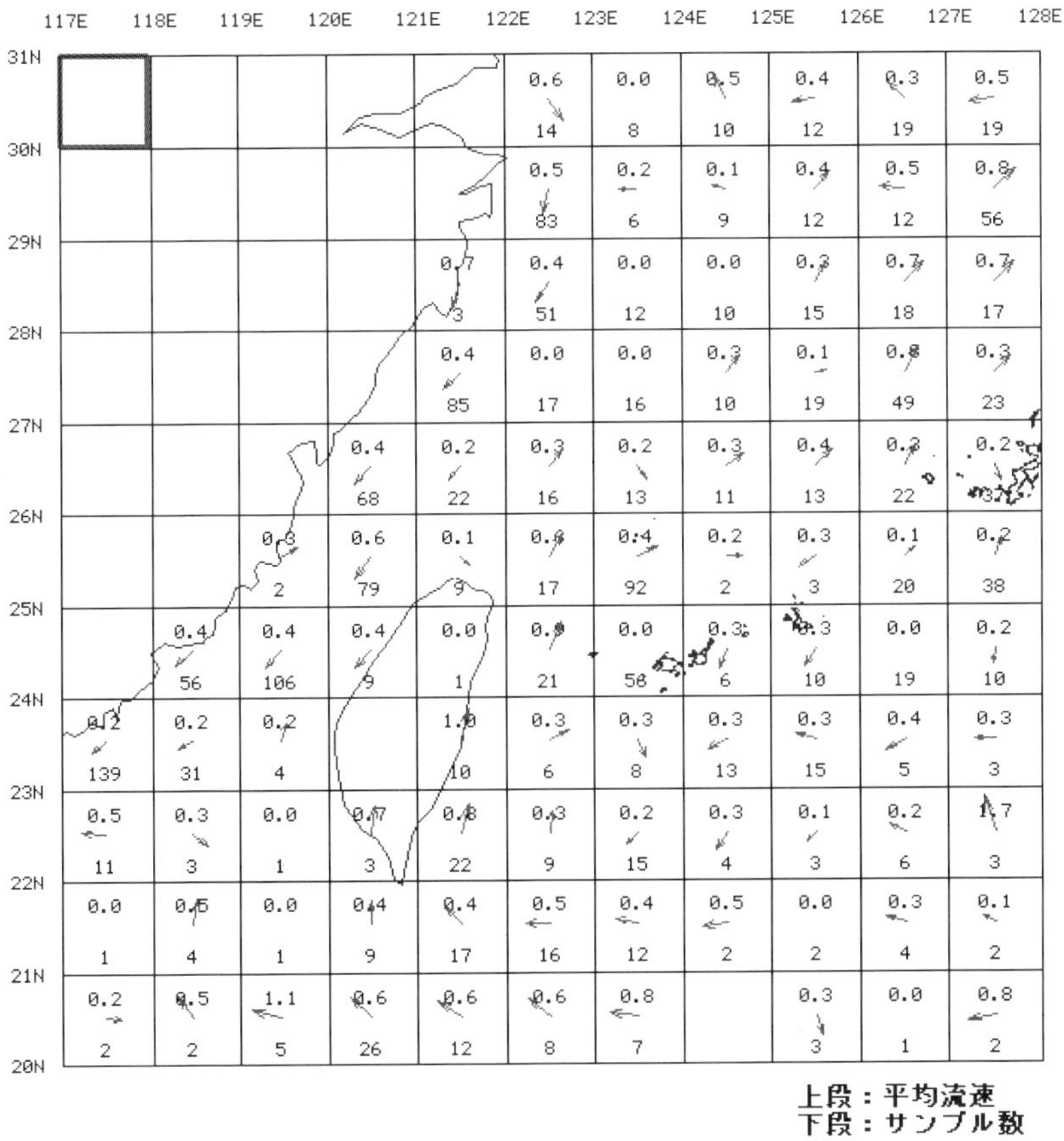

図３　潮流データ海域図

あった。……」と記し、丸三昼夜で福州から那覇まで航海したことを記している。この記録をもとに速力を算出すると平均速録が約五・八ノットとなる。

　なお、すべての航海が同一航路とは考えられず、航走距離についても記録では四十二更から七十八更までの大幅に差異があり確定的なことは言えない。ここでは航海日数から求めたものが平均値としてはより信頼できるものと考えることとする。上記二例を基に考えると、比較的速度の早い航海において平均は四―六ノット程度であったと考えてもよい。

　両ケースとも福州から那覇へ

の航海で得られたものである。一方、復路の那覇から福州へは長い時間を要した記録が多い。

（2）船体運動

陳侃による一五三四年の記録[8]では波浪中運動や波の外力に関して、復路九月二十一日に「夜に台風がにわかに起こる。五本の木組みの主帆が折れ、舵板が壊れてしまった」との記述や、復路九月二十六日には「夕方疾風が突然起こり船尾冠水し、舵取りがびしょびしょになる。航行することまるで飛ぶようであった」と記されている。船尾の冠水はいわゆる船体運動と波の相対水位が甲板を超えて打ち上がった、いわゆる海水打ちこみが発生したものと考えられる。

夏子陽撰『使琉球録[9]』では波浪中運動や波の外力について、復路十月二十三日、「午後突然颱風が激しく起こり、……舵をつないでいる大綱は一船の維持者なのでございますが、連続してその四本が切断いたしました。……大舵は一船の主催者なのでございますが、連続してその二つが折れてしまい、予備はわずかに一舵だけとなってしまいました」と波の力が大きく舵の破損を引き起こしたことを示している。

汪揖の一五三四年の記録『冊封琉球使録[7]』では、復路十二月二十八日、「台風が吹き荒れる。四夜三昼続く。大波が船にかぶさると船室は滝のように浸水した」との記述や、「船全体で、なんとか動けるものは、わずか十六人で、あとのものはすべて、船酔いにかかって、なんとか息だけはしているというありさまであった」と激しい動揺があったことと、それに伴う乗り心地の悪化について記述がある。

李鼎元の一八〇〇年の記録（『使琉球記[6]』）でも、五月八日、「午の風強し。……船では吐く者がかなり多かった。……」、五月十日、「舵の操作が出来なくなり、船は横揺れして、たいそう危険となった」との記載もあり、波による揺れの大きいこととそれに伴う乗員の嘔吐にまで至る船の激しい動揺を示している。

（3）　浅海航行

陳侃による一五三四年の記録（陳侃撰『使琉球録[8]』）では浅水域航行の問題について、往路四月二十八日、「長楽に到着。琉球の長史の船も随行。長史の船座礁にて破損」や、夏子陽撰『使琉球録』の復路十一月一日、「五虎門港口に入る。封船は暗礁に乗り上げ座礁」との記述がある。

李鼎元の往航の記録（李鼎元撰『使琉球録』）には「五月七日……日入りに官塘尾を通過し、進士門を超えた。柁を一尺ほどあげてから通過したのだが、……」と浅水域の航行に柁を上下させる操船を行っていることが示されている。柁の上昇は舵の座礁による損傷回避には有効であるが、操船性能には悪影響も及ぼす可能性があることを指摘しておきたい。

（4）　船の損傷

張学礼の一六六三年の記録[10]では、復路十一月十六日、「烈風、雨。帆が傾き、龍骨が見える。主帆が半分に折れる。帆柱がなくなり、帆綱をきり、船は傾かなくなった。風波が舵をうち、舵を安定させることが出来なかった」、十一月九日「勒索が切れ、舵が浮き上がる」および「舵を変えて再度取り付ける」。ここで、帆柱がなくなったあと船は傾かなくなったことは、帆や帆柱が船体運動に及ぼす影響として注目すべき点として指摘しておく。

徐葆光の一七一九年の記録『中山伝信録[4]』では、復路二月十六日、「……風が強く、頭巾頂の綱が続けて切れること三たび」との記録があり、風が綱を切るほどに強さで損傷を起こすほどの気象であったことが分かる。

	歓晃丸	寶玉丸	浪華丸
真追手の V/U_T	0.33	0.37	0.33
V/U_T の最大値	0.39	0.48	0.42
V/U_T の最大値となる（$\beta + \gamma_T$）（度）	100—120	125—146	120
詰め開き時（$\beta + \gamma_T$）（度）	60	80	70

表２　菱垣廻船の帆走速力調査結果（小嶋：博士論文より引用）

三　工学的な数値検討

上記の海象気象条件下で進貢船が運航された場合、進貢船の性能について工学的研究結果をもとに説明を試みる。対象とした進貢船は九州国立博物館蔵の模型をもとに数値化されたものでありその推定実寸法は表一に示すとおり、全長約三〇・七ｍである。冊封船の寸法は引用記録によれば、長さが十丈（三二ｍ）から一八丈（五七・六ｍ）であり、進貢船の寸法はほぼ最小の船と同じである。

（1）速　度

船の対地速度は対水速力および潮流速度の和である。また、風が強いということは風浪があるということを意味し、船体運動が生じ速力低下をもたらすこともマイナス要因として考慮しなければならない。

平水状態での抵抗試験及び実船寸法への抵抗推定結果[11]をもとに、伸子帆の性能を利用してVPP法にて推定すると[12]最大速力は相対風向（横流れ角度β＋真風向γ_T）が一〇〇度—一二〇度の時に得られる。その速度は風速の約三〇％となる。すなわち、一〇m/sの風で五・九ノットの船速となる。風速と船速の関係を小嶋博士の調査結果[13]から引用すると表2の通りであり、菱垣廻船の例では〇・三九—〇・四八であり、やや進貢船の推定値は小さいが、妥当と考えられる。

図4に示した統計データの風速の累積超過確率によれば、一〇m/s以上の風は 現代歴の春では一四・七%、夏で一三・二%、福州から那覇への航海季節ではかなりの確率で一〇m/s以上の風が発生していると考えられる。なお、那覇から福州への航海では、一〇m/sを超える確率は、秋が二七・九%、冬では四〇・四%となり非常に厳しい海象条件を経験する可能性を裏付けている。

次に、海流による影響を海上保安庁のデータ[14]をもとに代表位置として北緯二五―二六度、東経一二二―一二三度の海域で分析した結果を海流の月別速度を図5に、海流の月別方向を図6に示す。この結果から見ると、黒潮の平均流速は通年では一ノット弱であるが、五月―八月では最大流速は二―三・五ノットであり、その方向は三〇―五〇度方向(北東)に向いている。従って、福州から那覇への航海においては、台湾海峡を過ぎた海域からは船の対水速度を増加する役目を果たしていることが分かる。船の速度が四―五ノットであるとすると、海流による速度増加は東向き

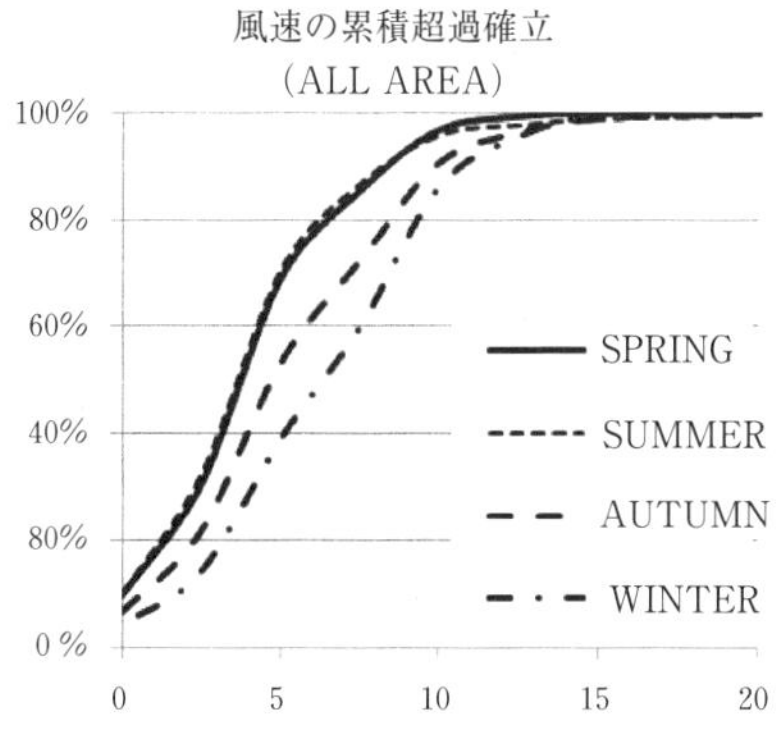

図4　風速の累積超過確率（全領域）

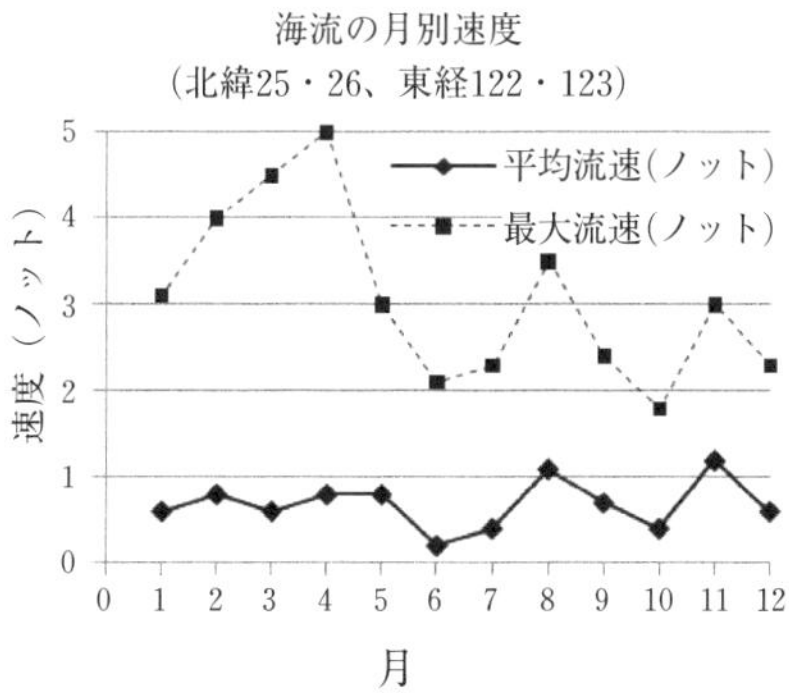

図5　海流の月別速度

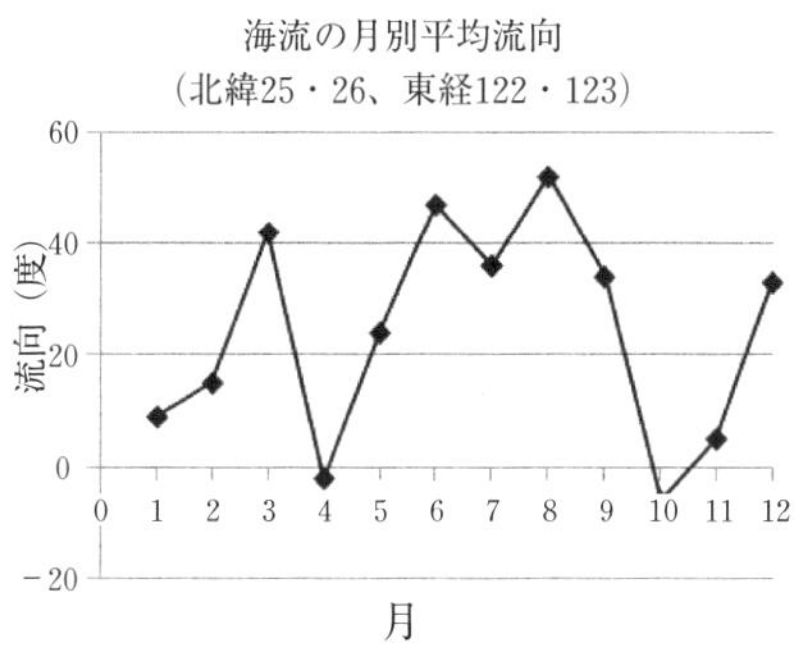

図6　海流の月別方向

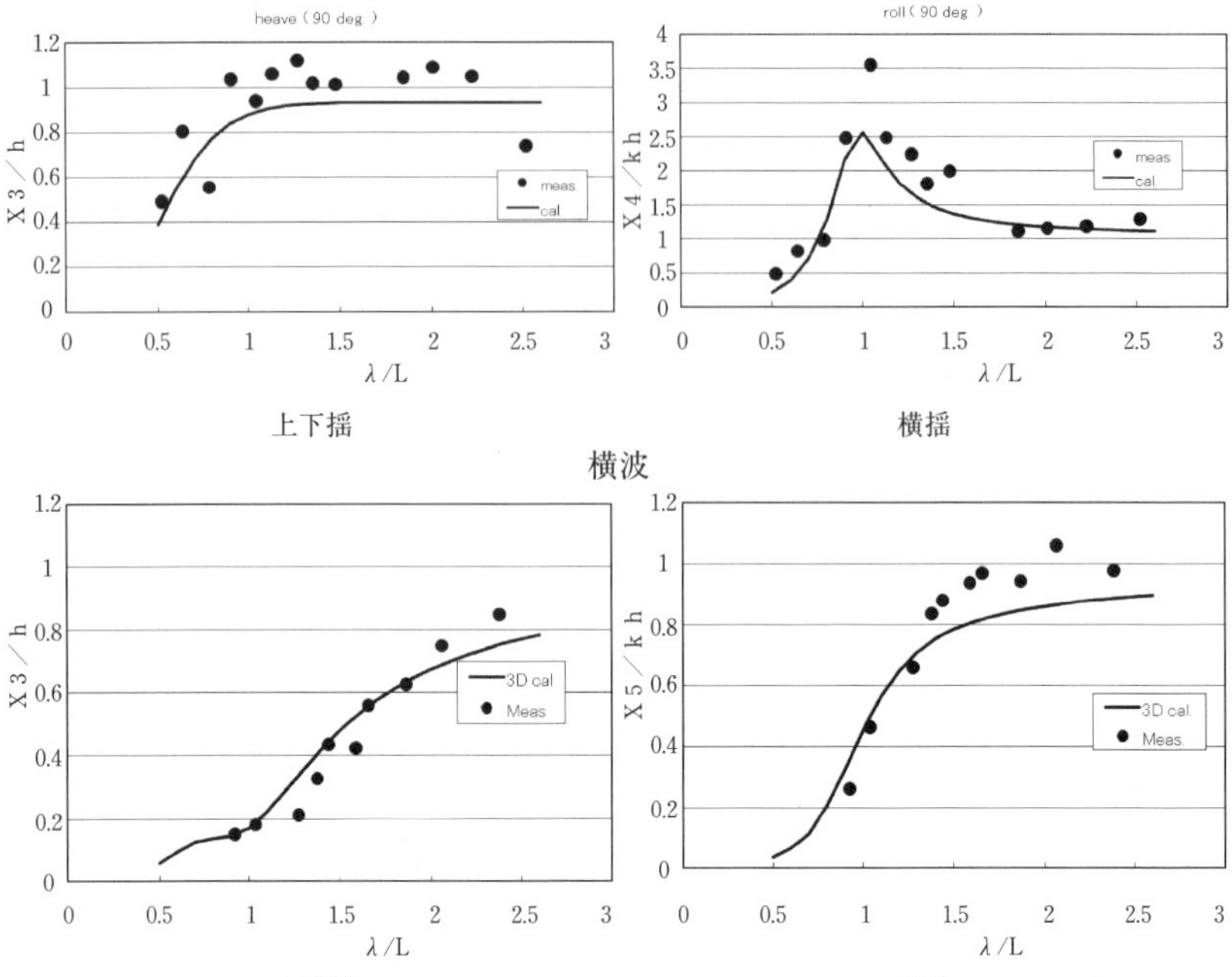

向波
図７　進貢船の運動応答関数

に約一ノット以上にも相当する場合もあり得る。従って、海流を利用することにより進貢船の速力は非常に速くなることはこのデータからもうなずける。一方、那覇から福州への航路では秋、冬の季節となり最大二—三ノットの潮流が〇度（北）から三〇度（北東）の方向に流れるため、那覇への航海とは逆に船速を弱める働きを持ち、長時間の航海を要することも理解できる。

もちろん、黒潮の影響は単なる船速にとどまらず、黒潮は各年、時期により大きく変化することから、時として船首方向と針路（船の進む方向）が大きく異なるという操船上の難しさも与え、黒溝とも呼ばれ恐れられたものであり、黒水溝祭を執り行い無事を祈る儀式もうなずける点である。

（２）船体運動

波浪中の船体動揺を規則波中の運動応答を向

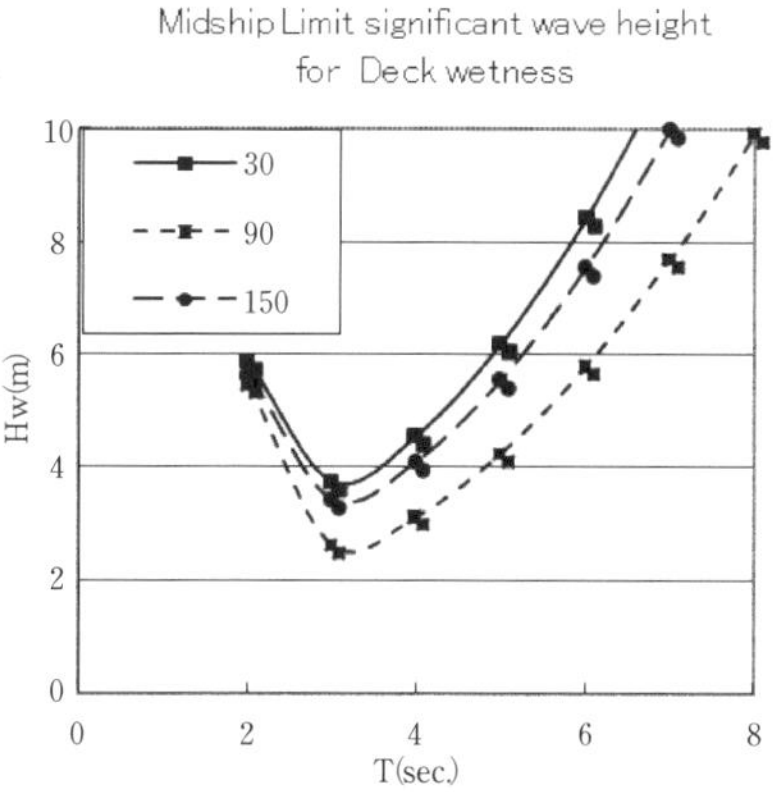

図8　甲板への海水打ち込みの限界波

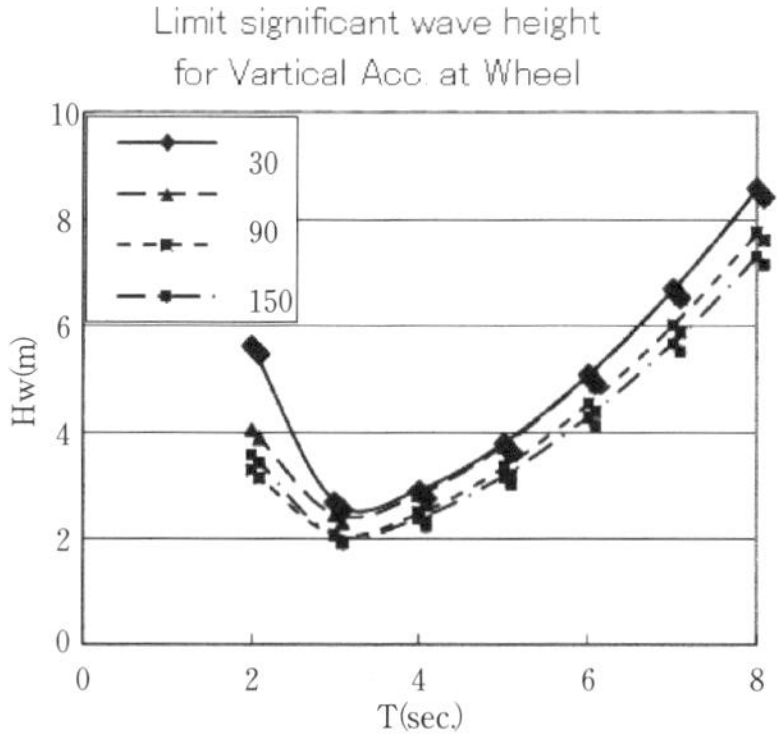

図9　上下加速度0.25gの限界波

波および横波について調査した結果を応答関数の形で図7に示す。本例は船速が0で、帆をつけていない状態での結果であり、いわゆる帆柱が折れ、停止した状態に相当する。上下揺については波方向にかかわらず波高とほぼ同程度の振幅で揺れることが分かる。横揺れについては、横波の場合に、同調波周期で揺れ角度は最大波傾斜の二・五倍もの大きな揺れとなる。(15)(16)

①海水打ちこみ

同様に、船体中央部の甲板への海水打ちこみ（冠水）の限界有義波高を求めたものが図8である。この結果では、横波状態が最も厳しく、限界波高は二・五m、平均波周期は三・五秒となっている。陳侃による「夕方疾風が突然起こり船尾冠水し、舵取りがびしょびしょになる」との記述は船尾部の冠水を示しており、より大きな波が船尾後方から打ち込んだものと考えられる。

②船酔いについて

船体運動を乗り心地または船酔いの観点からみるため、船尾の操舵位置での上下加速度が〇・二五gという現代の船の設計基準となる限界波を調べたものが図9である。加速度は追波状態がもっとも厳しく、限界値の波高は約二m、波周期が三秒となった。これは李鼎元の「午の風強し。……船揺れ、嘔吐するものあり」、汪揖の「船全体で、なんとか動けるものは、わずか十六人で、あとのものはすべて、船酔いにかかって、なんとか息だけはしているというありさまであった」との記述がそれ以上の加速度運動の激しさを物語っている。

（3）　操縦性能（浅海航行と舵深さ）

舵の深さを変えて、浅水域を航行するという操船に対して、操縦性という面からの調査を行った[12]。浅海域での航海を、舵下端をキール下面と一致させた状態（a：R0）と想定し、大洋における航海を舵を深くして行った場合（b：R1, c：R2）とを比較調査した。図10は模型の舵配置を示す。計測された舵力、船体の流体力を解析し、下手回しの操船をシミュレーションした結果、図11に示す通りの航跡が得られた。舵位置 R0 ではかなり旋回力が弱いことが分かり、操船上の観点からは R1 程度の深さにすることが操船能力の向上に有効であることが示された。ただし、舵が船体の下方に突出することは、荒天時に波や船体運動により舵が受ける外力が大きくなることになり、舵の流出や損傷という面からは過大に深い舵配置にもできないことも明らかである。

おわりに

代表的な冊封使の記録をもとに、冊封船がどのような環境条件で運航されたかを工学的視点から抽出し、進貢船の流体特性をもとに、運航状況と記録との関係の解釈を試みた。五百年にもわたる進貢船の航海での船舶の性能を、海象、気象の単なる統計的数値だけで断定的に明らかにすることはできないが、現代的な工学の観点から行った速力性能、運動性能および操縦性能などの進貢船模型の調査結果をもとに、歴史的な記録を工学的な視点から数値的に説明

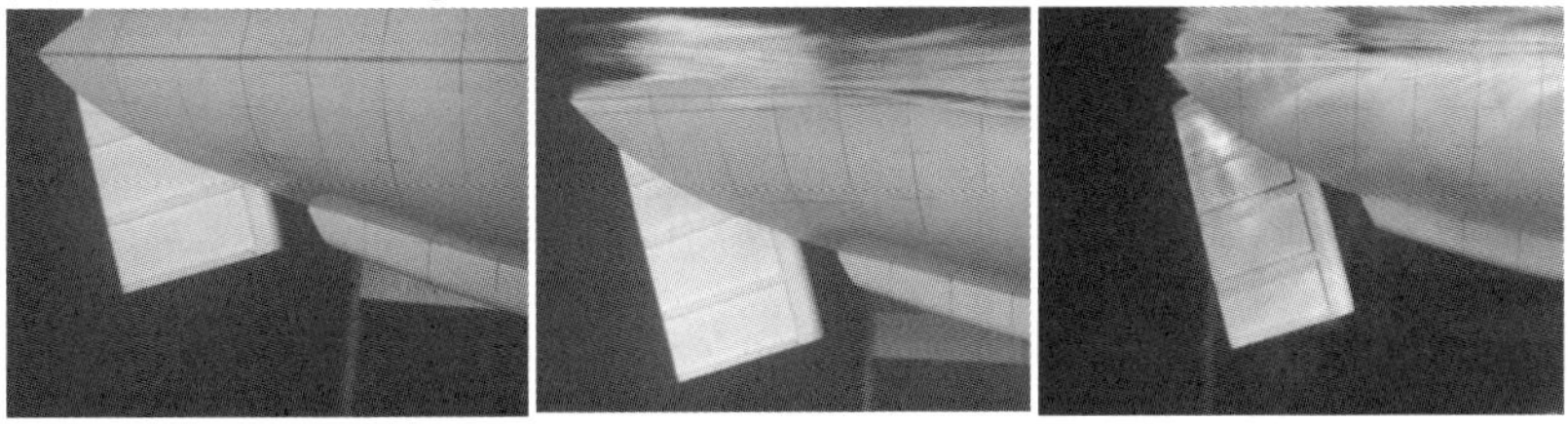
(a) R0: Even with keel depth
(b) R1: Lower than keel by 25mm
(c) R2: Lower than keel by 50mm

図10　舵の模型取り付け状態

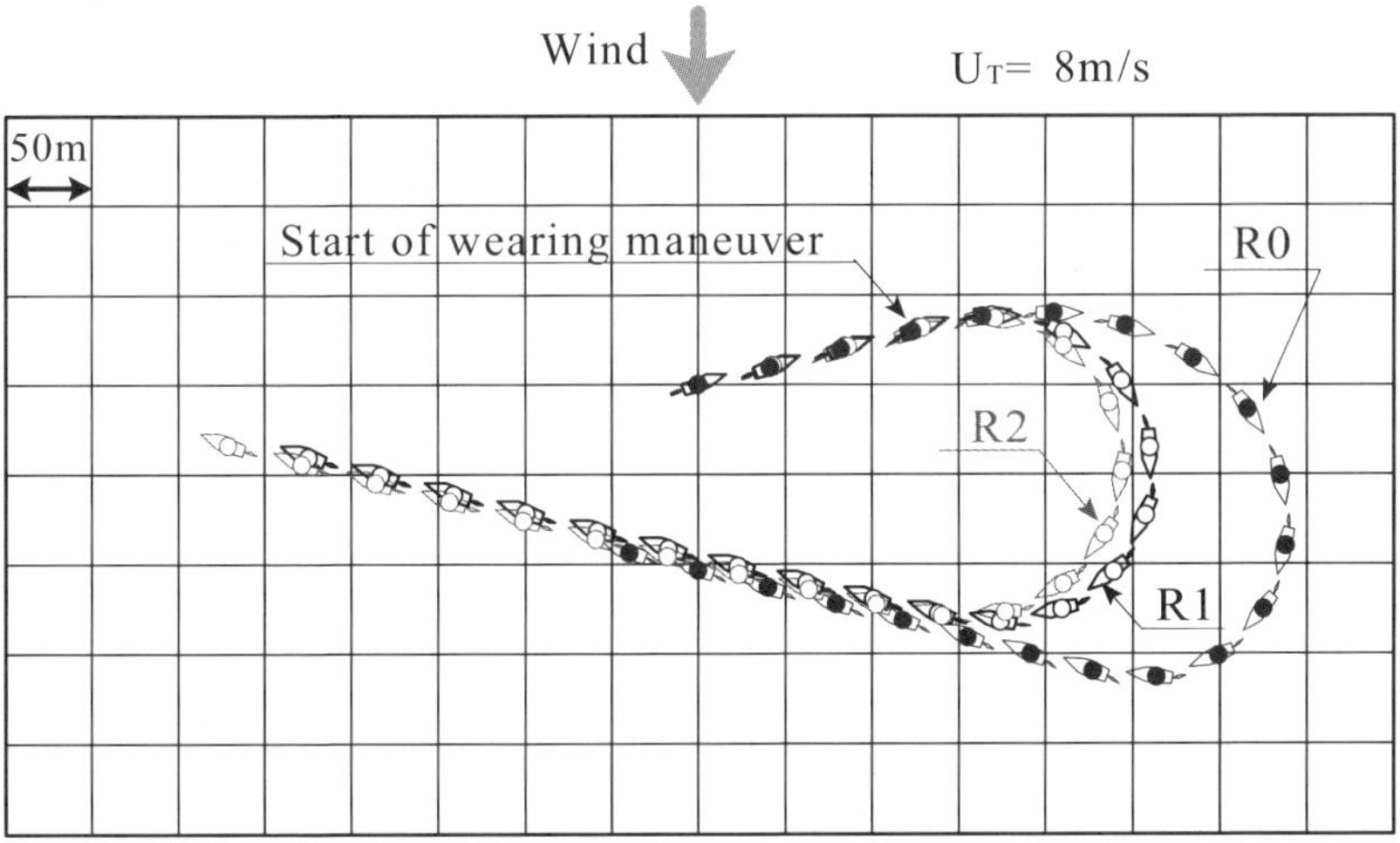

図11　下手回しのシミュレーション結果

する試みができたと考える。なお、研究が船舶の性能に関する分野に集中しているため、船の構造と損傷の関係についての考察は今後の研究を待つ必要がある。

ただし、船舶の航海性能は、造船に関する技術だけでなく、操船者の技量や海象、気象の予測能力にも大きく左右されることは言うまでもない。遭難記録の分析においても、進貢船の遭難件数が比較的少ないことは造船技術のレベルの高さとともに操船者の技量の素晴らしさを裏付けるものである。このような工学的視点からの議論が、幾ばくかのお役に立てば幸いである。

最後に、造船班の研究を強力に推進された、東海大学寺尾裕教授、元東海大学教授河邉寛氏、東海大学渡邉啓介准教授、東京大学安達宏之教授、金沢工業大学増山豊教授および研究協力者の関西設計小嶋良一博士に御礼を申し上げる。本稿は造船班メンバーの成果の一部を参照し取りまとめたものであり、また検討内容は私見であることを記しておく。

註

（1）安里延著『沖縄海洋発展史』（琉球文教図書　一九六七年　六一頁）

（2）池野茂「近世琉球の遭難漂流記録をめぐる諸問題」（『桃山学院大学社会学論集』第十巻第一号　一九七六年）

（3）小嶋良一「進貢船模型の船体形状計測方法について」（『日本船舶海洋工学会講演会論文集』第三号　二〇〇六年　一一七―一二〇頁）

（4）徐葆光撰・原田禹雄訳注『中山伝信録』（榕樹書林　一九九九年）

（5）赤嶺誠紀著『大航海時代の琉球』（沖縄タイムス社　一九八八年）

（6）李鼎元撰・原田禹雄訳注『使琉球記』（言叢社　一九八五年）

（7）汪楫撰・原田禹雄訳注『冊封琉球使録　三篇』（榕樹書林　一九九七年）

（8）陳侃撰・原田禹雄訳注『使琉球録』（榕樹社　一九九五年）

（9）夏子陽撰・原田禹雄訳注『使琉球録』（榕樹書林　二〇〇一年八月）

（10）張学礼撰・原田禹雄訳注『使琉球紀・中山記畧』（榕樹書林　一九九八年）

（11）尾崎伯哉・八木光「沖縄進貢船の船型と抵抗性能」（『日本船舶海洋工学会講演会論文集』第三号　二〇〇六年　一二一―一二四頁）

（12）Masuyama, Y., Yagi H. and Terao, Y., 'Sailing Performance and Maneuverability of a Traditional Ryukyuan Tribute Ship', Asia Navigation Conference（ANC2009）, pp155-164, November, 2009, Shizuoka, Japan

（13）小嶋良一著『菱垣廻船の復元考証基づく弁材船の構造と性能に関する研究』（博士論文　横浜国立大学　二〇〇三年三月）

（14）海上保安庁海洋情報部海洋情報課 JODC データベース　http://www.jodc.go.jp/index_j.html

（15）Yagi, H. et al.: Study on the Hydrodynamic Performance of a Ryukyuan Tribute Ship, The East Asian 〈Mediterranean〉: Maritime Cross roads of Culture, Commerce and Human Migration, Harrassowitz Verlag/Wiesbaden, 2008, pp235-250.

（16）河邉寛「沖縄進貢船の波浪中の運動と荷重について」（『日本船舶海洋工学会講演会論文集』第三号　二〇〇六年　一二五―一二八頁）、河邉寛・尾崎伯哉「琉球進貢船の琉球――中国間の航行状況の推定」（『日本船舶海洋工学会講演会論文集』第四号　二〇〇七年　一二五―一二八頁）。

十六—十七世紀の台湾海峡を通過した人々と環境

松浦　章

はじめに

清朝は台湾の鄭氏を平定し康熙二十二年（一六八三）以降において台湾を統治するため、台南に台湾府を設置し全島の支配を行ったのであるが、本来的には台湾には多数の原住民が居住していた。しかし漸次、大陸側からさらに多くの人々が移住し漢人社会を拡大していったのである。

雍正三年（一七二五）二月の奏摺に、

聖朝設制、臺湾不許内地居民、過臺居住、往来之人、必要地方官照身掛号。(1)

とあるように、台湾が清朝の統治下に入って以来、人々の大陸側から台湾への移住を制限していた。しかし現実には、

臺湾海外之地、目今居民、以数千万計、皆由臺地広湿、五穀易熟、秋冬従無霜雪、可種糖蔗。広東・福建、人多地少、争為往聚。臺民有客庄・客子之名、指福建人為客庄、広東人為客子。各立班社、演戯結盟、所以毎毎有強弱之欺。(2)

とあるように、台湾には既に数多くの人々が移住し暮らしていた。それは土地が広く湿潤であるため五穀の生長に適した土地であり、秋や冬においても霜や雪の心配が無く、砂糖を製造する甘藷栽培にも適していたためである。そこで広東や福建では人口が多い割には土地が少ないため、争って台湾に移住したのである。その台湾に渡って来た人々は、客庄や客子と呼称されていた。一般には福建人が客庄と広東人が客子と呼ばれていた。彼等は組織的に居住し、同郷人を中心とした集落社会を形成していたのである。

そこで本稿では、これら台湾に人々が具体的にどのように渡航したかについて述べてみたい。

一　台湾海峡の航行

（1）台湾海峡の海流

台湾の周辺の海洋は、黒潮が赤道付近から遡上する海域に面しているが、十七～十九世紀の台湾の地方資料から、

記録に取り上げられたのは台湾と中国大陸との間に位置する台湾海峡を流れる海流であった[3]。それは台湾と大陸との交通の頻度の高さを如実に物語っていると言えよう。台湾海峡の海流の流れは台湾と大陸との間に介在する澎湖諸島と大陸との間は古くは「大洋」と呼称され、澎湖諸島と台湾との間の海流は「小洋」と呼ばれていた。さらに「大洋」は大陸側に近い海洋が「紅水溝」で台湾に近い方が「黒水溝」と呼称されたように[4]、台湾海峡を渡航する人々は、綿密に海流の状況を把握していたことが明らかにされている。さらに台湾北東部の鶏籠山付近の海域に当時の船舶である帆船の航行に支障を生じる「弱水[5]」と呼称される海水域があったことなど、船舶運航に関する詳細な報告が記録として残されている。

（2）台湾海峡の帆船

それでは、このような台湾海峡を航行していた帆船にはどのような船舶があったのであろうか。

台湾への渡航の中心地となった福建南部の沿海にある厦門の地方志である道光『厦門志』巻五、船政略、商船の条に、

商船、自厦門販貨往来内洋及南北通商者、有横洋船、販艚船。横洋船者、由厦門対渡臺湾鹿耳門、渉黒水洋。黒水南北流甚険、船則東西横渡、故謂之横洋、船身樑頭二丈以上。往来貿易、配運臺穀以充内地兵糈、臺防同知稽査運配厦門、厦防同知稽査収倉転運。横洋船亦有自臺湾載糖至天津貿易者、其船較大、謂之糖船、統謂之透北船。以其違例、加倍配穀。販艚船、又分南艚、北艚、南艚者、販貨至漳州、南澳、広東各処貿易之船、北艚者、至温州、寧波、上海、天津、登莱、錦州貿易之船。船身略小、樑頭一丈八、九尺至二丈餘不等、不配臺穀、統謂之販艚船。

とあり、厦門を基点に活動していた帆船の種類を記録している。その帆船には横洋船、糖船または透北船そして南艚、北艚などと呼称されたものがあった。

横洋船は、厦門から台湾海峡を横断した台湾との間を往来航行する船舶であった。台湾海峡を東西に横断することから横洋船と呼ばれて、船舶の船首部分が長さ二丈以上約三・六m以上のものを呼んだようである。

糖船や透北船と呼称された帆船は、横洋船より大型のもので台湾から東シナ海を北上し黄海、渤海を経て天津へ砂糖を積載したように中国沿海を台湾海峡から渤海海域まで航行していた。

南艚は、厦門から中国大陸沿海を南下し、漳州や福建省と広東省の省境の海域にある南澳島や広東省沿海各地の港に物資を輸送する船舶として知られていた。

北艚は、南艚とは逆に北の海域を北上し、浙江省の温州や寧波、江蘇省の上海そして渤海海域の天津、山東半島北部の登莱さらには東北の錦州などへも進出していたのである。

これらの船舶は航行海域や積載貨物名から呼称されたものであるが、基本的には尖底型の海船であった。(6)

二　台湾海峡を通過した人々と環境

（1）「偸渡過臺」に見る航運

中国大陸から台湾への渡航が禁止されていたなかで、法を犯して台湾へ渡航する人々は多くいた。

雍正四年（一七二六）九月初二日付の浙閩總督高其倬の奏摺によれば、

如偸渡一節、大為臺湾隠憂、而短擺之船、及自備哨船二種、実為偸渡之津梁。(7)

とあり、台湾へ中国民衆が渡海するには二種の方法があった。それは「短擺」と呼称された大型船に乗るか、または哨船に搭乗するかの方法であった。さらに次のようにある。

蓋自臺湾至厦門、自厦門至臺湾、倶必到澎湖、此実臺・厦之咽喉。凡一切往来人貨、自臺湾至澎湖、可用杉板小船、自厦門至大担門外、亦可用杉板小船、惟自澎湖至大担門外、此中間一段、洋面水寛浪大、杉板船不敢行走、必用大船方能渡過。向有泉・漳一帯、姦刁船戸、借称往澎湖貿易、駕駛趕曾大船、名曰短擺。既不到臺湾掛号、又不到厦門掛号、終年逗遛澎湖、往来於大担門外。有厦門不法店家客頭包攬広東、及福建無照偸渡之人、用杉板小船、載出大担門外、送上短擺大船、渡到澎湖。又用杉板小船装載、不入鹿耳門、以避巡查。径至臺湾北路之笨港、鹿仔港一帯小港、幽僻無人之処上岸、散入臺地。此種短擺、従前原任督満保倶経厳禁。(8)

台湾へ船で密航する方法として、必ず経由しなければならないのが澎湖島であった。澎湖島は台湾と厦門の「咽喉」とされ、一切の往来の人や貨物は澎湖までは小型の「杉板小船」を使った。また厦門から大担門外までも「杉板小船」を使って、澎湖島から大担門外までの大海原で波の荒い台湾海峡を横断するには、杉板船では無理で、必ず大型船でなければならなかった。このため泉州や漳州一帯の姦刁船戸は、澎湖貿易を行うと偽称して大型船を使った。この大型船が短擺と言われていた。この大型船短擺は、台湾には接岸登録せずまた厦門にも接岸登録しないで、終年を通じて澎湖島に逗遛して大担門外と台湾の間を往来する船であった。厦門には密航の手助けする違法の店家や客頭や包攬がおり広東人や福建人の密航を助け、杉板小船を用いて彼らを大担門外まで運び、そこで短擺大船に乗船させ澎湖島まで渡した。澎湖島に着くと密航者は杉板小船に乗り換え、検査の厳しい鹿耳門には入港せず、人里離れた台湾北路の笨港や鹿仔港などの小港に上陸し、台湾内部に進入したのである。

事実、上記の方法を用いた船があった。

雍正三年、船戸林合興等一十九船、乗巡撫毛文銓初到情形未諳、借称澎湖人民需船装運鹹魚・糧米、具呈請行、澎湖協副将董芳、亦称便民、為之具詳、毛文銓批司、道議詳開禁。泉州海防同知馮臨亦随詳請有方永興等一十三船、亦一体准行。不知澎湖魚・米、若到臺湾買売、原有杉板小船絡繹装運、不須大船。若云此大船往澎湖貿易、澎湖一帯皆係不毛之山、無一出産、本地既無可販、而此等船隻、終年未曾一到臺湾、一到厦門及一到漳泉二処外地。又無所販不過為偸渡之人作接手耳。況林合興等内中多有従前曾被査拏案、尚未結実非善類不但子。(9)

雍正三年（一七二五）のことであるが、福建巡撫の毛文銓が就任して間もなく当地の事情に通じていないことを利用して、林合興船等の十九船は澎湖島に塩乾魚や米穀を輸送すると偽称して渡海した。また方永興等十三隻も同様な行為を行っている。これらの船は基本的には台湾にも厦門にも漳州の地や泉州の地にも接岸するも官憲に登録せず、台湾への密航の人々の手助けをする不逞の輩であった。

その台湾への密航を「偸渡過臺」と呼称されていた。大陸側から台湾への密航者がいた一例を広東碣石総兵であった蘇明良が報告している。その事実は、雍正八年（一七三〇）九月初十日付の奏摺に見える。

有膨仔船一隻、遭風失去桅舵、臣属青山仔後江湾地方、撞岸被風浪激砕並無貨物、止有男婦一百二十九名口、（中略）訊問口供挽偸渡民人葉豁・陳愛等供称、豁等係福建、同安・詔安・龍渓各県人氏、因客頭王彩即船戸陳栄幷算命的黄千卜卦的黄喜引豁等偸渡過臺、其水脚銀二両、三両不等。約于八月十二日、在福建厦門裂嶼開船、衆人陸続乗坐小船、在于大担帽仔口白石頭湖下等処出口上船、除船船戸陳栄、水手羅従・楊三・廖禄・何賜等五名、豁等男婦総共一百二十四名口不幸于十三日、駛至澎湖口、遇風失去桅舵漂流至此、幸得登岸等情。(10)

とあるように、広東省の碣石鎮付近の沿海に男女一二九名が乗船した船が難破した。官兵が乗員を問いただしたところ、福建省の南部の同安・詔安・龍渓各県の人々であることが判明した。彼らは客頭の王彩すなわち船戸の陳栄等の手引きで台湾へ密かに渡航する人々であった。廈門の裂嶼を出港した船は、小舟に分かれて乗船する人々を大担帽仔口付近で待ち受け、澎湖口をめざして航行していたところ海難に遭遇したのであった。

同様な例は、福建水師提督の王郡の雍正十三年（一七三五）九月初六日付の奏摺にも見ることが出来る。

……偸渡之民、海辺若無窩引之人、断不能自偸出口、……以探客頭姓名住処、本年三月二十六日、果有客頭之夥伴陳基向前兜攬、因此誘出実情、方知客頭名叫江升父子四人、住漳州府海澄県港尾地方、見招多人、即欲出口、……就港尾地方四処、拿到無照客民頼考等六十三名、並客頭江升一名、船一隻。[11]

とあるように、福建省南部の漳州府海澄県港尾地方の住民が台湾へ密航移民する人々を募集していたのであった。

乾隆二十六年（一七六一）五月に廈門からの船を調べたところ、

過台民人共四十八戸、計男婦大小共二百七十七名口。[12]

とあるように、密航し台湾へ渡る人々が四十八家あり総計二七七名にのぼった。平均一家族五名から六名であり、このように一家族で渡航を企てる人々が後を絶たなかったのである。乾隆二十五年（一七六〇）二月十日付の吏部の移会によれば、

乾隆二十三年十二月起至二十四年十月止一載之中、共盤獲偸渡民人二十五案、老幼男婦九百九十九名口、内溺斃男婦三十四名口。[13]

とあるように、乾隆二十三年（一七五八）十二月から二十四年（一七五九）十月にかけての一年間に、官憲が摘発した偸渡民は一〇〇〇名近くに達していたのである。このように密かに渡航するのに台湾は適した地であった。

乾隆五十二年（一七八七）十二月初七日付の福康安の奏摺によれば、

台湾瀕海地方、除鹿耳門、塩水港、鹿仔港、淡水等処海口、其余支河汊港甚多、小船皆可偸渡。[14]

とあるように、台湾には台南の鹿耳門や現在の台南県の塩水港や彰化県の鹿仔港、新竹庁の淡水などの主要港以外に多くの河川があり、小船で密かに渡ることはさほど困難ではなかった地理的状況下にあった。

このような渡航を積極的に斡旋していたのが「客頭」と呼称された人々であった。乾隆五十六年（一七九一）の福建水師提督兼管台湾総兵奎林等の奏摺には、

客頭在沿海地方、引誘偸渡之人、包攬過臺索取船銀為首。(15)

とあり、彼らは非合法を承知の上で、「偸渡過臺」を希望する人々から渡航代金を取って渡航の手助けをしたのである。現在中国大陸から台湾や日本等に密出国する人々を幇助する「蛇頭」と呼称される人々の先駆的存在であった。

しかし、清朝官憲はこれら客頭の存在を黙視していたのでは無い。『重修台湾府志』巻二、規制、海防附考には、客頭を含め渡航者を罰している。

海洋禁止偸渡、如有客頭在沿海地方、引誘包攬、索取偸渡人銀兩、用小船載出、復上大船、将為首客頭比照大船僱与下海之人分取番貨例、発辺衛充軍、為従者減一等、杖一百、徒三年、澳甲、地保及船戸、舵工人等、知而不挙者、亦照為従例、杖一百、徒三年、均不准折贖、其偸渡之人、照私渡関津律、杖八十、逓回原籍。(16)

とあるように、客頭が沿海の住民に渡航を斡旋し渡航費を求めるようなことがあれば、杖百、徒刑三年の刑を科していたのであった。密航した人々の郷里の村長などが事情を承知し、また幇助した船戸や船員も同等の罪を科せられた。渡航をしようとしたものは杖八十の罪で本籍地送還とされたのである。

これらの法規制があったにも関わらず密航者は後を絶たなかったのである。同書に、

偸渡来臺、厦門是其総路、又有自小港偸渡上船者、如曾厝垵、白石頭、大嶝、南山辺、鎮海、岐尾、或由劉武店至金門料羅、金亀尾、安海、東石、毎乗小漁船私上大船、曾厝垵、白石頭、大嶝、南山辺、劉武店係水師提標営

汛、鎮海、岐尾係海澄営汛、料羅、東石、金亀尾係金門鎮標営汛、安海係泉州城守営汛、各汛亦有文員会同稽査。(17)

とあるように、大陸から台湾に渡航する際には厦門がその主要な門戸であったが、小舟を利用して渡るものは白石頭などの様々な港を利用した。密航者の中には漁船を利用する者もおり、海防の必要性が喚起されたのである。

偸渡して台湾においてどのような職業に従事していたのかの一例を次にあげてみたい。

なぜ多くの人々が法を犯してまでも台湾へ渡航したのであろうか。乾隆五十三年（一七八八）三月二十八日付の福康安等の奏摺に、

台湾地土膏腴種植米麦番藷一年三熟。(18)

とあるように、台湾は極めて生産性が高い土地であった。台湾へ渡航した人々は、乾隆二十五年（一七六〇）二月十日付の吏部の移会には、

以臺地開墾承佃・傭工・貿易、均係閩粤民人、不啻数十万之衆。(19)

とあるように、台湾の開墾や貿易に携わっていた。それらの人々は福建や広東から渡ってきた民衆であったが、その数は数十万を下らないと見られていた。一般的には、

在台湾居住多年、或置有田地、或開張店舗。(20)

とあるように、多くは農業従事者であった。しかし中には商業活動等に従事していた者もいた。乾隆四十六年（一七八一）頃の例であるが、福建省出身者による武装闘争した械闘事件の関係者の場合、

施五係晋江県人、在台湾鹿仔港碾米営。

陳昭一犯拠供、於［乾隆］四十六年六月、由蚶江偸渡過臺在彰化売魚生理。(21)

とあるように、福建省泉州府晋江県出身の施五は台湾の彰化県の鹿港に渡って精白米業を行っていた。また陳昭は、

泉州府下の蚶江から台湾に渡って魚の販売業を営んでいる。また船員になったものもいた。台湾の賊匪高文麟が捕らえられその供述から、

福建来津之糖船内、有水手趙栄・林光二名……該水手等拠供、我係同安県人、原名欧楊煥、林光供、我係彰化県人原名魏寵。……有天津行舗人等見該水手、到過天津十数次(22)。

とあるように、福建へ渡航した趙栄や林光は、台湾の彰化県人で福建籍の貿易船の水手として何度も台湾へ渡航していた砂糖を扱う商船の乗員であったことが知られる。

その他、具体的記録は見えないが、台湾の新開墾地の拡大(23)から当然多くは農業に従事し、これに関連する様々の職種がみられたことは明らかである。

福建省の海澄県に原籍を有する劉氏の場合、台湾に渡航後、「以耕種為生(24)」と農業に従事したように同様な例が一般的であったろう。

近年刊行された台湾関係の族譜史料にも、台湾への移住の状況が知られる。台湾の清朝の平定に功績のあった施琅の一族の場合、康熙二十二年（一六八三）年以降漸増していった(25)。福建南安の粱氏の渡航は康熙・雍正年間に移住が始まっている(26)。また同じ福建安渓の許氏の場合は康熙末から嘉慶年間までに台湾への移住は十余名に達した(27)。福建晋江の張氏は康熙末期から台湾への移住を開始し乾隆初年まで続き、さらに嘉慶・道光年間にも漸増し、同氏の一族は漁業に、商業活動に、農業などに従事している(28)。大陸から台湾への移民の態勢は、康熙末年以降において台湾への移住が漸増していたことは明らかである。

清末の光緒九年（一八八三）のことであるが、現住地で生活が困難となったため台湾へ渡って来た人々がいる。そのことは『淡水檔案』に見える。

陳寿明等男女大小共一百十八名、均係湖北黄州府黄海県人、因遭水災流落、由臺北到郡。(29)

とあり、中国沿海部では無く内陸部の湖北省の黄州府黄海県から台湾へ総勢一一八名も渡航して来たのであった。以上のように渡航の手段として帆船が利用されていたことは明らかであるが、その多くは非合法な手段で利用されていた。

（2）台湾海峡の帆船航運

それでは、台湾海峡を具体的に船で渡航した人々について見てみたい。

清代奏摺の記録に、

査先経臣部於通籌臺郡供粟撥運事宜案内、議以臺湾運送内地穀石、全藉厦門往来商船、零星搭運、重洋風信、靡定難保、無遭風漂没之事、嗣後商船已至内港、因駕駛不慎船被損擱、漂失穀石、及雖在外洋撃砕、無実在形跡、舵水有生存、牌照亦無失者、概不准其豁免、仍著落行保船戸、照市価買補外、其外洋遭風船隻、舵工水手、漂失無踪、及在外洋冲礁撃砕、有実在形跡、可験者取具切実印甘各結、先将遭風失水情形、船隻穀石数目逐案。咨部存査仍俟、毎年歳底、将応豁各船穀石彙案保、題請豁著為定例等因在案。(30)

と見られるように、台湾は米作の盛んで居住人口より余剰米が多い。そこで大陸側から特に厦門などから多くの帆船が台湾に来航して、台湾産の米穀などを大陸側に持ち帰っていたが、貨物を積載したまま漂流する例は少なくなかったのである。

そこで以下に台湾産の米穀などを積載して海難に遭遇し漂流した例から台湾海峡の帆船航運の実情を明らかにしてみた。

本司署布政使喬学尹、査得海澄県商船戸陳林発、配載鳳山県碾運督標四営、雍正十三年分兵米二百石、被風飄至広東大星外洋沈没、船戸舵水客民、遇彼処漁船、撈救得生、経帰善県査訊属実、並無別情。又海澄県商船戸李玉興配載諸羅県碾運督標四営、雍正十三年分兵米三百石、在将軍澳洋面、遭風撃砕、寸板粒米無存、淹死舵水一十二人、経漳浦海澄二県訊、係寔情、並無揑飾(31)。

とある。海澄県商船戸陳林発は、台湾の鳳山県の雍正十三年（一七三五）分の兵米二百石を積載してていたが、広東大星外洋において沈没し、乗船していた船戸や舵水や客民は、同地の漁船に救助されている。同じく海澄県の商船戸である李玉興は、台湾の諸羅県の雍正十三年分の兵米三百石を積載して将軍澳洋面に遭難し、船のみならず積荷の米も流失し乗員十二名も水死する災難に遭遇している。

これらの事例からも大陸側の福建の漳州府海澄県の船戸が台湾産の米穀を積載輸送する業務に従事していた具体例が知られるであろう。

さらに乾隆四年十一月初十日付の題本によれば、

拠晉江県商船戸李逢春稟称、切春駕駛船隻、往臺営生。于雍正十三年十月内、配載諸羅県倉米三百石、運赴福州府交卸。現撥差役王寔在船、押運到省、十壹月三十日、就臺掛験出口、在隙仔住風、至十二月十二日放洋、十八日収入澎湖全鶏汎。二十三日放大洋、二十五日夜、惨遇颶風大作、人船刻没、波浪滔天、随風飄流、至二十六日夜、収入懸鍾汎地方。人船得保、春即稟明、懸鍾文武汎験明在案。……将現存之米、搬運上岸、共計盤好米一百五十六石九斗、計打湿沈没米一百四十三石一斗、改船滲漏委難再行装運(32)。

とある。福建泉州府晋江の船戸である李逢春は、航運業によって生計を立てていた。雍正十三年十月に台湾の諸羅県の倉米三〇〇石を福州に運ぶ仕事を請負、そして福州に到り荷卸しを済ませ、さらに福州から台湾に赴き、台湾から出港した後に海難に遭遇したのであった。

拠臺湾県詳、拠同安県船戸林玉興稟称、切興駕双桅船一隻、来臺貿易、配載倉米三百石。乾隆元年九月十四日、在鹿耳門掛驗出口湾泊隙仔、二十一日夜放洋、遇風収回、衝汕撃砕、寸板無存、所配倉米一尽飄没、興同舵水林勝等十三人、扶蓬等岸活命、其餘水手林生等九人、溺水無綜、牌照随身無失(33)。

とあり、台湾県の報告では同安県の船戸である林玉興が二本マストの帆船を使って台湾との貿易を行っていたが、台湾県から倉米三〇〇石の輸送を依頼され、乾隆元年（一七三六）九月に鹿耳門を出港した。しかし海難に遭遇して積荷の倉米を失うと共に九名の水手も遭難し行方不明となったのである。

拠同安県商船戸周隆興報称、切興駕双桅船一隻、運儎鳳山県官米二百石、于乾隆二年九月十六日、在厦掛驗出口、前往福州府交卸。至閏九月初六日、駛至平海洋面寄椗、初七日夜肆更時候、颶風大発、遭風断椗、飄至忠門汛塔林澳前磯地方、衝磯船底、打破撃砕、米石被水、飄流(34)。

とある。同安県の商船戸周隆興は二本マストの帆船一隻を運航していた。彼の船は鳳山県の官米二百石を乾隆二年九月十六日に厦門から出口して福州府に赴き荷卸する目的で出帆し、閏九月初六日において平海洋面において碇を降ろしていたところ翌初七日の夜の四更頃に大風が発生し流され舵が裁断され漂流し、忠門汛塔林澳前磯地方に漂着し、船底が破損して積荷の米石も流失することになったのである。

拠福清県詳、拠龍渓県船戸葉長盛稟称、切盛駕駛船隻、赴臺営生、承装臺湾県臺米二百石、運赴福州府倉盤収、于乾隆二年十月二十三日、駛至福清峯東前湾泊、三更時候、遭狂風断椗、飄衝担嶼礁撃砕淹死、舵水三名、其餘扶蓬登岸獲生、牌照随身無失、米石被水、漂流時、有粤民陳元章等撈拾湿米晒乾、共三石。当蒙汛防追出着盛等収領其餘米石尽被飄没(35)。

とある。龍渓県の船戸葉長盛は、商船を用いて台湾との間の航運業を行っていた。そこで台湾県の米二百石を積載して福州府へ赴き納入するために出帆する予定であった。乾隆二年（一七三七）十月二十三日に福州に近い福清県の峯東前湾に停泊していたところ、三更時刻の頃に強風が発生して舵が裁断されて遭難し、船は担嶼礁において打破した。水手三名が水死し、他の乗員はかろうじて岸に登って救助されたが、積荷の米は殆どが流失したのであった。

乾隆五十三年九月内、海澄商船戸陳復源、在厦攬装彬木布疋等貨、掛験出口二十八日、将至鹿耳門、因船重水浅、停泊招外、船戸乗坐彬板小船、帯同水手、往雇小船、剝貨只泊許寧等五人、在船看守、是夜起風、該船載招外、遭風断椗。(36)

乾隆五十三年（一七八八）九月に海澄県の商船戸陳復源は厦門から彬木・布疋等の貨物を積載し二十八日に出港し台湾の鹿耳門に赴こうとしたが、積載貨物が重くその上水深も浅い上に停泊して小型船で乗り換えようとしたところ遭難したのである。

海澄県船戸金和隆船隻、在臺湾置買糖米等貨、幷配載鳳山県運補海澄県倉、乾隆伍拾伍年分兵米穀貳百肆拾石、於乾隆伍拾伍年伍月初捌日、由鹿耳門掛験出口、在招外守風、至貳拾貳日開駕、貳拾肆日駛至沈山外洋、陡遇狂風、失舵棄桅、漂至黒水溝外洋、人船覆没寸板無存、船戸金和隆、幷舵工水手共二十二人淹没無跡、牌照官穀貨物一尽沈失、僅存水手陳元甘生二人、扳扶板片紙、貳拾伍日、遇龍渓県船戸葉大順船隻、撈救得生載回厦門、報知鋪戸李順興、幷該船戸親属金和順稟報厦防庁吊訊属実取結請豁等由。(37)

とあるように、海澄県の船戸金和隆の船は台湾で砂糖や米穀を購入し、さらに台湾鳳山県の乾隆五十五年（一七九〇）分の兵米二四〇石を海澄県倉に納入するべく乾隆五十五年五月初八日に鹿耳門より出港し、風を待ち二十二日に外洋に乗り出した。二十四日に沈山外洋において狂風に遭遇し黒水溝外洋を漂流したのである。船戸の金和隆と舵工や水手等二十二名が漂没して積荷も失い、僅かに水手の陳元と甘生二人が二十五日に遭遇した龍渓県の船戸葉大順の船に救助されて厦門に戻ってきたのであった。

龍渓県船戸金永和船隻、在臺湾装載油粇食米等貨、幷配載嘉義県運補厦防庁倉、乾隆伍拾伍年分兵米穀壹百貳拾石、於乾隆伍拾陸年正月拾陸日、在鹿耳門掛験出口候風、貳拾伍日、駕至澎湖湾泊、貳拾玖夜、駛至金門北椗外洋、陡遇狂風、船隻衝礁撃砕、官穀粇米等貨一尽沈没、寸板無存、水手林通等十二人淹斃無踪、僅存船戸金永和、同舵水季慶等各扶板片、随浪飃流、至参拾日、早遇漁船救載得生、牌照随身無失、吊訊属実取結請豁等由。(38)

とある龍渓験の船戸金永和の船の場合は、台湾で油粇食米等の貨物を積載し、さらに嘉義県の乾隆五十五年分の兵米一二〇石を厦防庁倉に納入するべく乾隆五十六年正月十六日に鹿耳門を出帆し、二十五日に澎湖湾で停泊し、二十九日の夜には金門島の北椗外洋において狂風に遭遇し船貨ともに漂没したのである。乗員の水手林通等十二人は行方知れずとなり、僅かに船戸の金永和と舵水の季慶のみが船板につかまり漂流していたところ、付近で漁労活動していた漁船に三十日に救助されたのである。

海澄験船戸陳履泰船隻、在臺湾配載臺湾験代嘉義県撥運澎湖庁倉、乾隆伍拾伍年春季分兵米穀壹百貳拾石、於乾隆伍拾肆年拾貳月拾肆日、由鹿耳門掛験出口、貳拾捌日、在洋遭風至伍拾伍年正月初伍日、漂至広東田尾澳寄椗、貳月初陸日、開駕回厦、駛至甲子洋面、又遭大風、椗索刮断、水手王里等五人、落海淹斃無踪、船身随風、飃流至初捌日二更時候、到広東后門雞心外洋、撞礁撃砕、寸板無存、官穀貨物、全行沈没、船戸陳履泰、同舵水陳及等十九名、扳扶蓬板、登岸得生、牌照随身無失。(39)

とある海澄県の船戸陳履泰の船の場合は、台湾で嘉義県の乾隆五十五年春季分の兵米百二十石を澎湖庁倉に輸送するために乾隆五十四年十二月十四日に鹿耳門を出港した。ところが二十八日に海難に遭遇して乾隆五十五年正月初伍日に広東省の田尾澳に漂着し、二月初六日に厦門に戻ってきたが、また甲子洋面において大風に遭遇して船舶が破断し水手の王里等五名が流失し船も流され、初八日の二更時候に広東省の后門雞心外洋において沈没して船貨ともに漂没し、船戸の陳履泰と舵水の陳及等十九名のみが救助されたのである。

査得海澄県船戸林式好、在臺転載食米、幷配彰化県運補晉江県倉、乾隆伍拾玖年分、兵眷穀壹百貳拾石、於乾隆陸拾年玖月、在鹿港掛験出口、候風至拾月初貳日、遭風刮断椗索、漂至外洋、已拠該地差澳報明鹿港庁、詳奉転行、査覆拠該親属林欽呈報、並拠船隣陳源合、拠供委係眼見林式好船隻、在於澎湖外洋、全船覆没、並声明該処、係属外洋、並無汛防無、従取結所有失水官穀、請免賠補等由。(40)

とあり、海澄県の船戸林式好は台湾で彰化県の乾隆五十九年（一七九四）分の兵米一二〇石を対岸の晋江県へ輸送するべく乾隆六十年九月に台湾の鹿港から出港し、風を待っていたところ十月初二日に大風に遭い舵を断裁し外洋へ漂流したのであった。

又海澄県船戸金徳順、管駕黄敦、在臺湾転載粇貨、幷配鳳山県運補漳浦県倉、乾隆陸拾年分兵米穀陸拾石。又配羅源営把総劉天雲管帯班兵伍拾貳名、漳州城守営把総陳士培帯班兵伍拾捌名。(41)

とあり、海澄県船戸金徳順の管駕であった黄敦は台湾で鳳山県の乾隆六十年分の兵米六〇石を積載して漳浦県倉へ輸送するところが遭難に遭遇している。

又龍渓県船戸柯得春、於嘉慶元年正月拾捌日、由厦掛験往臺貿易、在臺配載嘉義県運補厦防庁倉、乾隆陸拾年分兵米穀壹百貳拾石、於貳月貳拾肆日、掛験出口。貳拾捌夜駛至北椗外洋、陡遇颶風、湧浪撃破、寸板無存、官穀貨物一尽沈没、淹斃水手王聘等拾伍人、只存船戸柯得春・舵工翁章・水手林緑・楊旺肆人、跳落杉板、遇漁船救、起関県牌照穀照硃単、該船戸収帯、在身無失、回厦報明、鋪戸李順興具稟、厦防庁吊訊属実、幷声明失船処所委係外洋、並無汛防無従取結呈送所失穀石、請免賠補等由、各前来本司、査各船戸失水兵米舂穀委、係在於外洋遭風撃砕、実有形跡可験(42)。

とあり、龍渓縣の船戸柯得春は、嘉慶元年（一七九六）正月十八日に厦門から台湾に貿易に赴いたところ、嘉義県の乾隆六十年分の兵米一二〇石を厦防庁倉へ輸送することになり、二月二十四日に台湾を出港したが、二十八日の夜に北椗外洋において大風に遭遇し船は打破され船のみならず積荷も全て流失し乗員の水手の王聘等十五名が水死し、船戸の柯得春・舵工翁章・水手林緑・楊旺四名のみが漁船に救助されたのである。

同安県船戸金長瑞、在臺配載嘉義県運補厦防庁倉、嘉慶捌年分兵米穀壹百捌拾石、由鹿耳門掛験出口、駛過澎湖将属東椗外大洋、突遭颶風大作、至半夜、風浪益烈、船被漂撃、翻覆官穀貨物、牌照沈失無遺(43)。

同安県の船戸金長瑞は、嘉義県の嘉慶八年（一八〇三）分の兵米一八〇石を厦門の厦防庁倉に納入すべく鹿耳門より出帆するが澎湖島の近海において大風に遭遇して難破した船貨ともに流失した。

海澄県船戸劉聚発、在臺配載嘉義県運補厦防庁倉、嘉慶玖年分兵米穀参百石、由鹿耳門出口、遭風漂至江省崇明県東北外、水灘浅擱、風浪大作、船身撃砕、官穀糖貨、被潮冲散、寸板無存、吊訊属実取結請豁(44)。

海澄県の船戸劉聚発は、嘉義県の嘉慶九年（一八〇四）分の兵米三〇〇石を積載して厦防庁倉へ輸送するべく鹿耳門より出帆したが漂流して長江口の崇明県東北外まで流され撃沈し船貨も流失したのであった。

同安県船戸陳万金、在臺湾領域嘉義県運補福州府倉、嘉慶拾叁年分督標兵米柒拾石、又配彰化県運補閩県倉、嘉慶拾叁年分兵米穀壹百肆拾石、駛至北椗洋面、遭風全船覆没、米穀均被漂失(45)。

同安県の船戸陳万金は台湾嘉義県から嘉慶十三年（一八〇八）分の兵米七〇石を福州府倉にまた彰化県の嘉慶十三年分の兵米一四〇石を閩県倉へ、合計二一〇石を積載して台湾から北上し北閩県倉洋面において大風に遭遇して遭難し積荷の全てを流失した。

同安県船戸金捷茂、在臺湾配載鳳山県運補漳浦県倉、嘉慶拾肆年分兵米穀壹百叁拾石、遭風漂至外洋、覆没官粟貨物尽行沈失、吊訊属実取結請豁。(46)

同安県の船戸金捷茂は、台湾の鳳山県の嘉慶十四年（一八〇九）分の兵米一三〇石を福建の漳浦県倉に輸送するべく出帆したところ外洋において遭難し貨物も全て流失している。

馬巷庁船戸安捷順、在臺配載鳳山県運補詔安県倉、嘉慶拾肆年分兵眷穀柒拾柒石貳斗貳升叁合伍勺、由臺回厦、駛至外洋、遭風大桅折壊、随風漂流、至安南外勢嶼洋面、船身覆没、官穀貨物、尽皆沈失。(47)

同安県に隣接する馬巷庁の船戸安捷順は台湾の鳳山県の嘉慶十四年分の兵米七七石二斗二升三合五勺を対岸の詔安県倉に輸送するべく台湾から厦門への海上輸送中に遭難して安南即ちベトナム近海まで流され船舶と積荷も全て失っている。

閩県船戸金協裕、在臺配載嘉義県運補厦防庁倉、嘉慶拾伍年分兵米穀陸拾伍石、放洋駛至澎湖洋面、突遭颶風、船隻漂至鹿耳門外汕馬鬃隙撃砕、官穀軍械、尽皆沈失、吊訊属実取結請豁。(48)

閩県の船戸金協裕は、台湾の嘉義県の嘉慶十五年分の兵米六五石を厦防庁倉に輸送するために台湾を出港したが、澎湖洋面において颶風に遭遇し台湾の鹿耳門外汕馬鬃隙に流され沈没している。

海澄県船戸陳順発、在臺湾配載臺湾県運補龍渓県倉、嘉慶拾貳年分兵米穀壹百叁拾肆石肆斗、遭風漂北、駛至復州洋面、突遭風雪、船隻冲礁撃砕、官穀船貨、倶各沈失。(49)

海澄県の船戸陳順発は台湾県の嘉慶十二年（一八〇七）分の兵米一三四石四斗を積載して台湾海峡を渡航し龍渓県倉に納入する予定であったが、復州洋面において風雪に遭遇して船貨ともに喪失したのであった。

表1　雍正—嘉慶時期の台湾海峡における遭難帆船事例

西暦	中国暦	船籍・船戸名	航行地		積荷	漂着地
1735	雍正13	晋江・李逢春	台湾	福州	兵米300石	澎湖島
1736	乾隆01	同安・林玉興	鹿耳門		倉米300石	
1737	乾隆02	同安・周隆興	厦門	福州	鳳山官米200石	
1737	乾隆02	龍渓・葉長盛	台湾	福州	米穀200石	
1788	乾隆53	海澄・陳復源	厦門	鹿耳門	彬木・布疋	
1789	乾隆54	海澄・陳履泰	鹿耳門	澎湖	兵米120石	広東田尾澳
1790	乾隆55	海澄・金和隆	鹿耳門	海澄	砂糖・兵米240石	沈山外洋
1791	乾隆56	龍渓・金永和	鹿耳門	厦門	兵米120石	金門近海
1795	乾隆60	海澄・林式好	鹿港	晋江	兵米120石	
1795	乾隆60	海澄・金徳順	台湾	漳浦	兵米60石	
1796	嘉慶01	龍渓・柯得春	台湾	厦門	兵米120石	北椗外洋
1803	嘉慶08	同安・金長瑞	鹿耳門	厦門	兵米180石	澎湖外洋
1804	嘉慶09	海澄・劉聚発	鹿耳門	厦門	兵米110石	崇明島
1807	嘉慶12	海澄・陳順発	台湾	龍渓	兵米134.4石	復州洋面
1808	嘉慶13	同安・陳万金	台湾	漳浦	兵米70石	北椗外洋
1809	嘉慶14	同安・金捷茂	台湾	漳浦	兵米130石	
1809	嘉慶14	馬巷庁・安捷順	台湾	厦門	兵米77石	安南
1810	嘉慶15	閩県・金協裕	台湾	厦門	兵米65石	鹿耳門外洋
1810	嘉慶15	海澄・洪振成	台湾	厦門	兵米110石	
1810	嘉慶15	同安・金集祥	台湾	厦門	兵米110石	澎湖洋面

海澄県船戸洪振成、在臺湾配載嘉義県運補厦防庁倉、嘉慶拾伍年分兵米穀壹百壹拾石、駛至東椗外洋、遭風刮断椗索、漂至小鎮海外洋、冲礁撃砕、寸板無存、官穀貨物、一尽漂没[50]。

海澄県船戸の洪振成は嘉義県の嘉慶十五年（一八一〇）分の兵米一一〇石を厦防庁倉に納めるべく輸送していたが澎湖島近海の東椗外洋において海難に遭遇して沈没した。

同安県船戸金集祥、在臺湾配載嘉義県運補厦防庁倉、嘉慶拾伍年分兵米穀壹百壹拾石、掛験出口、在洋遭風、収泊招外、開駕駛至澎湖洋面、突遭風雨船隻、漂至馬鬃隙外洋撃砕、貨物官穀、全行漂没[51]。

同安県船戸の金集祥は、嘉慶十五年分の兵米一一〇石を積載して厦防庁倉に納入するべく台湾を出帆するが澎湖島の海域で遭難し船貨ともに流失したのであった。

以上の台湾海峡における海難事例を整理した表1からも明らかなように、殆どが兵米輸送に従事した帆船の海難記録ではあるが、この表から台湾海峡の航運事業に従事していた海運業者の傾向をみることが出来るであろう。

以上の二十例からも、海上輸送に従事していた船舶の所有者である船戸の船籍を見る限り、海澄が八隻、同安が六隻、龍渓が三隻、晋江が一隻、閩県が一隻、馬巷庁が一隻の二十隻となる。そこでこれら各県の海上航運の事情を探ってみたい。

乾隆『海澄県志』巻十五、風土志によれば、

邑浜海一隅、自成風俗志云、依山務農、業海浜事舟楫、衣冠文物頗盛。又曰商人勤貿遷、販外洋。(52)

と記されるように、閩南の沿海に位置する海澄県では多くの人々が船舶を利用して活動していた。

民国『同安県志』巻十九、交通の冒頭に、

同邑依山面海、輪船往来、最為便利。(53)

とあるように、同安県も閩南の地にあって船舶による交通が必要不可欠であった。

乾隆『龍渓県志』巻二十一、雑記に、

漳傍海、地多瘠鹵、仰給粤潮商粟以常。(54)

と言われるように、龍渓県の地も閩南の浜海の地であり土壌も塩化していて耕作に適さず、食料供給の多くは広東省の潮州に仰いでいると言われたように、常に海上航運が必要不可欠の地であった。

馬巷庁は清代において泉州府に属していた。乾隆『馬巷庁志』巻五、船政によれば、

府海官山、昔伝内政三里、沿海要区、戸以漁塩為業、帆檣出没、透漏営私。(55)

とあり、沿海に浜する地としては海上との航運関係は重要な要件であった。

さらに同書に、

其大商船樑頭一丈以上者、領給関牌、照前往奉天・天津・浙江・広東・臺湾等処貿易各赴関徴税、編馬巷庁新字号。(56)

と記されるように、馬巷庁の船首の長さが一丈以上の船舶は、北は渤海沿海から天津、そして浙江沿海から広東沿海や台湾までを航行の活動領域としていたのであった。

道光『晋江県志』巻二十四、権政志によると、

泉自臺湾既入版図、海船遠通、而晉江南外、始設関税。(57)

とあるように、泉州は台湾が清朝の支配になったことから積極的な海上航運が展開した。

同書巻二十七、蕃市志には、

晋江轄地、雖浜海不立蕃市、蓋夷船不到之区也。……其船上可通蘇浙、下可抵粤東、即臺湾運儎亦用此船、未嘗更造夷船所售貨物、臺湾惟米豆油糖運到蚶江出入、稽査係海防庁管理、蘇浙粵東所儎糖物棉花等貨往来、皆由南門外海関。(58)

とあり、晋江は閩南の泉州府の沿海部に属し、船舶の航行に最適の地であり、台湾との航運関係が極めて密接であった。

以上のように閩北の福州府に属する閩県を除き、海澄、同安、龍渓、晋江、馬巷庁の全てが閩南の沿海部であり古くから海上航運の盛んな地であった。それにこれらの閩南の地は、澎湖島を経由して台湾南部の台湾府の鹿耳門や中部の鹿港などとの航運関係が極めて深い地であったのである。

帆船による台湾海峡の航海の具体的事例として一八九五年から一八九七年にかけて、主に福建の泉州と台湾の鹿港

表2　1895―1897鹿港郊商許氏所有船金豊順船航運(60)

西暦	干支	月	日	福建		台湾
1895年	乙未	7	29	泉州	→	
		8	06			鹿港
			08	泉州	←	
		10	18	泉州	←	
		11	03	泉州	←	
			17	泉州	→	
		12	01	泉州	←	
1896年	丙申	01	15	泉州	←	
		03	04	泉州	←	
			11	泉州	→	
		05	11	泉州	←	
		06	20		←	鹿港
		07	19	泉州	→	
			28		→	鹿港
		09	03	梅林	←	
		11	14		←	鹿港
			28	泉州	←	
1897年	丁酉	04	16	泉州	→	
		06	10		←	鹿港
		07	19	泉州	→	
		11	17		→	鹿港

月日は旧暦である。矢印は下記を意味する。
泉州→：泉州出航　泉州←：泉州到着
鹿港→：鹿港出航　鹿港←：鹿港到着

の間を航海した鹿港郊商であった許氏の所有帆船である金豊順船の場合が知られるので、その運航実例を次に表示してみたい(59)。

表2の鹿港郊商の許氏が所有する金豊順船は、大陸側の福建省の泉州と台湾側の中部の港である鹿港とのあいだを規則的に運航していたことがわかる。この時の台湾は、日本による植民地支配が開始された直後である。その乙未年即ち一八九五年の七月二十九日から丙申年一八九六年の七月二十八日までの間に十一航海をしていたことがわかる。

この時期の台湾海峡の帆船航運について台湾において刊行されていた『臺湾新報』の第二一七号、明治三十年（光緒二十三、一八九七）六月一日付の「台湾・厦門・泉州ヂョンク（ジャンク）貿易」に次の記事が見られる。なお本文中はヂョンクとあるがジャンクのことであるのでジャンクと改めた。

台湾と福建沿岸に於けるジャンク貿易は、台湾の彼帝国版図に帰したる以前に比較するときは、台湾より輸出する貨物は今日に於て十分の七を減し、又た福建より輸出するものは大約一半を減じたりと云ふ。斯は厦門にある泉郊と称して専ら台南地方と取引をなす商人の意見なれば決して素人の妄評にあらず。厦門にはジャンクにて台湾と貿易をなす商人は独り泉郊あるのみ、されども台中・台北沿岸の貿易は泉州府にありて専ら泉州沿岸より交通し、廈門とは殆ど直接の関係あるなし。さに廈門と台南並に其附近との貿易盛衰比較を記す。

台湾譲与以前

ジャンク四十四艘、毎隻一ヶ年多ものは十二回。少きものは八九回廈門より往復せり。

豆粕の廈門に輸入せらるるもの一ヶ年約一百万個左右ありたり。

廈門に於ける台湾米相場一包につき二円臺。

豆粕一千個九十円臺。

蔴毎担三円左右。

苧毎担上十四五円、下十二円。

様子毎担上四円臺、下三円臺。

台湾譲与以後

ジャンク二十二、三艘毎夏一ヶ年多きものは六回、少なきものは四回、廈門より往復す。

豆粕の廈門に輸入せらるるもの去年は五十万個左右、本年は三十餘万個の見込。

廈門に於ける台湾米相場一包につき四円臺。

豆粕一千個百五、六十円。

蔴毎担四円臺。

苧毎担上二十円左右、下十七円。

様子毎担上七円臺、下五円臺。

大略前記の如し。又新たに廈門より台湾へ輸出する貨物は鶏、小猪、鴨卵、米、紅柑、麦酒、巻烟草等なり。近来に至り台湾より厦門に輸入を減じたるものは各種の農産物就中米、豆粕、連蕉、橙子、西螺、柑等なり。又台湾の北部と泉州間との貿易は泉州府六途郊中の梧棲郊と淡水郊との組合商業団体によりてなさるるものとす。即ち左の如し、梧棲郊より泉州へ出すもの米、豆粕、蔴、苧、落花生、落花生油、蕃薯籤。

淡水より泉州へ出すもの青靛、羌黄、樟脳等。

泉州より梧棲に入るもの鞋、羅布、磁器、徳化碗、阿片、石油、麺粉、烟絲、以上四品は厦門より泉州へ回漕そうるものなり。

泉州より淡水に入るもの羅布、鞋、紙料、鉄器、麺。

以上の貨物に於ても輸出には七分を減じ、輸入には一半を減じたるの情形あり。其の原因を調査するときは全く戦後土匪の出没甚しきと沿海の不穏なるとに帰するものなり。決して汽船貿易の為めに圧倒せられたるにあらず。故に台湾鎮定し商民の去就決したるの後は、必ず旧に復するの日に至るべし。ジャンクの運賃不定にして軽少なると泉州沿岸に於ける貨物輸出入の費用を省くこととは之を厦門の如き開港場よりすると大に利益の点あれば、臺清間のジャンク貿易は将来愈よ盛大に赴くとも減少することなかるべし。畢竟今日ジャンク貿易の挫衰せるは一時の恐慌に帰因するものなれば、之れを以て決して前途を卜するべからざるなりと因に記す。泉州にも厦門に於けるが如く商業組団体六途郊ありて、前陳の梧棲郊・淡水郊の外に尚ほ四郊あり。左の如し。

寧波郊
寧波より泉州に入るもの綢緞、綿花、薬材、油、紹興酒、北布。
泉州より寧波に出るもの糖、磁器、鞋、灯柄、刀、斧鑿仔。

福州郊

福州より泉州に入るもの柑、杉木、柴火、烟草、紙、米、笋、阿片。

泉州より福州に出るもの糖、磁器、通草、神柚、茶餅。

疋頭郊（一名厦郊）

厦門より泉州に入るもの米、阿片、綢緞、布疋、麵粉、石油、薬材、豆餅、乾味、海味、麦、自来火、籐。

泉州より厦門に出るもの龍眼、落花生、錫箔、紙、粉漿、盧日魚、楠木板、砂糖漬。

徳化郊（一名紙郊）

徳化より泉州に入るもの紙料、碗、笋。

泉州より徳化に入るもの米、乾味、海味、布疋。

泉州六途郊に就ては他日尚は時得て精細に記述する事あるべし。以上は僅かに概略を挙ぐるのみなり。


とある。台湾が日本の植民地になる以前において、台湾と大陸沿海の航運に関して、特に厦門と台南との航運に関しては帆船が四十四艘あり、各隻が一年に多いものは十二航海、少ないものでも八、九航海を行っていた。ところが台湾が日本の植民地になると、帆船は二十二、二十三隻に減少し、各船の航海が毎夏に多いものでも六航海、少ないものは四回と減少していたのである。

先に触れた鹿港郊商の許氏が所有する金豊順船は一年間に十一航海を行っていたことが知られるように、この『臺灣新報』第二一七号の記事に、台湾が日本の植民地になる以前において台湾海峡の帆船航運は一年に十二航海であったとする記述とほぼ一致するであろう。しかし、台湾が日本によって統治されると帆船による航海数は減少したことが知られる。

また『臺湾日日新報』第一九号、明治三十一年（光緒二十四、一八九八）五月九日、「商務鼎盛」に、

台湾高雄港岸壁における豆粕輸送　日本統治時期の絵葉書

臺北淡水口与清国対岸通航貿易、其汽船可通者、僅有厦門・香港両所有定期輪船来往。餘如福州・三沙・石峒・泉州・古浮・祥芝・蚶江以及浙江之寧波・鎮海・温州・台州、北直之天津・牛庄・営口・錦州等処商埠。其運通貨物皆用篷船。故近来臺北商業頗有蒸々日上之勢、拠船商言刻下篷船来往者共有一千餘艇、北清政府時其数維倍考其源因、則由臺地物品□昂、商人運輸大獲厚利。故日益繁盛、邇聞該船商欲設船頭行組合、以資商務拡張、現已商議定妥想不日即応挙行云。

とある。一八九八年当時、台湾の淡水と大陸側の清国との間の汽船による定期航路は厦門と香港との間にしかなかった。汽船で台湾から大陸側に渡るには淡水から厦門へ赴き、厦門から香港や各地へと行くのが一般的であったのである。しかし旧来の帆船に搭乗すればその航路は、北は東北の遼寧沿海の牛荘、営口、錦州、そして天津、浙江の寧波、温州、台州などにも通じており、特に福建との間にはさらに多くの港とりわけ福州、泉州などとの間にも航運が行われていたのである。それら台湾海峡における帆船航運に従事する帆船の隻数は千隻以上と見られていたのである。

日本の台湾統治が開始された直後でも帆船航運は多く利用されていた。特に物資の輸送に関しては帆船の利用は欠かせなかった。『臺湾新報』第四八三号、明治三十一年（光緒二十四、一八九八）四月二十二日、「鹿港出米」によれば、

鹿港米運、輸出清国泉州者、舳艫相接、而得利頗厚。遂争相恐後従事運輸、米価為之翔貴。近鹿港泉州郊、自会議条約、毎日只得運輸一船、以示限制云。

とあるように、台湾中部の鹿港から大陸側の泉州に向けて台湾産の米穀を輸送する船舶が多く、入港制限をする事態に至っている。

また『臺灣日日新報』第二二号、明治三十一年（光緒二十四、一八九八）五月三十一日、「遠商載徳」によれば、

清国対岸船隻、其与我台湾貿易者、往来如織、毎月支那船入港、約以百計、但近来福建・広東等処海寇、充斥盗賊、洋面劫掠、商旅咸切戒心、而清国官場、各事廃弛。

とあるように、清国の沿海部から毎月百余隻の中国船が台湾に貿易に来航していたことが知られる。

（3）　台湾海峡の渡航理由

上記のように清代の台湾海峡において極めて濃厚な帆船航運が見られたのであるが、その帆船航運は単に台湾の物資を大陸側に、大陸側の物資を台湾にと物流にのみ利用されていたのではない。先に触れたように人的移動にも船舶が利用されていたのである。しかし人的移動を詳細に物語る清代の記録は多くない。そこで日本が台湾を植民地化した十九世紀末期から二十世紀初期の日本の領事報告を利用して、台湾海峡を渡航した人々の状況を述べてみたい。

二十世紀初頭の記録ではあるが、厦門から台湾への出稼ぎ移民に関して日本の領事報告を掲載した『通商彙纂』明

治三十七年（光緒三十、一九〇四）第六四号に次の報告が見られる。明治三十七年十月十一日付で記述された在厦門帝国領事館報告である「厦門及汕頭ニ於ケル支那移民事情」によれば、

本港（厦門）ヨリ台湾へ出稼スル労働者ハ重ニ泉州、漳州両府ノ人民ニシテ、（中略）一ヶ年本港ヨリ単ニ汽船便ニ搭シテ渡台セシモノ大約少ナキハ八九千人、多キハ一万二千人ノ間ニシテ、此外支那形「ジャンク」船ニテ該島沿岸各処ニ渡航セシ者多数ナリキ。(61)

とあるように、台湾へ渡航した大陸側の福建の人々の多くは泉州府、漳州府治下の人々であった。汽船に乗船して台湾に渡航する人々は、厦門から一年に八、〇〇〇から一二、〇〇〇人と見積もられていた。しかしいわゆるジャンク即ち帆船に乗船して台湾に渡った人々も決して少なくはなかった。

また「在厦門帝国領事館管轄区域内事情(62)」も次に同様な内容を記している。

台湾出稼移民　厦門ヨリ台湾ニ出稼スル労働者ハ主ニ泉州及漳州人ニシテ、領臺以前ニ於テハ有名ナル巡撫劉銘伝カ一意台湾ノ経営ニ尽シ、諸般ノ事業起ルニ従ヒ、福建南部ノ労働者ヲ誘致スルノ必要ニ駆ラレ、汽船便ニテ渡臺セシモノ一ヶ年約八、九千乃至一万二千ニ上レリ。此他支那「ジャンク」船ニテ台湾各地ニ渡航セシモノ亦尠ナカラサリキ。然ルニ我領臺後支那労働者ノ上陸ニ制限ヲ加へ、爾来幾分カ其数ヲ減少シタリ。

とあり、一八八七年（光緒十三、明治二十）に清朝は福建省の一部であった台湾を独立の省として台湾省を設け、劉銘傳を最初の巡撫に派遣した。彼は積極的に台湾の開発を行うが、島民の反発をかった。その後一八九五年（光緒二十一、明治二十八）の下関条約によって、台湾が清朝から日本に割譲され、一九四五年まで台湾は日本統治の時代にあった。この「在厦門帝国領事館管轄区域内事情」が記された時は、既に台湾は日本に統治されていた。

日本の台湾統治以前に、厦門から台湾に向けて泉州、漳州出身者が多く渡航し移住した。そして日本の台湾支配が

表3　1884～1905年厦門台湾間往来中国人数(63)

西暦・中国暦・日本暦	厦門→台湾	指数	台湾→厦門	指数
1884年（光緒10、明治17）	6,112人	100.0	7,465人	100.0
1885年（光緒11、明治18）	5,960人	95.7	4,467人	59.8
1886年（光緒12、明治19）	8,857人	144.9	10,797人	144.6
1887年（光緒13、明治20）	9,658人	158.0	8,323人	111.5
1888年（光緒14、明治21）	6,464人	105.8	8,085人	108.3
1889年（光緒15、明治22）	8,570人	140.2	6,965人	93.3
1890年（光緒16、明治23）	9,893人	161.9	9,169人	122.8
1891年（光緒17、明治24）	12,806人	209.5	9,371人	125.5
1892年（光緒18、明治25）	9,034人	147.8	8,862人	118.7
1893年（光緒19、明治26）	18,841人	308.3	18,065人	242.0
1894年（光緒20、明治27）	16,998人	278.1	13,134人	175.9
1895年（光緒21、明治28）	17,474人	285.9	26,183人	350.7
1896年（光緒22、明治29）	7,653人	125.2	7,177人	96.1
1897年（光緒23、明治30）	9,114人	149.1	10,068人	134.9
1898年（光緒24、明治31）	6,750人	110.4	6,858人	91.9
1899年（光緒25、明治32）	9,066人	148.3	11,619人	155.6
1900年（光緒26、明治33）	7,597人	124.3	10,292人	137.9
1901年（光緒27、明治34）	6,898人	112.9	9,027人	120.9
1902年（光緒28、明治35）	6,391人	104.6	7,559人	101.3
1903年（光緒29、明治36）	5,797人	94.8	6,740人	90.3
1905年（光緒31、明治38）	4,897人	80.1	5,577人	74.7

始まるとその渡航に制限が加えられた。

次に『通商彙纂』明治三十七年（光緒三十、一九〇四）第六四号に掲載された「厦門及汕頭ニ於ケル支那移民事情」に見える厦門から汽船に搭乗して台湾へ渡航往来した人数を、「在厦門帝国領事館管轄区域内事情」の数字を合わせ表示してみた。

この表からも明らかなように日本が台湾統治以降、厦門から台湾への渡航人数は減少している。日本の台湾統治開始直後から九年後には三〇％前後の減少が見られる。

『通商彙纂』明治三十七年（光緒三十、一九〇四）第六四号に掲載された明治三十七年十月十一日付の在厦門帝国領事館報告の「厦門及汕頭ニ於ケル支那移民事情」によれば、

明治二十六年（光緒十九、一八九三）ニ台湾厦門ニ往来セシ支那人ノ員数三万六千人ノ多キニ至リシ原因ハ、同年福建南部

表4　1915年厦門より台湾渡航者地域別表(65)

	泉州府	興化府	漳州府	其他（江西・安徽・広東各省）	計
男	3,445	696	445	58	4,644
女	220	24	12	—	256
合計	3,665	720	457	58	4,900
比率	74.8%	14.7%	9.3%	1.2%	100%

> 地方ニ於ケル米穀ノ不作ナリシト、同時ニ漳州、泉州沿岸ニ於ケル大風雨ノ為メ農民ノ被害非常ニシテ、其家郷ニ在テ糊口ノ道ナク、一時謀生ノ事業ヲ臺地ニ求ムルニ至リシト、又一面ニ於テハ、同年彼ノ泉州府南安県ノ鳳山寺ノ仏祭（此鳳山寺ノ仏祭ハ三年ニ一回ノ大会ニシテ、殊ニ南洋各地ニ出稼スル土人ハ必ス帰国シテ該寺ヲ拝シ、資産アルモノハ一人ニテ数千金ノ寄附ヲナス者アリト云フ）ニ相当セシヲ以テ、台湾各地ノ土人之レカ参詣ノ為メ渡来セシモノ多キガ為メナリシ。又明治二十八年（光緒二十一、一八九五）ニ於テ臺地ヨリノ航客二万六千以上ノ多数ナリシハ、当時我帝国ノ軍隊ガ該島ニ上陸ノ為メ土人ノ多クハ、一時難ヲ大陸ニ避タルカ為メナリシ(64)。

とある。この報告からも明らかなように、日本の台湾統治が開始される以前の台湾と福建との関係は民衆が恒常的に容易に往来していたことが知られ、それが出稼ぎであっても宗教行事があれば、進んで帰郷すると言う比較的容易な往来が行われていた。しかし、日本が台湾の統治を開始して様々な制限が加えられることになる。

「在厦門帝国領事館管轄区域内事情」には大正四年（一九一五）の厦門から台湾に渡航した中国人の地域別が記されそれを表示すると上の表になる。

この表4から台湾渡航者の出身地は福建のなかでも泉州府治下の民衆が大多数を占めていたことが知られ、先に触れた客桟の地域別帮の存在の比率とも同様な傾向が見られる。

さらに、大正七年（一九一八）、大正八年（一九一九）の二箇年の月別の厦門から台湾への渡航者数を記録している。ただし大正八年分は全年の渡航者数が不明であるため、大正七年の数から、

表5　1916～1918年厦門港より台湾渡航中国人職業別表(67)

	1916年		1917年		1918年	
農作工	—		334	8.2%	1,326	25.1%
製茶工	1,210	28.0%	1,004	24.7%	920	17.4%
雑役	1,082	25.0%	795	19.5%	827	15.6%
人力車夫	823	19.0%	505	12.4%	479	9.0%
大工	354	8.2%	285	7.0%	344	6.5%
編物工	311	7.2%	290	7.1%	269	5.1%
漁業及採藻	—		153		235	
洋和服裁縫工	189		171		197	
織物工	—		130	174		
料理人	162		150		156	
理髪人	197		143		143	
金銀細工	—		—		123	
菓子製造人	—		107		100	
計	4,328	100.0%	4,067	100.0%	5,293	100.0%

月別傾向を見てみたい。大正七年の四月は、一、一四〇人、五月が五三〇人、全年四、一一〇人で四月と五月の二箇月で全渡航者の四〇・一%にのぼる。「在厦門帝国領事館管轄区域内事情」もこの二箇月に集中している理由として、

渡臺者ノ最多キハ四、五月ノ製茶時期ナリ(66)。

とあり、四、五月の二箇月には福建省から台湾へ製茶のための季節労働者として出稼ぎが多かった事が知られる。

大正五年（一九一六）より大正七年（一九一八）までの三箇年の厦門から台湾に渡った中国人の職業別数字をあげてみる。

この表からも明らかなように、中国大陸から台湾への渡航労働者の多くは、農作工と製茶工のみに限定しても農業関係の労働者が年に三〇%～四〇%の割合を占め、出稼ぎ労働者の主要な比重を占めていた状況が知られる。

上海の新聞『中外日報』第二四三八、一九〇五年五月二十六日の「実業彙録」の厦門の欄に「招工赴台做茶」に記事がある。

台湾雖産茶、而做茶之人、皆漳・泉等処郷人居住多、毎歳二三月往台、八九月回厦、藉茶謀終歳衣食者、約二三千人、現在茶市已開、亟需茶工、祇以外間伝言、有俄艦将攻台湾之設、

於是人心皇皇、不敢渡台。

とあり、台湾の茶生産に対岸の福建の漳州や泉州の人々が多く渡台していた。彼等は毎年の二月、三月頃に台湾に渡り、八月、九月に厦門に戻る一種の出稼ぎが行われ、かれらは作茶作業によって得た賃金により一年の生活費を賄うとして、一年に二千～三千人の人々が台湾に渡っていた。しかし、一九〇五年当時、日露戦争の影響でロシア艦隊が日本統治の台湾を攻撃するという流言があったため福建からの作茶のための出稼ぎが中断していることを報道しているのである。

この記事からも明らかなように、福建から渡台する人々は厦門に近い漳州や泉州の人々であり、その多くが台湾において作茶作業に従事していたことが知られる。

おわりに

福建省は山が多く、しかも海が陸地に逼り耕作地が少ないため居住人口の多くが海洋に出て、外国との貿易などで家族や親族を養っていた。さらには海外に居住し定住する者も多く、特に漳州や泉州の人々がインドネシアのジャカルタやフィリッピンのマニラなど多く居住していたが、最も近い移住先が台湾であった。台湾へ渡航した人々の中には貿易船の乗員となり、福建籍の貿易船の水手として台湾から大陸沿海各地と砂糖等を扱う商船に乗り組んでいた人々もいたのである。

その他には台湾において新開墾地の拡大に尽力した人々も多くいた。彼等は当然多くの場合は農業に従事し、これに関連する様々の職種において就労していた。福建省の海澄県に原籍を有する劉氏の場合、台湾に渡航後、「以耕種為生」と農業に従事したことは台湾関係の族譜史料にも見られる。清朝による台湾の平定に功績のあった施琅の一族の場合は康熙二十二年（一六八三）年以降において台湾への移住が漸増し、福建南安の梁氏の場合は康熙・雍正年間に、同じく福建安渓の許氏の場合は康熙末から嘉慶年間に台湾への移住者は百余名に達し、福建晋江の張氏は、康熙末期から台湾への移住を開始し乾隆初年まで続き、さらに嘉慶・道光年間にも漸増し、同氏の一族は漁業に、商業活動に、農業などに従事していたことが同様に家譜史料に見出すことができる。大陸から台湾への移民の趨勢は康熙末年以降において台湾への移住が漸増していたことは明らかである。

これらの人々は台湾において家族を持ち子孫を育んだ。資本をもって貿易する者、農業に従事するなどその居住形態は多様であった。

上述した台湾海峡を航行する船舶に搭乗して台湾海峡を渡った人々は、台湾の地で新しい社会を形成した。台湾は未開の土地が広く豊かであり、これら移住した華人にとっての新天地となり、その新天地を目指して清代帆船に搭乗して波濤を越えたのである。

しかし十九世紀末に台湾が日本の植民地になるとその事情は大きく変化した。これまでのように台湾海峡を比較的自由に往来することは困難になった。その間の事情は、日本の領事報告が物語っている。

註

（1）『雍正朝漢文朱批奏摺彙編』第四冊、江蘇古籍出版社、一九八九年、五六一頁。

（2）『雍正朝漢文朱批奏摺彙編』第四冊、五六一頁。

（3）吉尾寛「一七世紀から一九世紀の台湾の地方史料にみる海流と〝黒潮〟の呼称」『海洋と生物』第一六一号、二〇〇五年、六一八〜六二六頁。

（4）吉尾寛「一七世紀から一九世紀の台湾の地方史料にみる海流と〝黒潮〟の呼称」六二一〜六二三頁。

（5）吉尾寛「一七世紀から一九世紀の台湾の地方史料にみる海流と〝黒潮〟の呼称」六二〇〜六二一頁。

（6）松浦章『清代帆船沿海航運史の研究』関西大学出版部、二〇一〇年一月。

（7）『宮中檔雍正朝奏摺』第六輯、国立故宮博物院、一九七八年四月、五二四頁。

（8）『宮中檔雍正朝奏摺』第六輯、国立故宮博物院、一九七八年四月、五二四〜五二五頁。

（9）『宮中檔雍正朝奏摺』第六輯、国立故宮博物院、一九七八年四月、五二五頁。

（10）『宮中檔雍正朝奏摺』第一六輯、台湾故宮博物院、一九七九年、九〇三頁。

（11）『史料旬刊』第一七期、天六一五、台北・国風出版社影印、一九六三年三二八頁。

（12）『明清史料』戊編、国立中央研究院歴史語言研究所、一九五三年、第二本、一〇九丁裏。

（13）同書、一〇八丁裏。

（14）『宮中檔乾隆朝奏摺』第六六輯、台湾故宮博物院、一九八七年、五九二頁。

（15）『明清史料』戊編、第二本、一五三丁裏。

（16）『中国方志叢書　台湾地区』第四号、台北・成文出版社、一九八三年、二六三頁。

（17）『中国方志叢書　台湾地区』第四号、台北・成文出版社、一九八三年、二三七〜二三八頁。

（18）『宮中檔乾隆朝奏摺』第六七輯、台湾故宮博物院、一九八七年、六六一頁。

（19）『明清史料』戊編、第二本、一〇七丁裏。

（20）『宮中檔乾隆朝奏摺』第六七輯、台湾故宮博物院、一九八七年、六六三頁。

（21）『宮中檔乾隆朝奏摺』第五六輯、台湾故宮博物院、一九八七年、六七二〜六七三頁。

（22）『宮中檔乾隆朝奏摺』第六五輯、台湾故宮博物院、一九八七年、一二〇頁。

（23）葉振輝『臺灣開發史』台北・臺原出版社、一九九五年、五〇〜五五頁。

(24)『臺南県永康郷大湾劉氏宗譜初稿』臺南・宏大出版社、一九八九年、一～三頁。
(25)『尋海施氏大宗族譜』第一冊、臺湾・龍文出版社、一九九三年、「解題」一～二頁。
(26)『詩山鳳坡梁氏宗族譜』第一冊、龍山出版社、一九九三年、「解題」一～二頁。
(27)『清渓虞都許氏家族譜』第一冊、龍山出版社、一九九三年、「解題」一～二頁。
(28)『龍嶼張氏族譜』第一冊、龍山出版社、一九九三年、「解題」一～二頁。
(29)『淡水檔案　第一編行政』四、臺湾大学、一九九五年、三一五～三一六頁。
(30)台北・中央研究院歴史語言研究所蔵明清史料「嘉慶拾柒年伍月貳拾玖日太保文淵閣大学士領侍衛内大臣慶桂等題本」
(31)中央研究院歴史語言研究所蔵明清史料「乾隆肆年拾壹月初十日掲帖」
(32)中央研究院歴史語言研究所蔵明清史料「乾隆肆年拾壹月初十日掲帖」
(33)中央研究院歴史語言研究所蔵明清史料「乾隆肆年拾壹月初十日掲帖」
(34)中央研究院歴史語言研究所蔵明清史料「乾隆肆年拾壹月初十日掲帖」
(35)中央研究院歴史語言研究所蔵明清史料「乾隆肆年拾壹月初十日掲帖」
(36)中央研究院歴史語言研究所蔵明清史料「乾隆五十三年十一月二十日奏摺」
(37)中央研究院歴史語言研究所蔵明清史料「乾隆伍拾柒年肆月初三日工部尚書金簡等題本」
(38)中央研究院歴史語言研究所蔵明清史料「乾隆伍拾柒年肆月初三日工部尚書金簡等題本」
(39)中央研究院歴史語言研究所蔵明清史料「乾隆伍拾柒年肆月初三日工部尚書金簡等題本」
(40)中央研究院歴史語言研究所蔵明清史料「嘉慶貳年拾貳月初壹日　巡撫福建等処地方提督軍務臣汪志伊題本」
(41)中央研究院歴史語言研究所蔵明清史料「嘉慶貳年拾貳月初壹日　巡撫福建等処地方提督軍務臣汪志伊題本」
(42)中央研究院歴史語言研究所蔵明清史料「嘉慶貳年拾貳月初壹日　巡撫福建等処地方提督軍務臣汪志伊題本」
(43)中央研究院歴史語言研究所蔵明清史料「嘉慶拾柒年伍月貳拾玖日太保文淵閣大学士領侍衛内大臣慶桂等題本」
(44)中央研究院歴史語言研究所蔵明清史料「嘉慶拾柒年伍月貳拾玖日太保文淵閣大学士領侍衛内大臣慶桂等題本」

(45) 中央研究院歴史語言研究所蔵明清史料「嘉慶拾柒年伍月貳拾玖日太保文淵閣大学士領侍衛内大臣慶桂等題本」
(46) 中央研究院歴史語言研究所蔵明清史料「嘉慶拾柒年伍月貳拾玖日太保文淵閣大学士領侍衛内大臣慶桂等題本」
(47) 中央研究院歴史語言研究所蔵明清史料「嘉慶拾柒年伍月貳拾玖日太保文淵閣大学士領侍衛内大臣慶桂等題本」
(48) 中央研究院歴史語言研究所蔵明清史料「嘉慶拾柒年伍月貳拾玖日太保文淵閣大学士領侍衛内大臣慶桂等題本」
(49) 中央研究院歴史語言研究所蔵明清史料「嘉慶拾柒年伍月貳拾玖日太保文淵閣大学士領侍衛内大臣慶桂等題本」
(50) 中央研究院歴史語言研究所蔵明清史料「嘉慶拾柒年伍月貳拾玖日太保文淵閣大学士領侍衛内大臣慶桂等題本」
(51) 中央研究院歴史語言研究所蔵明清史料「嘉慶拾柒年伍月貳拾玖日太保文淵閣大学士領侍衛内大臣慶桂等題本」
(52)『中国地方志集成福建府県志輯三〇』上海書店出版社、二〇〇〇年十月、五八四頁。
(53)『中国地方志集成福建府県志輯四』上海書店出版社、二〇〇〇年十月、一四六頁。
(54)『中国地方志集成福建府県志輯三〇』三〇三頁。
(55)『中国地方志集成福建府県志輯四』上海書店出版社、二〇〇〇年十月、三九九頁。
(56)『中国地方志集成福建府県志輯四』四〇〇頁。
(57)『中国地方志集成福建府県志輯二五』上海書店出版社、二〇〇〇年十月、三一三頁。
(58)『中国地方志集成福建府県志輯二五』三一八頁。
(59) 林玉茹・劉序楓編『鹿港郊商許志湖家与大陸的貿易文書（一八九五～一八九七）』台北・中央研究院台湾史研究所、二〇〇六年九月。
(60) 同書、五一頁参照。
(61)『通商彙纂』明治三十七年第六四号、一二一頁。
(62) 大正九年（一九二〇）四月二十七日付の在厦門帝国領事館報告と同年六月の在福州帝国総領事館報告である。両者は一冊としてまとめられ大正十年（一九二一）六月上梓として外務省通商局から『福建省事情』として刊行された。
(63)『通商彙纂』明治三十七年第六四号、一二三頁、『福建省事情』六頁。

(64)『通商彙纂』明治三十七年第六四号、一三頁。
(65)『福建省事情』七頁。
(66)『福建省事情』八頁。
(67)『福建省事情』八頁。

第三部　海洋環境と近代

清代中国の海洋観略論

黄 順力
土居智典 訳

はじめに

海洋観とは、人類が海洋を認識し、海洋を利用し、海洋を開発するという社会実践活動を通して、経済・政治・軍事などを含む実践活動が獲得した、海洋に対する本質的な属性の認識である。太平洋西岸の陸海両棲型大国[1]として、中国人は早くは上古時代に既に、各種各様の海洋での行動に従事し、その過程における不断で豊富、かつ発展的な海洋認識が、中国独特の海洋観念を形成した(2)。清代は中国史上最後の封建王朝時代であり、また世界大航海史が突出して進歩した大きな変化の時代でもある。一六四四年、清王朝は遊牧民族として中原の主になったが、明制を継承して安定した統治秩序を迅速にうち立てるため、清の統治者の関心は主に、完璧なる王朝統治は自給自足の小農経済という基礎に依存するというところに置かれ、その観念意識は自然と基本的に歴代の中原統治者の農を重視し商を抑制し、陸を重視し海を軽く見るという思考様式を踏襲した。しかし、清王朝があった時代は、結局は過去とは大きく異なるのであり、大航海時代の西洋植民者が海上での勢力拡張に尽力しており、清の統治者はこのような「千古変局」の時代にあり、海洋問題において生じる困惑と迷走は、晩清中国の「落後挨打（訳者注・落後してたたかれる）」の歴史的悲劇をもたらした。しかし注意すべきなのは、東南沿海地区の一部の地方官員、とりわけ見識のある士人の相対的に開放的な海洋観は、中国の海洋観が伝統から近代に転換していく発展の軌跡を前もって内包していたのである。本論は、清代の海洋観を、中央の王朝・地方官員と知識分子のすなわち一般士人の三つのレベルから、大まかな分析を試みに行う。当を失したところがあれば、専門の諸氏の指正を請いたい。

一　清中央王朝の「禁海遷界」と「重陸軽海」

漢唐以来、中国西北の遊牧民族と中原の農耕民族の間の衝突と融合により、歴代王朝の統治者は、根本からその政権統治を安定させるために、その国家安全防衛の方針の重点を西北に置かざるをえず、「歴代備辺多在西北」という伝統的な辺境統治思想を形成した。

例えば明初の朱元璋は、「海外蛮夷之国、有為患於中国者、不可不討。不為中国患者、不可輒自興兵」[3]という国防方針を遵守し、実際には東南沿海では防御の保守的態度をとり、海外諸国と和平共存を希望し、比較的安定した国際環境をつくりあげ、国内の社会経済の回復と発展を保証させようとした。漠北を占拠するモンゴルの残存勢力が積極的な侵攻姿勢をとっているのに対しては、頻繁に自発的な出撃を行った。その原因は元の残存勢力が遠い砂漠にいるといえども「引弓之士、不下百万衆也、帰附之部落、不下数千里也、資装鎧仗、尚頼而用也、駝馬牛羊、尚全而有也」[4]という状態であり、いつでも捲土重来をはかり、明朝政権の安全を脅かしかねないところにあった。このため明の洪武初年には、大将徐達・常遇春らが太祖の命を奉じて幾度も西征を行い、兵力を集中して、西北のココ・テムルや李思斉らのモンゴルの割拠勢力を粛清した。明の成祖朱棣が即位した後は、さらに「五征漠北、皆親歴行陣」[5]とあり、最後は北征の帰途で没することになった。明代後期にいたって、「東南之氛」・「西北之虜」と「中原之寇」の三大患が続々と相次いで到来し、明王朝もまず「西北之虜」と「中原之寇」に対処し、同じく大患をなす「東南之氛」である鄭芝龍海商武装集団に対しては、招撫政策を実行し、そうして鄭氏の力を借りて東南沿海の海盗の騒擾を平定し、後顧の憂いを除くことを期した。ここから見てとれるように、明代を通じて禁海・開海および嘉靖「倭患」などの沿海問題があり、みな沸々と湧き出てきたが、全体的には、やはり明朝統治者の関心は主に北方の陸の辺境にあった。これは中原の農耕民族が国家生存と発展の利益を常に土地に託していることや、農桑の農業文明の伝統と切り離して考えることが出来ないのであり、理解できることである。

清王朝が中原の主になった後、速やかに中原農業文明の伝統を継承し、力を注いだのはやはり広い陸地の領土に対してであり、波濤が沸きかえる沿海ではなかった。

早くは清兵入関の前に、満族統治者は既に漠北のモンゴルと連合をつくって明王朝に打ち勝っており、中原の主になる戦略決定も、いわゆる「草昧之初、以一城一旅敵中原、必先樹羽翼於同部、故得朝鮮人十、不若得蒙古人一[6]」とされた。入関以後、清朝統治者は漠北モンゴル地区の安定を極めて重視するとともに、次第に一つのまとまった極めて特色のあるモンゴル統治政策を形成していった。新疆・チベット地区に対しては各種の強い措置をとり、清朝中央政権の新疆・チベット地区に対する管轄を強化した。その要因は「重新疆者所以保蒙古、保蒙古者所以衛京師、西北臂指相聯、形勢完整、自無隙可乗。若新疆不固則蒙古不安、匪特陝甘西各辺時虞侵軼、防不勝防、即直北関山亦将無晏眠之日[7]」というところにある。当然、東北地区の満洲族統治者の「龍興」の地に対しては、その重視の程度については贅言を要さないであろう。

しかしながら、東南沿海に対しては、清王朝は基本的に明朝の伝統と思考を継承しつつ、大規模な禁海遷界政策をとり、海上貿易を拠り所とする鄭成功海商武装集団の経済的源泉を断絶し、東南沿海の反清勢力を消し去ろうと試みた。順治十一年（一六五四）、かつて漳州知府であった房星燁は、以下のように朝廷に建議した。「（鄭氏集団）海船所用釘・鉄・麻・油、神器所用焰硝、以及粟・帛之属、島上所少、皆我瀕海之民闌出貿易、交通接済。今若尽遷其民入内地、斥為空壌、画地為界、仍厲其禁、犯者坐死。彼島上窺寇内援既断、来無所掠、如嬰児絶乳、立可餓斃矣。[8]」

順治十二年（一六五五）、浙閩総督屯泰もまた以下のように奏請した。「沿海省份、応立厳禁、無許片帆入海、違者立置重典[9]」と奏し、朝廷の裁可を得た。翌年、清朝は『申厳海禁勅諭』を公開頒布し、「鄭成功竄伏海隅、至今未勦滅、必有奸人暗通線索、貪図厚利、貿易往来、資以粮餉、若不立法厳禁、海氛何由廓清」と称した。こうして沿海各省の督撫および文武各官に「厳禁商民船隻私自出海。有将一切粮食・貨物等項与逆賊（鄭氏集団を指す）貿易者（中略）即将貿易之人、不論官民倶行奏聞処斬、貨物入官[10]」と勅諭したのである。さらに「禁海令」執行の責を負いながらも失態のあった文武官員を厳しく処罰した。明らかに、清王朝の厳しい「禁海」の目的は、海上貿易の往来を断絶する

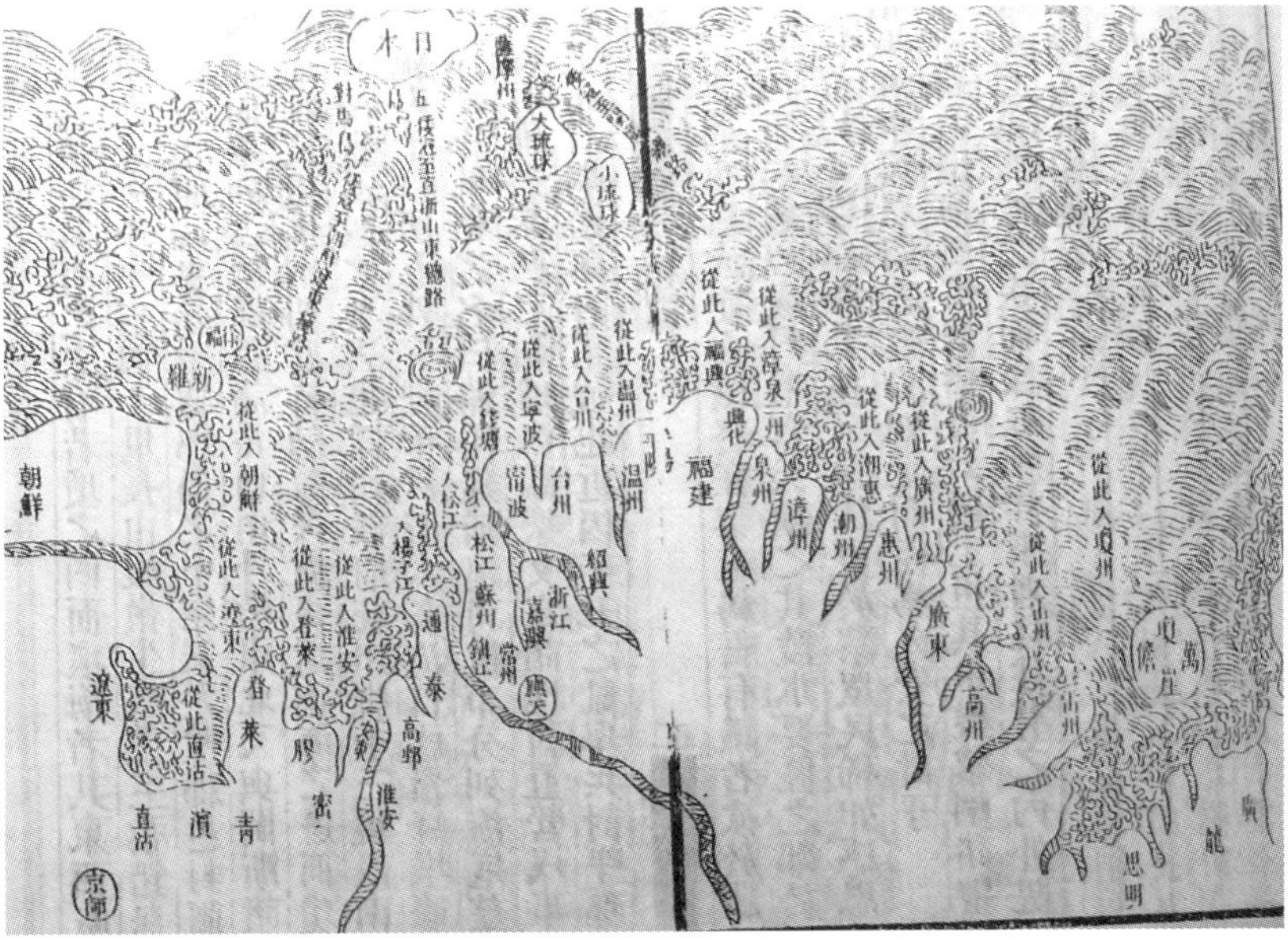

図１　同治七年重刊本『重纂福建通志』「海防」

ことを通して、大陸の貨物が海に出る道を塞ぎ、鄭氏海商集団に「海洋之利」を失わせ、服従させようというものだった。

鄭成功に叛いた黄梧も清朝に「剿寇五策」を提出し、その中の「遷界」に関する建議で、「金・廈両島、弾丸之区、得延至今日而抗拒者、実由沿海人民走険、粮餉油鉄桅船之物、靡不接済。若従山東・江・浙・閩・粤沿海居民、尽徙入内地、設立辺界、布置防守、不攻自滅」といい、とくに「将所有沿海船隻悉行焼毀、寸板不許下水。凡渓河監椿柵、貨物不許越界、時刻了望、違者死無赦」[11]という点を強調した。

黄梧は漳州平和の人で、もともと鄭成功の部将で、鄭氏海商集団の海上貿易経済の特徴を理解しており、それ故に清朝はその建議を高度に重視したのである。

順治十八年（一六六一）、鄭成功が台湾を占拠した後、清朝は正式に「遷界」令を頒布し、「遷沿海居民、以垣為界、三十里以外、悉墟其地」とした[12]。この後、また康熙三（一六六四）年・康熙十八（一六七九）年と連続して三次にわたる大規模な遷界移民が進められ、その範囲は山東・江蘇・浙江・福建・広東五省沿海におよび、福建・広東では遷界を最も厳しく推進した。清朝統治者の考えにもとづくと、「禁海」・「遷界」の措置を励行することは、沿海と内陸の間に一つの無人区を形成し、これをもって陸海間の往来を途絶し、徹底して台湾の鄭氏集団と大陸の経済関係を隔絶させせなければならないということである。

しかし清朝のこの種の厳しい「禁海」・「遷界」政策は、微々たる成果しか得られなかった。史書によると「福省奸（民）林行可等賃（顛）不畏法、包藏禍心、自去年（一六五五年のこと）八月間、潜運麻・油・釘・鉄等項、以助鄭孽、令漁船賊首劉長・卞天・鄭挙仔等、陸続搬運、竟用逆賊（洪）旭運印記、購買造船巨木、（中略）公然放木下海、直到琅琦賊所、打造戦船。（中略）鋌険罔利、已非一日。（中略）（禁をおかして海に出て）結党聯宗、更番出没、或装載番貨、如胡椒・蘇木・銅・錫・象牙・魚皮・海味・薬材等項、有数百坦、神偸鬼運、貿遷有無、甘為寇盗之資」[13]、「沿海一帯毎有倚冒勢焰、故立墟場、有如鱗次。但知抽税肥家、不顧通海犯逆。或遇一六・二七・三八等墟期、則米・穀・麻・篾・柴・油等物無不畢集、有発無発、渾跡貿易、揚帆而去。此接済（鄭氏）之尤者、而有司不敢問、官兵不敢動也」[14]とある。海上で禁を犯して密貿易活動をすることは、防ぐに防ぎきれず、阻止することが難しかったといえる。

こういった現象を生みだしていた主な原因は、以下のとおりである。

一つ目は、当時、鄭成功の海商集団の海上勢力は既に、中国・日本・東南アジアの間の海洋貿易を牛耳り、「凡海舶不得鄭氏令旗者、不能来往」[15]とされていた。鄭成功は台湾を取り戻した後は、一つの比較的安定した抗清基地を有し、対外貿易活動も更に発展させた。史書には、康熙五年、鄭氏は「遣商船前往各港、多価購船料、載到台湾、興造洋艘鳥船、装白糖、鹿皮等物、上通日本、製造銅熕・倭刀・盔甲、并鋳永歴銭。下販暹羅・交趾・東京各処以富国。従此台湾日盛、田疇市肆不譲内地」[16]と記されている。清朝は沿海一帯に防衛地帯を設け、板きれでさえも海に出すことを許さず、一粒の貨物でさえ越境を許さなかったのだが、鄭氏海商集団が従事している海外貿易の息の根を止められなかったばかりか、かえって海外貿易の利益を独り占めさせてしまったのである。

二つ目は、清朝が禁海と遷界を実行したにもかかわらず、鄭氏の海上政権と大陸間の関係を本当に切断してしまうことはできず、「鄭成功盤踞海徼有年、以波濤為巣穴、無田土物力可以資生、一切需用糧米鉄木物料、皆係陸地所産、若無奸民交通商販、潜為資助、則逆賊坐困可待。向因浜海各処奸民商販、暗与交通、互相貿易、将内地各項物料、供送逆賊。（中略）内地商民、作奸射利、与為互市、凡杉桅・桐油・鉄器・硝黄・湖絲・綢綾・糧米一切応用之物、倶恣行販売、供送海逆[17]」とされていた。

鄭氏の海上政権が台湾を統治した期間、沿海内地の貨物は依然として鄭氏の海外貿易ルートを通じて続々と輸出されていたことが見てとれる。史書には「当是時閩粤逐利之氓、輻輳而至、歳率数万人。（中略）彼往此来、以博貿易之利、而台湾物価大平[18]」とある。

注目に値するのは、清王朝の禁海遷界措置は、鄭氏海上政権に対して所期の「不攻自滅」の目的を達成するにいたらなかったのであるが、この種の受身的な防御の経済封鎖は、清朝統治者の海洋観念に、極めて有害な思考パターンを与えたということである。つまり禁海遷界や船を壊して萎縮することは、海上で積極的に能動的姿勢の制海権を掌握することを無視するだけでなく、さらに自動的に島嶼および沿海地区を放棄し、海洋防衛とコントロールの重点を内陸に置いて、伝統的な重陸軽海の固有の思想傾向を呈するということである。この思考パターンがつくりだす深層的な影響は清一代の海洋事業発展に相当に深いものがあったといえよう。

康熙二十二（一六八三）年七月、施琅が兵を率いて台湾を取り戻して後、清の朝廷内部には、台湾を保持するか放棄するかという問題の論争に関して、その中に典型的な例の一つが現れる。史書には、「方鄭氏初平、廷議以其海外孤懸、易藪賊、欲棄之」[19]とあり、その理由は「此一坱荒壌、無用之地耳、去之可也」、かつ「得其地不足以耕、得其人不足以臣」[20]とされている。

結果としてこの台湾を保持するか放棄するかという争いは、八ヶ月の長きにおよび、最後には姚啓聖・施琅らの奮闘により、台湾はようやく清帝国の版図内にとどまることを得たのである。康熙帝は最終的に台湾を保持するという建議を支持したものの、内心の奥底ではなお「台湾属海外地方、無甚関係。因向未向化、肆行騒擾、浜海居民迄無寧日、故爾興師進剿、即台湾未順、亦不足為治道之缺」と認識しており、その思想はつまり「台湾僅弾丸之地、得之無所加、不得無所損」[21]ということであった。つまり台湾を保持するというのも後患を除くためであり、「為外国所踞、奸宄之徒竄匿其中」ということになり、大清王朝に新たな面倒が起こることを免れようとするものであった。康熙帝は台湾の海洋戦略的地位に対して、何人かの論者が唱えたように高遠で十分な認識を有していたわけではなかった。

清朝統治者は残酷な禁海遷界政策を実行し、完全に大陸と鄭氏海上政権の経済関係を隔絶させることはできなかったのだが、それがもたらした結果は相当に深刻なものであった。それをまさに清代の人である藍鼎元は「既禁以后、百貨不通、民生日蹙、居者苦芸能之罔用、行者嘆至遠之無方、故有以四五千金所造之洋艘、係維朽蠹於断港荒岸之間（中略）一船之敝、廃中人数百家之産、其惨目傷心可勝道耶。沿海居民、簫索岑寂、窮困不聊之状、皆因洋禁」[22]と指摘していた。

王勝時も「聞往時閩中巨室皆擅海船之利、西至欧羅巴、東至日本之呂宋・長岐、毎一舶至則銭貨充舠（中略）是以富甲天下。自海禁厳而閩貧矣」[23]といっている。当然、もっとも人に無念の嘆息させるのは、鄭氏海商武装集団の海上政権は最終的に清朝によって滅ぼされたことにより、かつて中国・日本・東南アジアの間の海洋貿易を牛耳った民間の海上勢力もここに息を潜めてしまったことである。これによって中国の万里の海洋での影響力が衰退してしまったということは、アヘン戦争後の連続的失敗の潜在的原因であることは、事実上隠しようもない。

以上述べたことから、簡潔に清朝中央王朝の海洋観のいくつかの特徴をまとめておこう。

まず外を守るより、内を守ることを重んじているということである。

騎射弓馬で天下をとった清王朝は、そもそも遊牧民族の剽悍さをもって辺境を駆け回り、波濤無常の海戦に対しては不慣れで、そのため海島を占拠し海戦能力で比較的強かった鄭氏海上武装勢力に対しては、まず「防海」・「禁海」・「遷界」・「夷船の制限」・「補給の杜絶」などの陸上防御措置をとり、防衛の兵力を縮小して内陸におさめたが、同時に自動的に海上で勝利をおさめるという長久の策を放棄してしまったのである。この種の陸上防御を海上防御に援用するという海防思想は明らかに「外を守るより内を守ることを重んじる（防内重於防外）」という特徴を体現している。

次に陸を重んじて、海を軽んじるということである。

台湾が清の版図に入って後、清王朝は部分的に海禁を解いたが、また厳格に民間での海船製造を制限し、沿海各省の漁船は一本マストのみを許し、梁頭は一丈を超えず、船員・水手は二十人を超えてはならないと規定した。甚だしきにいたっては、出洋する船舶には船ごとに搭載してよい船員の食料までに、厳格に量を制限する規定があった。清王朝の造船事業に対する様々な制限は、表面的には民間の海外貿易活動に対する一種のコントロール手段に見えるが、実際にはその思想の根源は伝統的な農を重んじて商を抑え、陸を重んじて海を軽んずるイデオロギーにある。清の統治者からすると、海禁を解くと財源が増加し、海禁が原因となって生じる社会矛盾を緩和できるものの、「商船一出外洋、任其所之（中略）恐至海外誘結党類、蓄毒醸禍[24]」というように、新たな反清海上勢力を形成しかねないとみていたのである。そこで最も無難な方法としてやはり農本に立脚し、土地の上でのみ民を養い、「四民之業、士之外農最貴（中略）故農為天下之本、而工商皆其末也」としたのである。清朝統治者は終始、農を重んじて商を抑え、陸を重んじて海を軽んずるという伝統的観念の根深い影響から抜け出すのは難しかった。
もう一つは「守土防御」である。
清朝の水師は成立当初から「沿海各省水師、僅為防守海口・緝捕海盗之用、轄境雖在海疆、官制同於内地[25]」ということを強調していた。海洋に出て海上で勝ちを得ようという戦略思考に乏しかったのである。後に、鄭氏からの降将施琅らを重用し、水師を訓練して海を越えて台湾に攻め込み版図を統一したとはいうものの、鄭氏の海上勢力が消失するにしたがって、清朝の水軍建設も相応の重視を受けなくなってしまった。「国初海防、僅備海盗而已[26]」。この種の思想による指導のもと、海防戦略は基本的に海岸・河口の防御に立脚し、明らかに伝統的な「守土防御」の特色を体現していた。

清朝の海防思想の未成熟さにより、さらに「重陸軽海」の伝統観念の影響もあって、鄭氏の海上勢力を平定した後、清朝水軍の衰退は必然的な趨勢となったのである。嘉慶年間、「浙江戦船倶倣民船改造、山東戦船亦倣浙省行之、其余沿海戦船、於応行拆造之年、一律改小、倣民船改造、以利操防[27]」とされ、戦船は作り改めるたびに小さくなり、火砲もまた小さく旧式のものとなり、さらに水師の訓練は荒廃し、軍紀も弛緩し、「弁兵於操練事宜、全不練習。遇放洋之時、雇傭柁工、名為舟師、不諳水務。既にこれはただ「有水師之名、無水師之実、積弊相沿、廃弛已極[28]」とされた。

その反面、同時期の西洋世界を見ると、十八世紀末から十九世紀初めにかけて、西洋近代海軍の建設は武器装備発展の転換点に達しており、「技術発展からいうと、海軍は木枠の船体・風力動力と火薬弾丸から、鉄甲・蒸気動力と砲弾への過渡期にあった。この過渡の過程の一歩ごとが一つの革命であったのである[29]」といわれている。一八〇七年、米国人ロバート・フルトンが、まず最初の蒸気輪船を製造した後、英国・仏国などが相次いで蒸気機関を戦艦に用い、同時に鉄甲・火砲技術の面においても長足の進歩を遂げた。当時の清朝の水師は衰退の際へと向かっており、西洋世界の海軍は逆に迅速なる発展を遂げ、海洋での力量によって海外植民の拡張策を進めていたのである。古い中国が西洋植民列強の欲望の対象になり、未だかつてない深刻な海防危機が現出したのである。

世界的な海洋の時代が到来しようというときに、海洋意識が欠乏した伝統的な国家は、必然的に未来の競争の中で落後してしまうことが定まっているようなものである。歴史上の展開は、この点を証明してしまった。

二　地方官員の「開海貿易」と鄭成功の「通洋裕国」

清朝中央の「重陸軽海」のイデオロギーと異なり、東南沿海地区の地方官員の海洋観は、相対的に比較的開放的であった。これは彼らが海浜で役人として地方の民情を理解していることと関係があるだけでなく、明清以降の民間個人の海上貿易の迅速な発展、さらにいえば鄭氏武装海商集団の「通洋裕国」といった海外貿易の実践と、相当に関係があった。

早くは明の万暦年間、福建巡撫に任じていた陳子貞が「閩省土窄人稠、五穀稀少。故辺海之民、皆以船為家、以海為田、以販番為命。（中略）一旦禁之、則利源阻塞、生計蕭条、情困計窮、勢必嘯聚。（中略）万一乗風揭竿、揚帆海外、無従追補、死党一成、勾連入寇、孔子所謂〈謀動干戈、不在顓臾〉也」[30]と指摘している。明王朝中央の「禁海」政策と異なる意見を表明している。彼はさらに、沿海住民に対して海に出て通商することを解禁すれば、朝廷が海外の状況を把握する上でも有利であると認識し、国家の海防や財源の開拓にも裨益するところありとして、「洋船往来、習聞動静、可為吾偵探之助。舳艫柁梢、風濤慣熟、可供我調遣之役。額餉二万、計歳取盈、又可充吾軍実之需。是其利不独在民、而且在官也[31]」としていた。

その他に、両広総督に任じていた張瀚や給事中傅元初らも海を開いて貿易し、民生を利して、寇患を和らげ、国家の財政税収を有利にしようと主張していた。まさに沿海一帯の地方官員が「禁海」政策に反対し、海を開いて貿易することを主張したことは、決して偶然の現象ではなく、それは明代後期の商品経済発展・個人の海上貿易の活発さであり、伝統的な海洋観に巨大な衝撃をもたらし、この種の地方官府のレベルの海洋観念の変化の趨勢は、清一代の沿海地区の地方官員にも深い影響を与えたといえる。

例えば順治十八（一六六一）年、清朝の禁海遷界令は正式に頒布されて間もない頃、一部の沿海の官員の非難を受けた。湖広道御史李之芳は、東南沿海一帯の魚塩の利、土産の豊穣さは、国家の「富強之資」とすべきで、「今五省之民、沿海已居其中、当道者不思制挿安民、只欲尽以遷移、能使賊自斃乎。是賊未必能殲滅、未必能尽降、而国家先棄五省之土地人民」、そして「今兵不守沿海、尽遷其民移居内地、則賊長駆内地、直抵其城邑、其誰御之[32]」としていた。

当時広東巡撫に任じていた王来任も「臣思設兵原以捍衛封疆而資戦守、今避寇侵掠、慮百姓而資盗糧、不見安壌之策、乃縮地遷民、棄門戸而守堂奥、臣未之前聞也。臣撫粤二年有余、亦未聞海寇侵掠之事。所有者仍是内地被迁之民、相聚為盗。今若展其疆界、即他盗亦売刀買犢耳[33]」と主張している。明らかに禁海遷界に反対し、沿海住民を安撫しようとしている。

この他に、施琅・姚啓聖・范承謨・史偉琦らも似たような意見を持ち、禁海遷界をして、地域を区切ってそこに閉じこもり、自らを束縛するようなことには反対した。

もし我々が考察の範囲を閩台両地の鄭氏海上政権にまで広げ、それももう一つの地方官府の象徴と見なすなら、地方全体のレベルでの海洋観と王朝中央の海洋観の区別は、さらに主に鄭氏海上政権が打ち出した「通洋裕国」の立国思想の上に、顕著に現れてくるであろう。

東南沿海一帯に相継いで多くの武装海商集団が現れた中で、鄭芝龍・鄭成功父子の海商集団は最も著名であり、その資本も多く、「歳入以千万計、以此敵国」と号した。鄭氏集団は海上貿易を発展させるため、かつて一度朝廷の名号と力を借り、これと競争する競争相手を除き去り、東南沿海の海上貿易を壟断した。

清が中原の主になった後、鄭氏海商集団の頭目的人物の鄭芝龍は、自らの海上貿易特権を守るため、かたく抵抗することを決しきれず清朝に投降した。その子の鄭成功は家業を継承し、海上で兵を挙げ、反清復明の活動をし、オランダ植民者を駆逐し、台湾を取り戻し、そこに割拠して鄭氏海上政権をうち立てた。清人の郁永河は、鄭氏政権が海島を根拠地として清と十年以上も争うことができた主な原因は、東南海上貿易をコントロールして、巨大な「通洋之利」を有していたからである、と評している。事実そうだったのであるが、鄭成功は「通洋之利」によって独立して清朝と対等に振る舞い、一つの大きな事業を成し遂げ、その「通洋裕国」の立国思想は清代の地方レベルでの海洋観の顕著な特徴を主に反映していたのである。

「農桑為本」を立国思想とする中原王朝の統治者と異なり、鄭成功は「通洋」すなわち海外貿易を発展させることが、国家を富強に至らしめることができ、「以農為本」の伝統に固守しなければならないという必要はないと認識していた。彼は鄭氏海商集団自身の発展を拠り所として、東南沿海の具体的条件をもって、南明の隆武帝に「拠険控扼、揀将進取、航船合攻、通洋裕国」(34)という策を上奏し、つとめて海外貿易を発展させ、通洋の利をもって軍餉を充実させ、沿海の要害の地をいかして清軍の侵攻に抵抗するよう主張したのである。

清軍が福建に入って後、鄭芝龍が清に投降することを決意し、鄭成功は「吾父総握重権、未可軽為転念。以児細度、閩粤之地、不比北方得任意馳駆、若賃高恃険、設伏以御、雖有百万、恐一旦亦難飛過。収拾人心、以固其本。大開海道、興販各港、以足其餉。然後選将練兵、号召天下、進取不難矣(35)」といって父に忠告した。ここから、鄭成功は「大開海道、興販各港」といって、海外貿易を発展させることを通じて「以足其餉」し、国の基礎を固め、そこで反清復明を行おうとしたという基本国策が見てとれる。

一六五〇年、鄭成功が金門・廈門を占領して後、商人としての経験が豊富な鄭泰・洪旭を委派して海外貿易を管理させ、一方では積極的に航海のための大船を建造し、日本・ルソン・シャム・交趾などの国と通商し、「行財射利、党羽多至五六十人(36)」といわれ、もう一方では「山海両路、各設五大商」とし、内地に向けて秘密裏に商品を買い付け、外洋に転売し、高額の利潤を獲得していた。鄭成功が懸命に行った経営のもと、鄭氏海商武装集団の資本はさらに増え、海洋貿易は軍需糧餉とその他の費用支出の主要財源となった。

清朝は明代のやり方を踏襲し、禁海遷界を命令し、経済封鎖の方法を用いて、鄭氏海商集団を滅ぼすことを企てたが、それで実際の効果をあげることはできなかった。当時の人の認識では、清朝は海洋に出ることを厳禁し、板きれでさえ海に出ることを許さないが、商人が密貿易ルートを通じて鄭氏政権と貿易を進め、さらに鄭氏政権を通じて海外各国に転売することは禁止できるものではなかった。結果として、海外で需要のある中国の各商品はみな、鄭氏政権の手を通じて転売され、かえってそれに海外貿易の利を独占せしめ、財力をさらに大きくさせることになったのである(37)。

重視するに値するのは、「通洋之利、惟鄭氏独操之」とされる状況下で、鄭氏海商集団は東西二洋の通商権をコントロールし、経済利益を侵犯するオランダ植民者に対しても敢えて厳しく向き合って闘争したということである。オランダ植民者が台湾に居座ろうとうかがっているとき、鄭氏の海船が台湾に行って貿易をするのを様々な手段で妨害したため、鄭氏は「遂刻示伝令各港澳併東西夷国州府、不准到台湾通商。由是禁絶両年、船只不通、物貨涌貴、夷多病疫、至是令廷斌求通[38]」としてオランダ植民者に屈服を迫った。一六六一年、鄭成功は新たな抗清基地を開拓し、「通洋裕国」の潜在的脅威を取り除くために、軍を率いて台湾に東征し、一六六二年初めに、三十八年も台湾に居座っていたオランダ植民者を駆逐し、台湾を取り戻すという壮挙を成し遂げた。

鄭成功の「通洋裕国」思想の提出と実践は、明後期以来の東南沿海の商品経済の発展趨勢と符合する。彼は海外貿易の発展に力を注ぎ、これを国家を富裕にさせる重要な道筋としたので、中国歴代の中原王朝統治者の農桑を本位とする伝統観念と異なるところがあった。この種の海洋観念の変化は既に「透出一股活潑・開朗・新鮮的時代気息、顕露出新旧冲突変動的徴兆」という様子を見せ始めていた。残念なことに、鄭成功は台湾を取り戻して間もなく病没し、鄭氏海上勢力は清朝政権と抗争する中で失敗し、「通洋裕国」論がもたらすところの新旧観念の交代の衝撃は、ついに「為一場改朝換代的活劇所取代了[39]」というところで終わってしまった。

康熙二十三（一六八四）年、清廷派の施琅が兵を率い渡海して台湾を征服し、鄭氏政権は滅びた。「禁海遷界」の主要目的が別種の方式で間接的に達成されたため、清朝は遂に海禁を停止し、制限はあるが再び海上貿易を開く命を下した。この後、康熙・雍正・乾隆年間も何度か時間の長短はそれぞれ違うが禁海と開海が行われたが、清朝統治者の海の不穏な状況に対する決め手の方策は、消極防御の「禁海」で、清末に到るまで、清朝の海洋に対する認知は「禁海」と「開海」の困惑の中にあり、また受動的に西洋からの海上強敵の有力な挑戦を受けることになった。そしてその失敗の災いの種は早くから播かれていたのである。

三　沿海士人の海洋と外部世界に対する探求

全体的な状況からいって、一八四〇年のアヘン戦争が勃発する前に、中国が内にこもって守りに入っていたということは確かに相当深刻で、当時の人も「徒知侈張中華、未睹寰瀛之大」といっており、清朝統治者の閉鎖的な心理状況を説明しているといえる。

しかし我々も忘れてはならないのは、中国は土地が広くて人も多く、各地区の経済発展は均質ではなく、もっともその東南沿海地区の宋・元・明以来の海外貿易と海洋社会経済の発展は、西北および北方内陸地区とは既に比較的大きな開きがあった。思想文化上においては、とくに沿海地区の一部の知識分子の海洋観およびその海外世界への認識においても、大きな差異が反映されていた。ここで我々は清代前期の閩・粤・浙の士人が書いたいくつかの筆記・記録からのみではあるが、沿海の士人の海洋と外部世界に対する探求というものを分析してみよう。

（1）『海国聞見録』が表す海防意識

清の乾隆年間に出版された『海国聞見録』という書物は、福建同安人である陳倫炯が著したものである。陳倫炯、字は資斎、雍正初年に澎湖副将・台湾総兵などの職に任じ、後に広東・浙江などの地に転出し、浙江水師提督にまでなった。それゆえに「皆浜海地也、故以平生聞見著為此書」(40)としている。

陳倫炯の父陳昂は、字は英士、若い頃、海商として海上貿易活動に従事し、沿海および東南アジア一帯を往来していた。康熙年間、靖海侯施琅が台湾を取り戻す命を受け、沿海島嶼の様子と海のルートを熟知した人材を招いたが、陳昂は「聚米為山、指画形勢、定計候南風以入澎湖」とあり、遂に功績によって遊撃の職を授けられ、後に碣石総兵・広東右翼副都統に昇任した。任官地はみな海浜の地であった。陳倫炯は「自序」の中で、「先公少孤貧、廃書学賈、往来外洋。見老於操舟者、僅知針盤風信。叩以形勢、則茫然。間有能道一二事実者、而理莫能明。先公所至、必察其面勢、辨其風潮、触目会心有非学力所能造者」としている。また、「倫炯自為童子時、先公於島沙澳阻・盗賊出没之地、輒諄諄然告之。少長、従先公宦浙、聞日本風景佳勝、且欲周諮明季（倭寇）擾乱閩浙江南情実。庚寅夏、親游其地。及移鎮高・雷・廉・壌接交趾、日見西洋諸部估客、詢其国俗、考其図籍、合諸先帝所図示、指画毫発不爽。乃按中国沿海形勢、外洋諸国疆域相錯、人風物産、商賈貿遷之所、備為図志」[41]ともいっている。

ここまで述べたところからもわかるように、『海国聞見録』は、名義は陳倫炯一人が編纂したことになっているが、その父陳昂の航海経験と航海知識が、彼の著書にとって大きな助けになっているのである。その父の影響下にあって、陳倫炯は少なからず明代倭寇が沿海各地を騒がせた状況を理解し、自ら日本を訪ねて考察し、さらに広東各地で任官したとき、外国商人に対して「詢其国俗、考其図籍」とあり、つとめて外部世界のことを理解しようとしたが、これは当時にあっては大変真似できないものであった。

陳昂・陳倫炯父子はどちらも東南沿海の水師官員であったこともあり、自らその場を経験し、海防のことについてもっとも気に留めており、ゆえに『海国聞見録』は軍事について詳しく、海防を重視しているところに特色がある。該書は上下二巻に別れている。上巻は八篇あり、「天下沿海形勢録」・「東洋記」・「南洋記」・「小西洋記」・「昆侖」と「南澳気」などと題され、下巻は地図六幅があり、「四海総図」・「沿海全図」・「台湾図」・「台湾後山図」・「澎湖図」と「瓊州図」などがあった。

該書の首篇「天下沿海形勢録」は、東南沿海の地理状況および海防事宜について重点的に詳論している。例えば、江浙一帯の沿海の状況に論及するところで、「惟乍浦一処、浜於大海、東達漁山、北達江南之洋山・定海之衢山・剣山、外則汪洋、言海防者当留意焉」という指摘を行い、また「江浙外海以馬跡為界、山北属江、山南属浙、而陳銭外在東北、俗呼尽山、山大澳広、可泊舟百余艘。山産水仙、海産淡菜・海塩（小魚）、賊舟毎多寄泊、江浙水師更当加意於此」といっている。陳倫炯はまた、浙江沿海については「閩海接界之南関、実温・台内外海径寄泊樵汲之区、不可忽也」と認識していた。

福建沿海の状況に論及するところでは、「大島閩安雖為閩省水口咽喉、海壇実為閩省右翼之扼要」といっている。正確に海壇島（すなわち平潭）の重要な海防戦略的地位についても指摘し、当局に「（水師）所当留意者、東北有東永、東南有烏丘」と注意を促している。

粤東潮汕沿海一帯の状況に論及するところでは、また「沿海要疆、南澳東懸海島、捍衛漳之詔安、潮之黄岡・澄海。閩粤海洋適中之要隘、外有小島三。為北澎・中澎・南澎、俗呼為三澎。（中略）（乃）賊艘経由暫寄之所(42)」といっている。

陳倫炯は海防に留意するよう求めるとともに、しばしば「賊舟」・「賊艘」などにも論及し、主に沿海の一部の海賊勢力に対しては厳しく言及していることは指摘しておくべきであろうが、注目に値するのは、西洋の海上植民勢力が東漸を開始することによって、かつて沿海で多年にわたって水師官員であった陳父子は、既にかすかに西洋の海上勢力の脅威に気づいていたということである。陳倫炯が著した『海国聞見録』が扱った視野は沿海の海寇にとどまらず、日々東進の歩を進めつつある西洋の植民者にまで広がっていた。陳昂が広東副都統の職にあったとき、当時一部の西洋の伝道師が暦の修正で名を成したことに対して、中国に滞在している宣教師のことで、上疏して「西洋治暦法者宜定員、毋多留、留者勿使布教(43)」と建議し、在華宣教師の活動に制限を加えるべきと主張した。

その他に、陳昂の上疏はさらに詳細に当時の海外情勢から防衛措置について分析し、「海上諸国、東海日本為大、次則琉球。西則暹羅為最。（中略）貢勅督・撫・関差諸臣防備、於未入港之先、取其火砲。另設所関東、毎年不許多船丼集[44]」と認識していた。この上疏は陳昂が病で逝去したため、遺疏はついに子の陳倫炯によって代奏された。当時はまさに清朝の康乾盛世にあたっており、王朝の統治者は天下太平を謳歌しており、沿海の一小官員の建言などにあまり注意もしなかった。しかしかえって我々は以下のことを見出すことが出来る。東南沿海一帯で長年にわたって任官し、西洋植民勢力の東漸から強い印象を受けたために、陳父子は一般人よりもさらに鋭敏に海防強化の必要性を見出すことができたということである。またさらに強烈な海防意識を持っていたために、『清史稿』では「時互市諸国奉約束惟謹、独昂・倫炯父子有遠慮、憂之最早[45]」と記されている。

周知のごとく、『海国聞見録』が成立した乾隆九（一七四四）年は、清朝の最盛期にあたるが、東南沿海は決して平穏ではなかった。一七三九年、イギリスとスペインの間で海上の覇権争奪戦が起こり、「ジェンキンスの耳の戦争」が勃発し、それが中国の海域まで波及してきた。乾隆六（一七四一）年末、イギリス軍船「センチュリオン号（Centurion）」が中国海域で一艘のスペイン商船を拿捕し、そして中国の禁令に背いて、勝手に広東の虎門要塞に入った。これがイギリス船の初めての来華であり、英兵は「鬈髪猙獰、兵械森厳、莞城大震[46]」とあり、広東地方当局に深刻な不安を引き起こした。三年を経た後（一七四四年）、イギリスとフランスがオーストリアの王位継承問題のために戦争を始めた。イギリスの五艘の軍船が再び勝手に中国広東の海上に闖入し、フランス商船を拿捕し、あやうくまた広東地方当局と武力衝突を起こすところであった。その他にも、廈門を占拠するポルトガル植民者も幾多の華人傷害殺人事件を起こしており、これらは全て有識の士の憂慮を引き起こさずにはいられなかった。陳倫炯は『海国聞見録』の中で、以下のように指摘している。広東一帯は「不但外海捕盗、内河緝賊、港汊四通、奸匪殊甚。且其域澳門、外防番舶、与虎門為犄角、有心者豈可泛視哉[47]」という。その平安の中にも危機に備えるといった海防思想の意識は当時にあっては相当貴重なものであった。

注意すべきなのは、陳倫炯の「大西洋記」の中における、ポルトガル・スペイン・フランス・ローマ・イギリス・プロシア・ロシアなどの西洋国家の地理的位置の描写は既に相当正確なものになっており、西洋の民については、「高準碧眸、間有与中国人相似者、身長而心細巧、凡製作皆堅致巧思、精於火砲、究勘天文地理」とあり、さらに北氷洋に言及して「不能行舟、海氷不解、故為氷海[48]」としている。『海国聞見録』下巻の「四海総図」のアジア・ヨーロッパ・アフリカ三大陸および各国の地理的位置の描写も基本的に正確であった。当時の人は該書を評して、「作者皆確聞灼見、始筆之書、信而有徴[49]」といっている。以上のことからもわかるように、『海国聞見録』の作者は当時の外部世界に対して既に相当な認識を有していたのである。

（2）『海録』が描写する外部世界

清の嘉慶年間に出版された『海録』一巻は、広東嘉応州（今の梅県）の人、謝清高の口述によるもので、楊炳南が筆録して成立したものである。楊炳南が『海録』の序でいうところによると、謝清高は長年民間で海外貿易に従事した商人で、「少敏異、従賈人走海南、遇風覆其舟、拯於番舶、遂随販焉。毎歳徧（遍）歴海中諸国、所至輒習其言語、記其島嶼阨塞・風俗物産、十四年而後反（返）粤。自古浮海者所未有也。後盲於目、不能復治生産、流寓澳門、為通訳以自給[50]」とある。謝清高は外国商船に伴って世界各地で生計を立てること十年以上で、努力して外国語を学び、外国事情に留意し、当時の中国人の中では確かに希にみるものがあった。彼は両目が失明した後、自らの十年以上海外を漂泊して得た見聞を著作としたいと思うようになり、「得藉以伝、死且不朽」とし、後にちょうど同郷で澳門に来ていた楊炳南と出会い、これと初対面で旧友のように親しみ、海外の諸事について夜通し語り合い、ついに楊炳南は「逐条記之、名曰海録」[51]とし、そして嘉慶二十五（一八二〇）年より後に刻印され本となったのである。

『海録』全書の内容は三つの部分に分かれている。第一部分は「西南海」について記載しているが、これは今の東南アジア・南アジア大陸沿岸各国の状況である。安南（今のベトナム）、暹羅（今のタイ）・咭蘭丹（今はマレーシアに属す）・麻六岬（今のマラッカ）などが含まれる。第二部分は「南海」について記載しているが、これは今の南洋諸島の状況である。柔仏（今はマレーシアに属す）・亜斉（今のインドネシア・スマトラ）、噶喇叭（今はインドネシア・ジャワに属す）・三巴郎（今のインドネシア・セマラング）などが含まれる。第三部分は「西北海」について記載しているが、今のヨーロッパ・アフリカ・アメリカ・オーストラリアおよび北太平洋の一部の国家と地区を含んでいる。つまり英咭利（今のイギリス）、仏郎機（今のフランス）、咩哩干（咪利堅とも。今のアメリカ）などである。全書で合わせて九十以上の国家と地区の海路と航程・種族物産・風土人情、および経済政治制度などの状況について記述している。書中には多くの誤りもあるのだが、楊炳南がいうところの「向来志外国者、得之伝聞。（中略）蓋海外荒遠、無可徴験、而復長佐以文人藻績、宜其華而鮮実矣」[52]というように、謝清高は「言甚朴拙」であり、且つまた各国を実際に巡り、その普段から見聞した記録を本にしたが、これは当時の中国において一つの得難い世界概況に関する著作であった。当然さらに重要なのは、謝清高は一人の海商としての目で他所を観察して世界を見たのであって、少なからず大量に東南アジア・南洋一帯の佳境の商業貿易・経済文化活動について記載し、かつ十分にイギリス・フランス・オランダなどの西洋国家の植民拡張活動に注意し、アヘン戦争後の中国の奮起のための「開眼看世界」の思潮をなして、貴重なものを補う背景的資料を提供した。

例えば、暹羅（今のタイ）の状況を描写するところで、謝清高は暹羅が「国大而民富庶、（中略）家室盈寧、称為楽土。商賈多中国人。（中略）（現地人は）頗知尊中国文字、聞客人有能作詩文者、国王多羅致之、而供其飲食[53]」としている。この段の記述は、当時のタイ一帯の華僑に商業貿易活動に従事している者が多いということを反映しているし、彼らとタイの人民が和睦して交流があり、中国文化もタイ人民から尊重されているとし、ここから中・タイ人民の友好的往来と文化交流が古くから今に至るまで悠久の歴史的起源をもつ関係であるとしている。

東南アジア一帯では、華僑の足跡が各所に広く残され、中でも閩粤籍の華僑で貿易経済生産活動に従事している者が多かった。『海録』は「咭蘭丹」の条で、「中国至此者、歳数百。閩人多居埔頭、粤人多居山頂。（居）山頂（者）則淘取金沙、（居）埔頭（者）則販売貨物及種植胡椒」と記載している。「麻六呷」一帯においては、「土産錫・金・氷片・沙藤・胡椒・沙穀米・檳榔・燕窩・犀角・水鹿・玳瑁・翡翠・降・速伽南各香、閩粤人至此采錫及貿易者甚衆[54]」としている。

「新埠」の条には「閩粤到此種胡椒者万余人」と記している。インドネシアのスマトラ・ジャワなどの地には閩粤籍の華僑も多く、「三佛斉」は「山南復有二小島、一名空殻檳榔・一名朱麻哩、皆産錫、閩粤人到此采錫者甚衆」で、「噶喇叭」一帯は「上有中華人所祀土地祠（中略）中華人在此貿易者不下数万人、有伝至十余世者」とし、「吧薩国」は「地不産金、中華人居此者、唯以耕種為主」としている。また、「昆甸国在吧薩東南（中略）皆華人淘金之所」、「新当国（中略）至山頂皆産金、（中略）閩粤到此淘金沙・鈷石及貿易耕種者、常有数万人。（中略）華人居此多娶妻生育、伝至数世者[55]」とある。これらの資料の記載は、やや些末でまとまりがないものの、そこからは当時の中国と東南アジアの国家や地区の経済文化の往来や、華僑のこの地区の社会経済発展に対する歴史的貢献が見てとれる。

一つ指摘するに値するのは、華僑の活動の記載の他に、長年にわたって海上貿易に従事した商人として、謝清高はさらに鋭敏に、イギリスを主とする西洋植民者が進める植民貿易や、海外拡張に従事する東漸の態勢を見ていたことである。彼は、「英吉利国急功尚利、以海船商賈為生涯。海中有利之区、咸欲争之、貿易者遍海内」と指摘している。さらに、イギリスは「国雖小、而強兵十余万、海外諸国多惧之」といっている。シンガポールにおいては、謝清高は「嘉慶年間英吉利於此辟展土地、招集各国商民在此貿易耕種、（中略）数年以来、商賈雲集、舟船輻輳、楼閣連亘、車馬載道、遂為勝地矣」と記述している。これは植民経済が作り出した一時的な繁栄で、これと同時に相距たって遠くないマラッカは、元もとオランダの植民管轄に属し、元来「小西洋各国番船往来中国、経此必停泊采買貨物、本為繁盛之区。自英吉利開新州府（則ちシンガポール）、而此処浸衰息矣[56]」としている。ここから西洋植民者の激烈な争奪戦による、現地経済の興亡の変化状況を見て取ることができる。

アヘン戦争前に英領インド植民地から中国にアヘンが輸入されているという煙毒の状況に対しては、『海録』中にも記載がある。謝清高は、「明呀喇、英吉利所轄地、周囲数千里、西南諸番一大都会也。（中略）土産鴉片・煙硝・牛黄・白糖（中略）。鴉片有二種、一為公班、皮色黒最上。一名叭第咕喇、皮色赤、稍次之、皆中華人所謂烏土也。出於明呀喇属邑（中略）亦有二種、一名金花紅為上、一名油紅、次之。出嗎喇他及盎嘰哩者、名鴨屎紅、皆中華人所謂紅皮也。出孟買及唧肚者則為白皮、近時入中華最多。（中略）邇年以来、閩粤亦有伝種者、其流毒未知所底止也[57]」と指摘し、作者はアヘンの毒が日増しに氾濫する状況へ深い憂慮を表している。

この他に、『海録』はイギリス・フランス・オランダなど西洋の国家の政治・経済制度・宗教文化・生活習俗などの状況に対しては、みな紹介を行っている。例えばオランダは、「群臣奉王女為主、世以所生女継」とある。アメリカは「多用火船、（中略）無煩人力而船行自駛、其制巧妙、莫可得窺」とある。フランスは「民情淳厚、心計奇巧、所制名鐘表、甲於諸国[58]」とある。つまり作者は商人の角度から、身をもって体験した当時の世界に対するあらましの描写を行っているのだが、これは清代前期の中国人の、海外世界に対する認識の一種の進歩であるといわざるをえない。

（3）『裨海紀游』の突出した天地観

清の乾隆・嘉慶年間ごろに出版された『裨海紀游』（一巻）の作者は郁永河、浙江武林の人で、生没年およびその事跡について詳しいことは分からない。『屑玉叢譚』は蔡永康が『裨海紀游』に題を記した跋を収めているが、そこには「郁君為人行事無可稽考、今読其書、殆世之有心人也」とある。蔡氏は郁永河が記した『裨海紀游』が、台湾の地理的位置・沿海の情勢・海道航路およびその海防の地位の認識に対して、為政者に極めて啓発の意義があると考えていた。跋の中で、「夫台湾雖海中一小島、実腹地沿海諸省之屏蔽。今之開辟而郡県之者、不過二十分之一耳。設有人掃其荆榛、犁其巣穴、被以聖教、慴以天威、安見文身断髪之郷、必無革面洗心之日哉。况乎峻嶺高山、実興宝蔵、誠使獉狉之俗、悉隷版図、不特為富国之淵源、且可杜強隣之窺伺、書中於此三致意焉。（中略）窃願籌台諸君子熟思而審処之也[59]」と指摘している。

郁永河は自ら著書の中で、「余性耽遠游、不避阻険、常謂台湾已入版图、乃不得一覧其概、以為未慊[60]」といっている。後に、福州の火薬庫が災害で燃え落ちたのに際して、地方当局は人を台湾に派遣して硫黄を買い付けさせなければならなかったが、郁永河は自ら勇んでこの派遣任務を引き受け、ついに願い通りに台湾を歴遊することになった。『裨海紀游』は、この時の歴遊の経過を詳細に記述しており、その中には確かに蔡氏が跋中でいっていることであるが、郁永河は台湾が我が国の沿海海防衛の中でも、その位置するところの地位と作用を大変強調しており、当時のある人の「謂（台湾）海外丸泥不足為中国加広、（居民）裸体文身之番不足与共守、日費天府金銭無益、不若徙其人而空其地」という誤った言論に反駁している。また台湾は東南沿海の防衛において相当重要な戦略的地位をもっていると

裨海紀遊　續編卷第二十八
錢塘郁永河滄浪著
余自辛未春入閩由建寧延津以迄榕城初秋又自
榕城歷興泉至漳郡之石馬未幾又之漳浦海澄龍
巖寧洋諸屬邑暨各沿海村落遂至石馬又以扁舟
渡廈門五日而返壬申再還榕城留居司馬王君仲
千署中葢八閩余轍跡已歷六矣逮癸酉秋有泰寧
之役維舟邵武城下信宿而返其明年又之汀之武
平由延津泝流而上登鐵嶺之高涉九瀧之險半歲
之間往返四過凡山川幽窅之區罔不足歷而目覽
昭代叢書　戊集　裨海紀遊　卷第二十八　一　世楷堂藏板
焉是八閩已徧矣我　朝聲施遠被僞鄭歸誠臺灣
遠在東海外自洪荒迄今未聞與中國通一譯之貢
者迺遂郡縣其地設官分職輸賦貢金絲帆往來絡
繹海上增八閩而九甚盛事矣余性躭遠遊不避阻
險常謂臺灣已入版圖乃不得一覽其概以爲未慊
會丙子冬榕城藥庫災燬硝磺火藥五十餘萬無纖
遺有　司責償典守者而臺灣之雞籠淡水實產石
硫黃將往採之余欣然笑曰吾事濟矣丁丑春王遂

戒裝行同人輩皆握手鄭重有僕役徐文等言請從
郊送者某某同行者王君雲森也二月朔日至劉吾
店即五通渡也渡實支海廣十餘里登舟颶風驟至
巨浪如山帆掠水三尺傾斜欲覆浪入舟中衣冠盡
濕抵岸即廈門地顧視日影已墮崦嵫復行三十里
抵水仙宮漏下已二十刻旅舍隘甚無容足地姑就
和鳳宮神廟坐以待曉聽蕭山來子衞爲余覓舟爲
渡海計値大風不輟聞萬石虎溪二巖爲廈門山水
之勝拉同人至石巖巨石林立欹斜合沓若連檣複
昭代叢書　戊集　裨海紀遊　卷第二十八　二　世楷堂藏板
室而迴環曲折一徑可通傴僂匍匐俯首側
體然後度有時瀑流淙淙橫拂肩袖間其實在澗底
石下行也洞中宏敞有石几可凭清泉可濯抵暮循
舊路返明日復偕訪虎溪巖登其巔巨石可大一二
畝高十餘丈圓圓似鼓曲磴緣石傍可登有巨石斜
覆鼓上壁立插漢位置殊怪不知造物何以設想與
萬石巖各擅其奇岸畔頹垣小徑云是僞鄭公子錦
舍讀書處然萬石虎溪二巖巨石雖多絶無峰巒峭
側態小如拳大如屋即有層疊而上者望之亦纍卵

図２　郁永河撰『裨海紀游』

指摘し、「不知我棄之、人必取之。我能徙之、彼不難移民以実之」[61]としており、もし決定を誤り、台湾を放棄するようなことになれば、千古の遺恨を成してしまうといっている。

郁永河は実地での考察を経て、「近者海内恒苦貧、斗米百銭、民多飢色、賈人責負、声日沸騰」、かつ「台郡独以富庶」で、一つの繁栄の情景を呈していると認識していた。その原因の一つ目は、「鄭氏（鄭成功）之治台、立法尚厳、犯奸与盗、死不赦。有盗伐民間一竹者、立斬之。民承峻法、後猶有道不拾遺之風。市肆百貨路積、委之門外無敢窃者。（中略）茲地自鄭氏窃取踞至今、民間積貯有年矣」としているとおりである。二つ目は台湾の土地が肥沃で、物産も豊かであるということである。例えば「植蔗為糖、歳産二三十万。商船購之、以貿日本・呂宋諸国。又米・穀・麻・豆・鹿皮・鹿脯運之四方者十余万、是台湾一区歳入財賦五六十万」としている。一六八三（康熙二十二）年、施琅が台湾を取り戻して以来、財政収入は「総計不下千万、入多而出少」、かつ「台土宜稼、収穫倍蓰、治田千一、給数万人日食有余。為賈販通外洋諸国、則財用不匱、民富土沃」とあり、これは一つの豊穣の区であり、どうして勝手にこれを捨てることができようか。郁永河が見るところでは、東アジア一帯は、「日本最大、独称強国。紅毛（オランダ）狡黠、尤精戦艘火器。（中略）西洋人務為遠図、用心堅深、不可測識。幸去中国遠、窺伺不易、使有台湾置足、則朝去暮来、擾害可勝言哉」とされており、そのため「今既有其地而謂当棄之、則琉球・日本・紅毛・安南・東京諸国必踞之矣」[62]として、勢い中国東南沿海防衛の大きな外患となるのであるとしている。

明らかに、郁永河の実地観察および台湾の戦略地位の重要性に対する認識は正確で、さらに称賛すべきなのは、一人の「性耽遠游、不避阻険」といった知識分子としての郁永河の天地観もかなりのものであった。彼は「宇内形勢」篇の中で明確に以下のように指摘している。伝統的な固有の中国を天下の中心とする説は、実は「語近不経」である。郁永河は「吾人所居、自謂中華大国、未免見大言大、不知大本無拠、而中亦未然。夫天地之体、既皆円矣、人処宇内、頭戴天而足履地、何莫非中。若必求天地之中、則惟北極天枢之下、此処如輪之轂、如磨之臍、如人身之心、庶幾足以当之。然天枢之下、実在朔漠以北、去禹跡甚遠。中国一区、道里雖広、若以天枢揆之、其実偏在東南、而東南半壁又皆海地(63)」と認識していた。これは実際には中国の天下中心の伝統観念を否定したに等しい。

我々は、郁永河のこの種の認識は、千百年来一貫して天下中心の国を自認していた中国人にとって、疑いなく伝統観念を打ち破るものであったと思える。我々は既に知っていることであるが、まさに明末の西洋の伝道師が明王朝の統治者に世界地図を進呈したとき、中国人の心理に迎合するために、とくに地図を描き改め、中国の位置を地図の中央に移し、中国が天下の中心であるという意を示した。ただこのように苦心しても、多くの保守的な士大夫の批難をまねき、「溥天王土」の中華帝国が世界地図の小さな一部しか占めていないと考えることは、つまりは反逆的行為と思われた。いわゆる「天処乎上、地処乎下、居天地之中者曰中国、居一地之偏者曰四夷。四夷外也、中国内也(64)」という考えである。長い間、このように深く根付いた伝統的天地観は、一方では「内中国外夷狄」という心理的姿勢を強化し、王朝統治者をさらに夜郎自大な態度にさせ、「天朝上国」と自認させた。もう一方では、さらに多くの中国人が「化外之邦」である外部世界を探索することを妨げた。この種の状況下で、郁永河は敢えてこの種の「見大言大、不知大本無拠、而中亦未然」という誤謬を指摘し、あわせて基本的で正確な世界地理知識をもって解釈をし、正確にそれが人に伝わるようにした。陳倫炯『海国聞見録』の中に描かれた「四海総図」・謝清高『海録』中の外部世界の紹介や、郁永河『裨海紀游』の世界に対する観察を連想してみてもわかるように、これらは、この時期の東南沿海一帯の知識分子の世界に対する知識の探求や追求を反映している。

当然、時代の限界によって、『裨海紀游』にも多くの誤りがある。例えば西洋の天主教の描写では、常に中国伝統の道徳観の目でこれを見て、結果として荒唐無稽な結論を下している。しかし郁永河も正確に西洋の宣教師が船を乗り継いで東進し、決して単純な伝道の目的ではなく、「必有所為矣」としている。彼は人々に注意を促して、西洋の宣教師は妻を棄て子と別れて遠く伝道に来たのであり、「為名乎。為利乎。為游中華之名山大川、観中華之礼楽政教乎。其国君歳駆其民於中国、又歳捐金銭鉅万資給之、曾無厭倦、果為朝会納貢来乎。抑歳飢饉、移民以就食於中国乎。既無一於此、殆復何求。其有欲存焉、不待智者然后知也[65]」といっている。事実確かにそうであったのであるが、数十年後、西洋の宣教師は大砲と軍艦の援護を得て、中国人に「上帝」の福音を伝えることを強行し、その下心をさらけ出した。このように我々はこの時期の歴史をあらためてふり返り、郁永河らの懸念が杞憂でなかったということを認めざるをえない。

おわりに

上述の内容をまとめると、清代中国人の海洋観は、中央王朝・地方官員と一般の士人知識分子の三つの層で区分されるところがあるということになる。

海洋に対して如何に認識して対処するかという問題において、清王朝の統治者は基本的に歴代中原王朝の統治者の農を重視し商を抑制し、陸を重視し海を軽く見るという伝統観念を踏襲したが、その関心は主に、完璧なる王朝統治は自給自足の小農経済という基礎に依存するというところに置かれ、それゆえに世界的な海洋時代の到来に対して必要な思想と心理的な備えを欠いてしまったのである。このため、鄭氏海上政権の挑戦に向き合っている過程の中では、禁海遷界や船を打ち壊すという内向きに後退する消極的な防御措置をとり、「如嬰児絶乳、立可餓斃」とし、鄭氏政権を死地に追いやるということに期待をかけたのである。ただ事実が証明するように「禁海遷界」は決して明清以後の東南沿海海洋商品経済を押しとどめることは出来なかった。海上の密貿易経済を含む発展の趨勢は、当然ながら鄭氏海商集団を「不攻自滅」に追いやることは出来ず、かえってそれに「独得通洋之利」をあたえ、勢力を強くさせてしまった。後に清王朝は施琅・姚啓聖らの意見をいれて出兵し海を越えて台湾を攻め、それを大清の版図におさめたのだが、台湾を放棄するか手中に留めるかという問題においては、また動揺して不安定な躊躇の態度を露呈した。これは実際に、世界的な海洋時代が到来したという大局のもとで、清の統治者が台湾の占める海洋戦略上の位置に対して、依然として持つべき認識を欠いていたということをあらわしている。陸を重視して海を軽視する思想観念の影響を深く受けているため、海洋意識が薄弱な清の中央王朝統治者は終始、海上における積極的で自発的な態度の制海権を無視し、海洋・海の境界防御とコントロールの重点を内陸に置き、そうして鮮明に伝統的な海洋観である「防内重於防外」・「重陸軽海」と「守土防御」という三つの特徴を体現したのである。

しかし東南沿海一帯の地方官員や鄭氏海上武装集団、および見識のある士人知識分子は、海洋商品経済と海外貿易が日増しに隆盛になっていく過程の中で、不断に海洋に対する認識を豊富に発展・深化させていった。清の中央王朝統治者の「農桑為本」の立国思想とは異なり、鄭成功は大いに海外貿易を発展させることで国家を富強にすることが出来ると考えていた。その「通洋裕国」の思想を打ち出し実践することは、明清以来の東南沿海商品経済の発展の要求にかなったものであるし、世界的な海洋時代の発展という大趨勢に順応したものでもあった。ただ遺憾なことに、鄭氏の海上政権は清朝政権との武装抗争の中で敗北してしまい、東洋・西洋の海上貿易の牛耳をとることが可能な、時代の活気に富んだ民間海商武装勢力が滅亡にしたことにより、中国東南の海洋の境界は事実上この無形の「海上長城」という障壁を失ってしまった。十七・十八世紀より後、西洋の海上植民列強が不断に門戸を叩き、一八四〇年のアヘン戦争の勃発へと至ったとき、海洋時代の歴史発展は十分にこの点を説明することになったのである。

その他に、東南沿海の一部の地方官員と鄭氏海商集団と、海洋を重視し、海洋を利用する思想が互いに類似している閩・粤・浙一帯の沿海地区の士人知識分子の海洋に対する認識や海外世界に対する探求は、明清以来の東南沿海地区の海外貿易と海洋社会経済の発展が人々の思想に深い影響を与えたことを反映している。彼らの海洋海防意識・航海通商の経歴、および天下観・世界観の初歩的な形成は、やや曖昧模糊で体系だってはいないものの、貴重な思想遺産としてアヘン戦争後の中国思想界の「開眼看世界」の社会思潮の興起の先触れとなったのである。また同時に中国の海洋観が伝統から近代的なものへと形を変えていく発展の軌跡の伏流となり、中国の近代以後の多くの識者が継承・発展させていくことになったのである。

註

（1）王家倹「近代中国海権意識的覚醒」（『中国近現代史論集』第八冊）一九八三年版、第七三頁。
（2）筆者はかつて中国前近代伝統の海洋観を「有限開放性」・「辺縁従属性」と「守土防御性」の三つの主な特徴に帰納した。関連の論述は、『海洋迷思――中国海洋観的伝統与変遷』（江西高校出版社、一九九九年）五一～五七頁を参照のこと。
（3）『明太祖実録』巻六八、明洪武四年九月辛末。
（4）（明）谷応泰『明史紀事本末』巻一〇「故元遺兵」。
（5）孟森『明清史講義』第二篇、第二章「靖難」。
（6）魏源『聖武記』巻一「開国龍興記二」。
（7）左宗棠『左文襄公全集』「奏稿」巻五〇。
（8）王勝時『漫游紀略』巻一。『小方壺斎輿地叢鈔』第九帙を見よ。
（9）『清世祖実録』巻九二、順治十二年六月壬申。

(10)『明清史料』丁編、第二本「申厳海禁勅諭」、中研院歴史語言研究所刊本。
(11)江日昇『台湾外紀』(校注本)巻一一、福建人民出版社、一九八三年。
(12)陳寿祺等『重纂福建通志』「海防」、正誼書院、同治七年重刊本。
(13)『鄭成功等史料文件』一〇二二九七号、北京図書館蔵。転引自韓振華「一六五〇—一六六二年鄭成功時代的海外貿易和海外貿易商的性質」(『廈門大学学報』一九六二年第一期)。
(14)『皇清名臣奏議匯編』初集、巻一二「敬陳管見三事」。
(15)連横『台湾通志』(商務印書館、一九八三年)巻二九「顔鄭列伝」。
(16)江日昇『台湾外紀』巻一三。
(17)『明清史料』丁編、第三本、「厳禁通海勅諭」。
(18)連横『台湾通志』(商務印書館、一九八三年)巻二九「顔鄭列伝」。
(19)魏源『聖武記』巻八。
(20)施琅『靖海紀事』巻下、「恭陳台湾棄留疏」、附録八閩紳士公刊原評。
(21)『康熙起居注』康熙二十二年十月初十条。十月十一日条。『康熙統一台湾檔案史科選輯』(福建人民出版社、一九八三年)三二六—三二七頁より引用。
(22)『清朝続文献通考』巻巻五六「市糴　一」。
(23)王勝時『漫游紀略』「小方壺斎與地叢鈔」第九帙を見よ。
(24)『皇朝経世文篇』巻八三、施琅「論開海禁疏」。
(25)趙爾巽『清史稿』(中華書局一九九七年)「兵志六」巻一三五。
(26)同上「兵志九」巻一三八。
(27)同上「兵志六」巻一三五。
(28)『清朝続文献通考』巻二二四「兵二三」、第九七〇六頁。

(29) H. Pemsel 著・屠蘇等訳『世界海戦簡史』(海洋出版社、一九八七年) 第一〇頁を参照のこと。
(30)『明神宗実録』巻二六二、万暦二十一年七月乙亥。
(31) 同上。
(32) 江日昇『台湾外紀』巻五。
(33) 江日昇『台湾外紀』巻六。
(34) 同上、巻二。
(35) 同上。
(36)「福建巡撫許世昌残題本」(『明清史料』已編、第六本)。
(37) 黄叔敬『台海使槎録』巻四「偽鄭逸事」。
(38) 楊英『先王実録』(福建人民出版社、一九八一年) 第八七頁。
(39) 楊国楨・陳支平『明史新編』(人民出版社、一九九三年) 第三頁。
(40) 陳倫炯『海国聞見録』「序」。『昭代叢書』続編、戊集、巻二十七を見よ。(道光癸巳年世楷堂蔵版)。
(41) 同上。
(42) 上記の引用はみな陳倫炯『海国聞見録』「天下沿海形勢録」を見よ。
(43) 趙爾巽『清史稿』巻二八四「陳倫炯伝」中華書局、一九九七年、第一〇一九四頁。
(44) 同上、第一〇一九四―一〇一九五頁。
(45) 同上。
(46) 袁枚『慶遠府知府印公伝』。『小倉山房文集』巻三四を見よ。
(47) 陳倫炯『海国聞見録』「天下沿海形勢録」。
(48) 陳倫炯『海国聞見録』「大西洋記」。
(49) 楊復吉『海国聞見録』「跋」、『昭代叢書』続編、戊集、巻二七。道光癸巳年世楷堂蔵版。

(50) 楊炳南『海録』「序」。『海山仙館叢書』咸豊辛亥年刻本。
(51) 同上。
(52) 同上。
(53) 謝清高口述・楊炳南筆録『海録』「暹羅」。『海山仙館叢書』咸豊辛亥年刻本を見よ。
(54) 同上、「咭蘭丹」・「麻六甲」。
(55) 同上、「新埠」・「三仏斉」・「噶喇叭」・「吧薩国」・「昆甸国」・「新当国」等条記。
(56) 上記引用はみな『海録』を見よ。
(57) 同上。
(58) 同上。
(59) 『屑玉叢譚』三集『裨海紀游』、蔡永康「跋」を参照のこと。
(60) 郁永河『裨海紀游』。『昭代叢書』続編、戊集、巻二八。道光癸巳年世楷堂蔵版。
(61) 郁永河『裨海紀游』「宇内形勢篇」。
(62) 上記引用はみな郁永河『裨海紀游』を見よ。
(63) 同上。
(64) 石介『中国論』。
(65) 郁永河『裨海紀游』。

台湾の黒潮流域圏における鰹漁業の近代化と環境

吉尾　寛

はじめに
一　台湾総督府の鰹漁業に関する水産調査
（1）「東北部漁場」
（2）「東部漁場」
（3）「南部漁場」
二　黒潮流域圏における鰹漁業振興施策
（1）沿岸操業における漁網・漁法の改良
（2）鰹節製造業
A　真鰹節と惣田鰹節
B　火焼島における鰹節製造業
（3）「焼玉式」動力船の〝導入〟と築港
おわりに

はじめに

筆者は、前稿「台湾海流考――漢籍が表す台湾をめぐる海流と〈黒潮〉遭遇――」（『海南史学』第四十四号　二〇〇六年）の結論部分において次のように記した。

十六世紀から十九世紀の台湾の地方史料ならびに冊封使の航海記録に依れば、明人・清人は台湾をめぐるいくつかの海流に遭遇し、その体験にもとづいて、潮流の強さ・速さ、風・潮汐との関係および海面の色等から徐々にそれらの海流の認知を深めていった。改めてその内容を時系列に沿ってまとめると、十六世紀以降、琉球に向かう封舟は、台湾北方の「赤（尾）嶼」から「古米山」（「姑米山」）間の海域で「溝」、「黒溝」、あるいは「黒水溝」と称される黒潮に遭遇するようになる。十七世紀後半からは、澎湖諸島をはさむ台湾海峡と澎湖水道との間の交通が盛んになるにしたがって、当該海域における「黒水溝」及び「紅水溝」についての認知が深まる。そして、台湾西部から東部沿海部への開発の拡大にともない、主として十八世紀から十九世紀にかけて、東北の「雞籠山」沖、南端の「沙馬磯頭」沖、両者をつなぐ形の、噶瑪蘭庁沖、東南の紅頭嶼沖、それぞれの地点で「万水朝東」（「弱水」）と称される黒潮本流の認知が広がっていった。即ち、黒潮は、台湾周辺における個別的な海流の遭遇と認知に関していえば、台湾の東方から東北の方面にかけて広く関わっていた。（中略）

以上に述べた「万水朝東」・「弱水」、「黒水溝」・「紅水溝」、「溝」・「黒溝」等を以て語られる台湾をめぐる海流のあり方、またその背後に在って「落漈」、「尾閭」の言葉に象徴される海洋観――これらと、十九世紀末、いわゆる日清戦争を契機に日本が台湾を領有してから日本人によって描かれた台湾周辺の海流のあり方との間には、率直に言って、大きな乖離がある。管見の限りでは、十六世紀から十九世紀の漢籍の中に、黒潮という文字は認められない。日清戦争直後より、日本はこの黒潮という言葉を、台湾の水産業（とくに鰹漁業）振興のための、いわば最も重要なキーワードの一つとして台湾にもちこんだのではないかと考える。

文中、「落漈」とは海の際限に落ちゆく流れ、「尾閭」とは究極的な排水渠を意味し、「万水朝東」は総ての海・河の水の集まる東の海またはその海流、「弱水」は船を沈める海とそれぞれ解釈した。[1] 果たして、十六世紀以来の台湾をめぐる黒潮のイメージ「海の際限に落ちゆく流れ」、「総ての海・河の水の集まる東の海」は、いかなる具体的な人的営為を経て、〝台湾の水産業（とくに鰹漁業）振興のための最も重要なキーワードの一つ〟、いわば〝資源〟に関わるキーワードに変わっていったのであろうか。[2] 本稿の目的はこの課題に迫るところにある。

具体的には、十九世紀後半から二十世紀前半において日本政府が進めた台湾の鰹漁業の一連の諸政策（水産調査～振興策）の基本線を、台湾の東北沿岸の台北州基隆、同貢寮、宜蘭、同蘇澳（南方澳）、ならびに沖合の亀山島、東部沿岸の台東庁および沖合の火焼島（現緑島）の各漁村に焦点をあて、さらに東南部沖合の紅頭嶼（現蘭嶼）にも及んで明らかにする。それを通して、嘗て「万水朝東」等とも称された黒潮流域圏における鰹漁業の近代化の過程と環境との関係を示すとともに、漁民の黒潮に対するイメージの変容のあり方に迫る手がかりを得たい。敢えて結論を先取りしていうならば、黒潮流域圏の海洋環境は、台湾漁業の近代化の過程に少なからず影響を与えた可能性がある。

なお、小稿で用いる〈黒潮流域圏〉という言葉は、黒潮が流れる海域とその自然環境の影響下にある陸域を意味している。また、筆者は漁業史を専門としていないため、小稿は台湾漁業に関する過去・現在の概説書に記載された史実の紹介にも紙幅を割いている。その点で、初歩的考察の域を出ていないことを予めお断りしておきたい。小論に関係する台湾の地点等については末尾の【地図】を参照されたい。

一　台湾総督府の鰹漁業に関する水産調査

胡興華著『台湾的漁業』「漁業近代化的開始——日拠時期」「殖民統治下的漁業発展」[3]にもとづくならば、日清戦争以降一九二〇年代までの日本政府が進めた台湾漁業振興策の概要は、次のように整理できる。

明治二十九年（一八九五）：台湾総督府、台湾の水産調査を開始。初年次は淡水・新竹・鹿港・澎湖の水産事業および台南地区の養殖業を調査対象とし、翌年は基隆・安平・東港地区の水産業、新竹・鹿港地区の漁業、塩業、水産品市場等へと拡大した。その後、試験範囲を漁撈ならびに漁具・漁法・水産製造、および養殖業に拡げ、各地に設置した水産試験所と養殖場以外でも台湾をめぐる海洋漁場に対して大規模な調査を進めた[4]。

明治三十一年（一八九八）：台湾殖産局、専門の技術人員を配置して水産業務を運営・管理させる。ここに台湾の水産行政が実質的に始まる[5]。

明治三十八年（一九〇五）：日本統治の初期、漁業の基本資料の収集とともに、民間への試験の委託も開始される。調査分析の結果にもとづき、漁業発展を支援する必要性を認識。これによって明治三十八年から「水産奨励計画」を策定し、逐年施行[6]。

明治四十三年（一九一〇）：四月、台湾漁業の基本法にあたる「漁業法」が公布される。「台湾漁業規則施行規則」五十六条を発布し、台湾の漁業型態と捕魚方法についてモデルを示す。これらの法規は日本本土の規定（一九〇一年制定「漁業法」）に依拠する反面、台湾総督府によっても独自に制定された(7)。

同　年　：総督府、台湾最初の水産試験専用船「凌海丸」を建造し、沿近海漁業の試験調査に従事させる。その後「凌海丸」は排水量と馬力を増し、遠洋漁業の調査にあたる。台湾沿近海の漁業試験は試験船「緑丸」が担う(8)。

大正六年（一九一七）：日本各界、「水産南進」の号令を掲げ、操業区域を南方に拡大させ、かつ東沙・南沙諸島で燐鉱石の発掘を開始させる(9)。

大正十一年（一九二二）：［明治三十八年の「水産奨励計画」に］州・庁地方政府も積極的に参画させる。台湾本来の漁業の特徴と条件をふまえ、各々区別して支援を行う。当時奨励した項目は、①漁法・漁具の改良および漁船設備の改善、②動力漁船の建造、③養殖事業の発展、④水産加工の奨励、等々である(10)（傍点は筆者）。

昭和二年（一九二七）：継続的に台湾沿近海、南シナ海、ボルネオ、フィリピン等で遠洋漁業の試験調査を行う以外に、ルソン島に上陸してスカーボロ環礁を調査観測する(11)。

台湾総督府民政局『殖産報文』一巻一冊（一八九八年）「基隆蘇澳及近海鱶及鰹漁撈試験」（［明治］二十九年元殖産部農商課水産掛員試験報告ニ拠ル(12)）によれば、明治二十九年（一八九六）の「台湾水産調査工作」は、「第一区淡水港以東蘇澳港ニ到ル沿岸、第二区淡水港以南恒春ニ到ル沿岸、第三区恒春ヨリ東岸蘇澳ニ到ル沿岸、第四区澎湖列島沿岸」（読点は筆者）と水域を分けた上で、「数箇年ノ継続事業トシテ漸次成功セシムルノ方針ヲ採リ第一着手トシテ」実施されたものである。実際、台湾総督府は、以後当地の統治を進める中で、本島南端から澎湖諸島にいたる「西部漁業(13)」の鰮等の養殖振興以外に、基隆を起点とする東北沿岸部、東部沿岸部、さらに南部沿岸部各漁場に及んで、塩業、水産市場、漁撈ならびに漁具・漁法・水産製造等について調査し、同時に、水産試験所の設置や台湾周辺の漁場に対する大規模な調査も実施していった。

台湾総督府殖産局水産課『台湾の水産』（昭和五年・一九三〇）「第一編業態」「第一章漁業」「第一節始政当時の状況」には、日本の関係者が調査当初に持っていた情況認識の一端が次のように披瀝されている。[14]

本島の地勢は海岸の屈曲が乏しいので船舶の出入不便なるのみならず、夏季の低気圧、冬季の季節風のため海上険悪であるので沿岸漁業を顧みるものがなかった。加之支那対岸から渡来した本島人部落の附近は西部海岸の広大な沃野であるので一般に海を恐れ漁業者を討海人《トウハイラン》と呼び漁船を船仔《ツーシア》と称し軽侮の念があった。従って住民の大部分は農業を主とし漁業は僅かに地方的に営むに過ぎなかったのである。それで漁業に投資するものなく漁業の如きは竹筏《テツパイ》又は少数の支那型船を用ひ、漁具も亦規模小さく且つ幼稚で、出漁区域亦沿岸から遠からざる小海区に限られ、漁獲物も僅かに生産地附近へ供給するに過ぎない真に貧弱な状態であった。

では、台湾総督府殖産局は、このような、いわば人為的劣性（漁具・規模共に小さく稚拙）に偏った認識を前提に、鰹漁業の将来性に関わる黒潮流域圏の三つの漁場「東北部漁場」[15]、「東部漁場」、「南部漁場」についていかなる実態を把握したのであろうか。以下、各節冒頭に「万水朝東」、「弱水」等々の記載内容を確認し、その上で、調査で立てられた観点、具体的には「海流」、「海況（海洋気象）」、「漁期」、「根拠地（漁港）」、「餌料」等に即して調査結果を紹介したい。

（1）「東北部漁場」

清・郁永河撰『裨海紀遊』巻下・康熙三十七年（一六九八）六月の条にいう。

写真1　基隆山から東部海岸を眺望（吉尾撮影）

海に縁い東行すること百六七十里、雞籠山に至る。是れ台の東北隅なり。小山の円く鋭く、水面を去ること十里、孤り海中に懸る有り。雞籠を以て名づけらるる者、其の形に肖《に》ればなり。此れを過ぎて南すれば、則ち台湾の東面為り。東西の間、高山阻絶、又野番に盤據せられ、勢い通ず可からず。而も雞籠山の下、実に弱水に近く、秋毫も載せずして、舟至れば即ち沈む。或るもの云く、名づけて万水朝東と為し、水勢い傾瀉し、地底に捲入し、滔滔と東逝し、流して返えざらしむ、と。二説未だ孰か是なるか詳かならず。舟を操り往試し、帰り人に告ぐる者無し。海舟相戒め、敢えて其の下に出でず。故に水道に於いても亦通ず能わず。西の東を知らざるは、猶東の西を知らざるがごときなり。(16)

台湾総督府民政局『殖産報文』一巻一冊「基隆蘇澳及近海鰹及鰹漁撈試験」前掲は、「第一区漁場沿岸ノ気候ハ本島北部漁場ノ気候ヲ代表セルモノ」として「明治二十七年淡水及基隆税関ノ調査ニ係ル観測表」（「淡水税関気象観測表」「基隆税関気象観測表」）を掲載している。その総括文には、「南部地方」（紅頭嶼を含む）の天候との対照性に論及し、本島全体の黒潮流域の天候上の特徴が記述されている。

〔明治二十九年七月三日～八月二十三日〕漁業中ハ基隆港降雨至テ少ク、僅ニ曇天四日雨天九日アリシノミ。而シテ北風ニ比シテ東風多ク、又断ヘス多少ノ風アリテ、漁業ヲ妨ケシコト少カラサリシモ、亦之ニ依テ多少ノ便利ヲ得タリ。即払暁ニハ「嵐」ト称シ陸上ヨリ吹来ル軟風アルカ為、漁船ハ風力ニ藉テ沖合ニ出ルノ便ヲ得、又晩景ニハ常ニ東風或ハ北風ノ吹来ルアリテ頗帰帆ノ便ヲ与ヘタリキ。概シテ春夏ノ候（四、五、六、七、八月）ハ之ヲ冬期ニ比シ海上静穏ニシテ雨量モ亦鮮ク、漁業ニハ最適当ノ時期ナルカ如シ。然ルニ南部地方ハ全之ニ反シ、冬期静穏ニシテ夏期波濤高ク、漁業ヲ営ム能ハスト聞ク。此ノ南北反対ノ天候ヲ見ル所以ノモノハ、漁業上深ク注意ヲ要スヘキ所ニシテ、之ヲ惟フニ北部ハ夏期ニ於テ東南風多キモ、地勢上ノ関係ヨリ風力ハ高山ニ遮ラレテ、海上ニ及ホスコト少シト雖、冬期ニアリテハ北東ノ強風ヲ前面ニ受ケ、且蒸発多量ナル黒潮ハ重ニ東部近海ヲ流レ北ニ向テ進ムニ随ヒ、比較的寒冷ナル海水ニ遇フテ霧ヲ醸シ、此霧ハ東北風ニ吹カレテ南方ニ浮游シ、終ニ北部丘陵或ハ高山ニ撞著シテ凝結シ、更ニ雨トナリテ下降スルカ故ニ、自然冬期北東風ノ候ニ於テ降雨多キヲ致スモノナルヘシ。

尚漁業上最注目スヘキハ潮流ノ速度ニシテ、本島ノ如キ屈曲ニ乏キ沿岸ハ、海水ノ奔流ヲ遮ルニ足ルヘキ天然堤ナキヲ以テ、自然潮勢ハ一瀉千里極テ迅速ナルヲ免レス。即是レ漁業至難ノ一大主因ニシテ、将来漁船漁具ノ改良上深ク研究セサルヘカラサルノ要点ナリ。（句読点・傍点は筆者）

台湾東北部の黒潮流域圏の天候をめぐって、①春夏が海上静穏にして漁撈に適するのと反対に、冬季は北東風の強風を受け、いわゆる「霧雨」（又は「鹹雨」）（「蒸発多量ナル黒潮」が本島東部近海を北流して「比較的寒冷ナル海水ニ遇フテ霧ヲ醸シ」かつ「東北風ニ吹カレテ南方ニ浮游シ終ニ北部丘陵或ハ高山ニ撞著シテ凝結シ更ニ雨トナリテ下降スル」）が発生させる、②本潮流を前面にみる海岸は「屈曲ニ乏」く「天然堤」も無く、そのため黒潮は極めて急迅に流れる、③そのこと（「一瀉千里極テ迅速」）はまた漁業に対して障碍であり、それ故「漁船漁具ノ改良」が必須である、と記されている。

他方、同書所収の「基隆附近漁村状況」と題する報告文には次のようにある。「漁村」とは「基隆街」を中心に「社寮庄」、「八斗庄」、「焿仔焿庄」、「鼻頭庄」、「仙洞庄」、「大武崙澳仔庄」、「馬鍊港口庄」、「龜吼庄」、「野柳庄」等を指し、明治三十一年（一八九八）に調査が行われた。各漁村の位置については【図】を参照されたい。

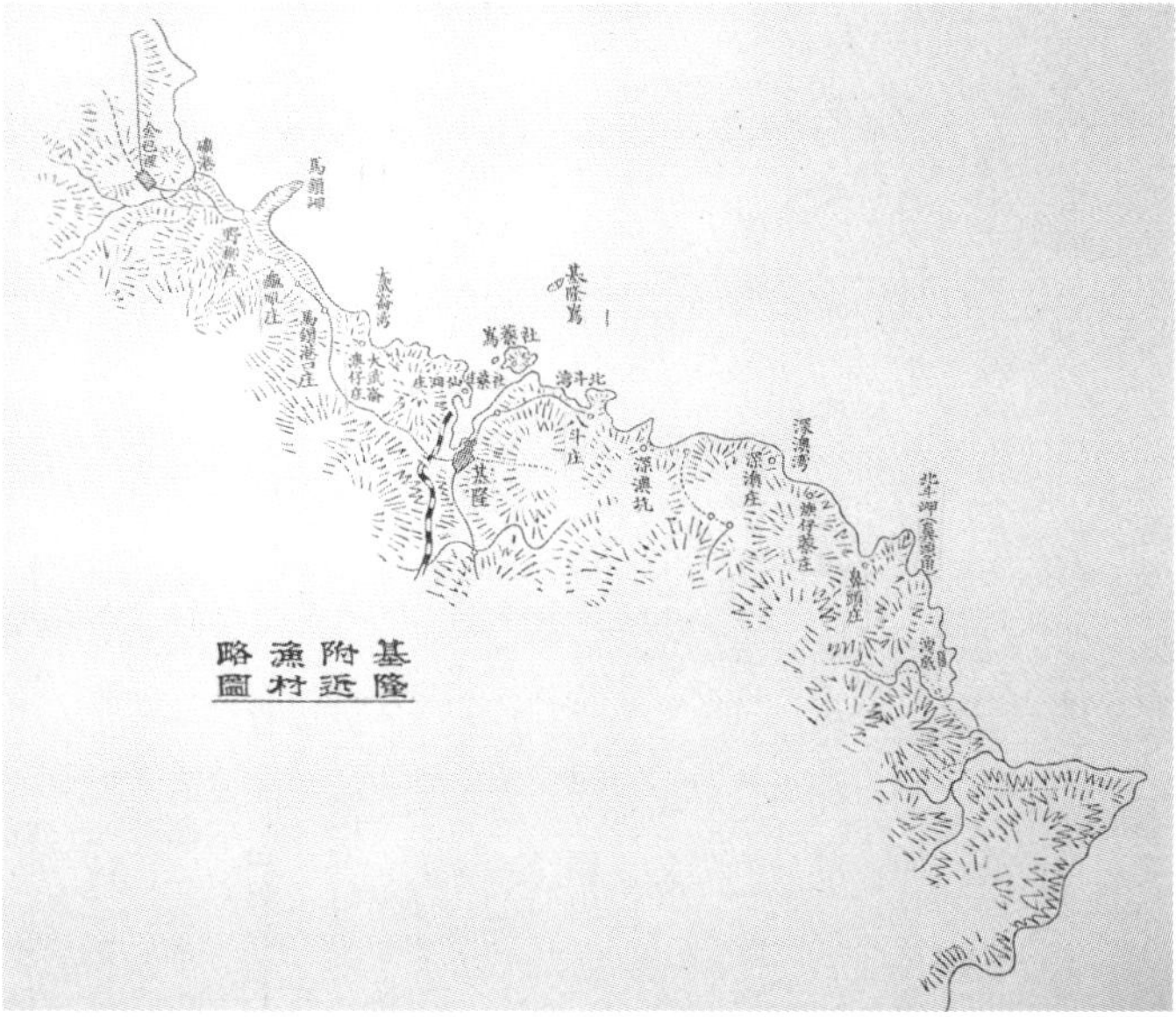

図　「基隆附近漁村状況」

写真２　基隆山下の海岸状況（吉尾撮影）

その総括部分には、元来当村の漁業は「細魚」を追い、「漁具亦至テ幼稚」なる沿岸漁業を主とし、日本の「揚繰網（流刺網）」等の使用により改善される可能性はある。しかし、この「東北部漁場」――同時に黒潮流域圏としての海域でもある――には、「潮流ノ急迅」「港湾ニ乏キ」以外に「海ノ浅深区々（海底の深さが一定してない）」「海底岩石多キ（海底に岩礁多い）」等の地勢上の重大問題があると指摘している。

東鼻頭角ヨリ西馬鎖岬ニ至ルノ間ハ、海底岩石ニシテ海岸屈曲ニ乏ク、山岳海ニ迫リテ直ニ岸ヲ成セリ。就中較々良好ノ漁村ト認ムヘキハ社寮及八斗ノ庄アルノミ。沿岸魚族夥多ニシテ、岸下常ニ細魚ノ群ヲ成セルヲ見ル。蓋是等細魚ハ漁村経済上欠クヘカラサルモノニシテ、漁家ノ依テ以テ生計ノ要素トナセルモノナリ。土人ハ団結力ニ乏ク漁業ノ規模狭少、遠洋漁業ノ如キ夢想ニタモ浮ハサル所ニシテ、個々分立近岸ニ漁シテ小獲ニ甘ンスルカ如シ。蓋潮流ノ急迅ニシテ漁業ノ困難ナルハ、自然ニ退縮ノ傾嚮ヲ醸スノ主因ナルヘシ。漁具亦至テ幼稚ナレトモ、罾網ノ如キ構造簡単操縦自在ニシテ、陰晴常ナキ海面ニ於テハ最使用ニ適切スルモノナリ。何トナレハ漁業ヲ営ムノ際、遽ニ颶（飆）風ノ襲来ニ遭フモ、急ニ網ヲ収メテ難ヲ避ルニ便ナレハナリ。此地方ノ漁場ニ於テハ内地ノ揚繰網、八手網、流網、台網ノ如キ皆適当使用ノ途アリト雖、海ノ浅深区々ナルト海底岩石多キト潮流ノ急迅ナルト港湾ニ乏キト此四ノモノハ恐ク使用上大困難ヲ感セシムヘシ。（句読点・傍点は筆者）

前稿で指摘したように、この海域は、十九世紀までの史書の中で「弱水」（「船を沈める海」）とも呼ばれた。ここに引用した文章からすると、海底が岩礁で出来ておりかつ深さが一定していないこの海域で、黒潮が急迅に動き、さらに（冬季の北東信風など）強勢な季節風が吹く時、この海域は「弱水」と化したと言えるのではなかろうか。

「基隆蘇澳及近海鱶及鰹漁撈試験」は、以上をふまえて、原住民が行ってきた鰹漁の実態について報告する。鰹は台湾東部・南部をめぐる黒潮にのってほぼ一年漁獲可能であり、「北部」・「東北部漁場」では、四月に北行し（「上リ鰹」）、七月に産卵のため沿岸に留まり（溜まり鰹?）、十月に南下する（「下り鰹」）。港湾に群来する鰹を「曳網」で捕ることは、夏季の鰹釣漁を補う意味で重要であり、「揚網」（流刺網）、「巾著網」（まき網）の使用が重要な条件となる。網の特徴については、【写真11】（第二七七頁）を参照されたい。ただし、鰹釣漁にとって必須な活き餌（鰮、鯵、柔魚等）が、かかる漁網を用いても全く捕れないとして本報告は結ばれている。調査主体においては、漁具・漁法の稚拙だけで結論づけられない黒潮流域圏の気候、地勢に及ぶ厳しい自然環境の実態に突き当たったと言うべきであろう。
そして、この餌料の問題は、以下の漁場の調査においても繰り返し取り上げられることになる。

「鰹漁場」　鰹ハ黒潮ノ流派ニ洄游スルモノニシテ、上リ鰹、下リ鰹、及産卵ノ為沿岸ノ海中ニ留マルモノトノ別アリ。憶フニ黒潮ノ海岸ヲ流ルヽコト本島ノ如キハ、周年鰹ヲ漁スルヲ得ヘク、現ニ本年二月打狗ニ於テ土民ノ漁獲セルヲ目撃シタルコトアリ。土民ニ就テ聞クニ、北部ニ於ル鰹ノ漁期ハ三期ニ分チ、四月、七月、十月、ナリト云フ。是固ヨリ確信ヲ措クニ足スト雖、四月ハ北ニ向フモノニシテ、七月ノ季ニ至レハ卵子ヲ産センカ為沿岸ノ海中ニ留リ。十月ノ季ニ至テ北ヨリ南ニ還ルモノナランカ。元来鰹ハ群ヲナシテ洄游スルモノナレハ、漁場モ一定ナルコト能ハスシテ、時々港湾ニ群来シ曳網ニ罹ルカ如キモ亦鮮カラストス。故ニ漁具トシテハ揚繰網又ハ巾著網ノ如キモノヲ用井、魚群ヲ見懸テ随時漁獲スルヲ以テ良法ナリト信ス。

「漁具」　鰹釣ハ夏季ノ漁獲甚鮮シ。故ニ該季ニ於テハ適当ノ網具即内地ニ行ハルヽ改良揚繰網、巾着網又ハ刺網ノ如キ進歩シタル漁網ヲ用フルヲ以テ可トス。

「釣餌」　鰹ノ餌料トシテハ鰮、鰺子、柔魚等ヲ用井シモ、一尾ノ寄リ来ルモノナカリキ。（句読点・傍点は筆者）

写真３　凌海丸（『台湾的漁業』）

道光年間『噶瑪蘭志略』巻四「海防志」にいう。

烏石港・沙汕の外は、即ち大洋・深水に係る。査するに、［宜］蘭属の洋面、通台の南・北と風を異にし、潮汐、信を反す。北のかた来たれば雞籠・卯鼻の険有り、南のかた去れば万水宗東（万水朝東）にして、落漈遠からざるに縁り、船隻、［噶瑪］蘭に入るに遇う毎に、必ず島嶼に依りて行き、否れば則ち東風一扇、便ち弱水の舟を傾くるが如きなり。(17)

（２）「東部漁場」

花蓮港庁から台東庁、さらには火焼島に及ぶこの漁場の調査報告については、小稿では――「東北部漁場」の調査より十五年近く後になるが――、詳細な内容をもつ明治四十五年（一九一二）の台湾総統府殖産局編纂『台湾之水産』第三号（殖産局出版第九〇号）「台湾の鰹漁業　二（凌海丸）」にもとづき、検討する。(18)「凌海丸」とは、上述したように、明治四十三年（一九一〇）台湾総督府が最初に建造した専用の水産試験船であり、以後、台湾の沿海漁業試験に従事したものである。

「東部漁場」　茲に東部漁場と称するは本島海岸宜蘭、花蓮港界より南部台東庁下巴塱衛泊地に至る沿岸約三十浬の沖合及火焼島沿海を謂ふ。然れども其沿岸は本島中央山脈及東部山脈の重畳せる高峯岸に迫り、海岸線の屈曲少なく、僅に中央及東部山脈を区画する卑南渓及花蓮港渓の二大河口に於て、砂堆泊地を形成し仮泊に適するのみ。何れも前部開放して風浪の防遮に適せず、加うるに此海岸一帯は尚未開の蓄地にして、一般の産業未だ殆ど其緒に著かず、殊に漁業は何等見るべきものなし。火焼島は卑南東方約五浬の海上に在る一孤島にして黒潮流域に当れり。（傍点は筆者）

写真４　台東県海岸への上陸風景（『東台湾展望』）

花蓮から台東にかけて本島海岸の前面にあるものも、火焼島に当たる黒潮に他ならない。この漁場についても、「東北部漁場」同様に、山脈が沿岸ぎりぎりまで迫り「海岸線の屈曲少な」状態が「風浪の防遮に適せず」として消極視されている。その上で、「台湾の鰹漁業 二」は黒潮の動きについて言及する。火焼島南部で北に方向をかえる「日本海流」（北赤道海流？）が本島に近づくにつれ北々東に流れを変える。一部は台湾本島の東部沿岸（「卑南鼻」）に衝突して反流（「回流」）おこすが、それより北では全て北流する。他方、火焼島の東方では黒潮が急迅に流れ、冬季には北東信風と相反して所謂三角波（「大尖閣浪」）をも発生させ、屢々船の航行に支障をきたすとある。

「海洋状態」「イ海流」　本区域は日本海流の流域にして、火焼島以南に在りては偏北流し本島に近づけば漸次東偏して北々東に向け奔流す。卑南鼻に激衝する一派は回流を起し沿岸に沿うて南流するものあるも、以北には回流を認めず総て北流す。次に火焼島以東は所謂黒潮の本流にして、北東北の方向に流る。速力は一時間一浬以上なり。北東信風の強吹する時にても北流するを以て、冬季は風潮相反して大尖閣浪を起し、航行困難を感ずること多しとす。（傍点は筆者）

「凌海丸」の報告には、火焼島沿岸も黒潮に支配されて潮汐流の速度差が極めて大きいこと、場所によっては「強勢なる渦旋流」も現れること等が述べられている。

「海洋状態」「イ海流」　火焼島沿岸も亦殊に黒潮に支配さるゝ潮候流の為、退潮流は逆流し其速力緩なるも、潮流は急迅にして一時間の速力三、四浬に及ぶこと多し。而して該島北西端の鼻頭及南東端の帆隻鼻に於ては常に強勢なる渦旋流を現出す。

ただし、当該報告書は、かかる厳しい、複雑な自然環境を指摘しつつも、火焼島を鰹漁業の「根拠地」として期待している。例えば、漁期について、比較的近い海域（「沿海二浬」）で、毎年三月に始まり、八月、九月に一時休止――恐らく台湾の東北沿岸部等に北上するためであろう――、十月から翌年三月にかけて再開されるという安定した周期を明らかにしている。

「漁期」　本区域に於ける鰹漁業の中心は火焼島なり。現時は四、五名の沖縄県漁民及島民に依りて之を漁獲す。漁場は沿海二浬の範囲にして、漁期は天候の関係上三月より始め八、九月の交に至り一時休止し、更に十月に入り再び開始し三月に及ぶ。

写真5　火焼島中寮海岸（『東台湾展望』）

鰹漁業の「根拠地」への期待にはさらに二つの理由があった。一つは、火焼島には——本島東部沿岸部にない——強風等を回避できる寄港場所乃至一定の陸地があることである。

「根拠地」　前記の如く本区域内には風浪を避くべき港湾無し。然れども火焼島は其中央に八百尺の阿眉山聳立せるを以て、強風に際しては風浪の反面に周航避難するを得べく、又南寮湾は陸上に充分の餘地を存し、良水は随所に之を得べく雑役人夫の供給も充分なり。特に近年は曳縄に依りて得たる鰹を節に製造するに至れるを以て、工場役夫としては雇人に適す。……

火焼島にかかる避難場所が在ることは、十七世紀以来知られており、この島が福建省の漳州・泉州の人々が先がけとなって漢族社会に変容していった契機もそこにあると言われている[19]。

いま一つの理由は、前掲資料でも紹介されていた「沖縄県漁民」の活動状況である。彼らは、火焼島の「曳縄漁」（延縄漁）の先導者であり、鰹自体は大きくなく、通年洄游する「通鰹」ではないが、「沖縄県漁民」に対して、四月以降紅頭嶼の間に及んで確実に現れる鰹の群れを捕魚することが期待されている。

「漁場」　本区域中には火焼島の外鰹漁業の存在無し。火焼島の

写真6　小紅頭嶼から紅頭嶼を眺望（『東台湾展望』）

曳縄漁業は沖縄県人に始まり、該島漁民其漁法を習得し、盛漁期に於ては一隻五六十尾を漁獲するを珍とせざるに至れるも、漁場は該当周囲二浬以内の沿海なり。魚群は主に「ハネ」にして大ならず。此鰹は沿岸岩礁に定著せる雑喉を追うて近寄りたるものにして通鰹と云ふを得ず。然れども四月以降に至りては該島より対岸三仙台に至る間に於て、屢〻鳥群の附随せる魚群を見、又紅頭嶼間に於て魚群を認むることあるが故に、本島沖合には鰹群の洄游あるべきや論無し。

しかしながら、鰹の餌となる鰮が必ずしも安定的に確保できないことが、「東北漁場」と同じく懸念されている。元来東部沿岸には主たる漁港が花蓮と卑南（台東）の二港しかなく、鰮が洄游しても地曳網による少量の産額では安定せず、火焼島の沿岸にいたっては鰮族は殆ど認められないという。

「餌料」　本区域は一帯に鰮族の洄游を認むるも、漁業地としては花蓮港と卑南との二あるのみ。総て地曳網にて漁獲す。其産額は多からず。火焼島沿岸には鰮族を見ず。唯沿岸の岩礁附近に定著しり鯤方言馬鹿雑喉の類在るのみ。其漁法は抄網の類を張下し、漁夫潜水して岩礁間より魚族を駆出し抄ひ揚ぐ。然れども其産額は到底大形漁船の給餌を辨ずるに足らず。

（3）「南部漁場」

写真7　墾丁公園海岸（吉尾撮影）

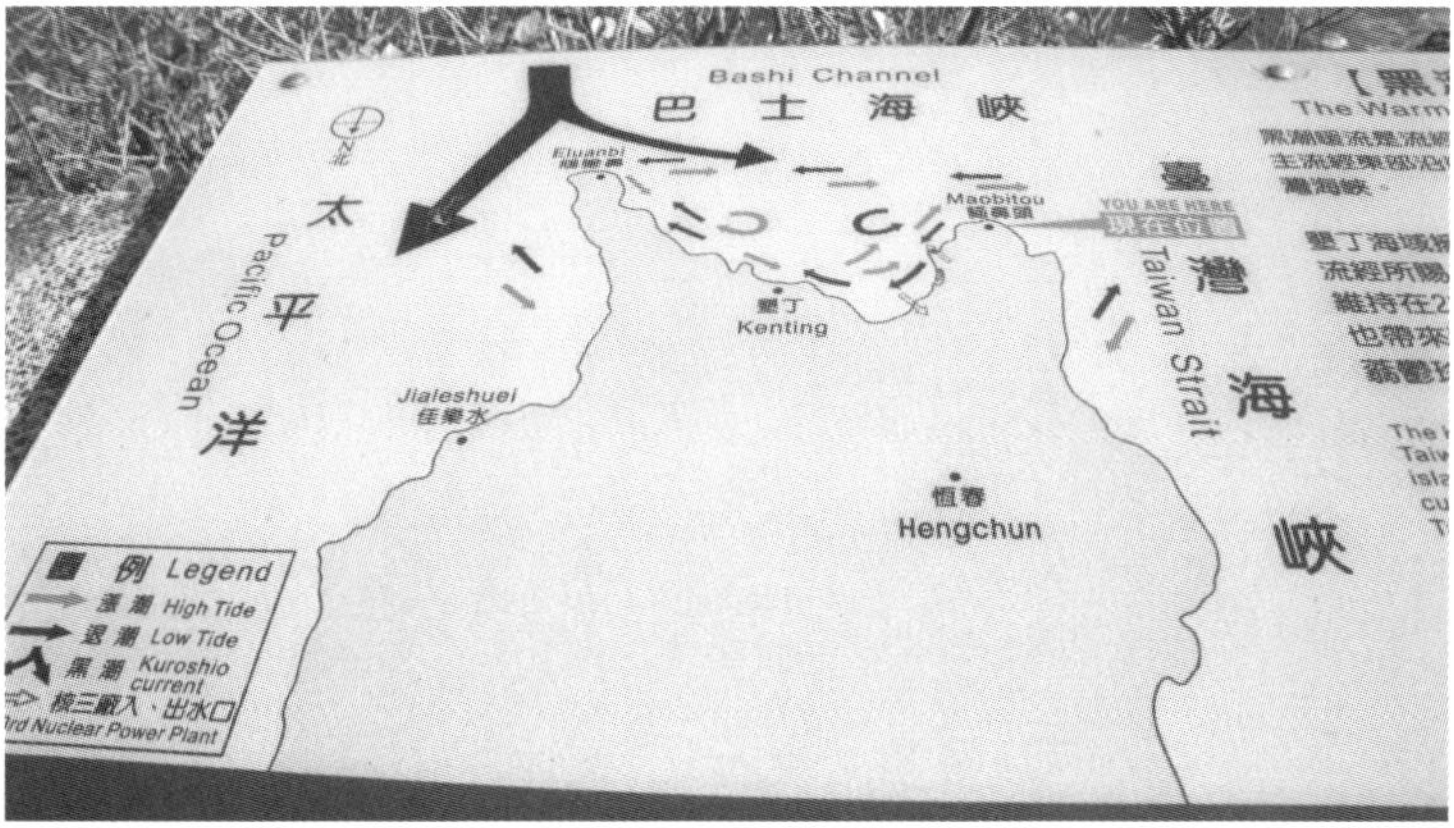

写真8　墾丁公園標識（吉尾撮影）

光緒年間（撰者不明）『台東州采訪冊』「山川（附島嶼）」にいう。

紅頭嶼、巴□衛の東海中に在り。之れを望めば、其の嶼、火焼嶼より較《かな》り大なり。其の人従いて埤南に至らざれば、船の往来する無く、其の詳を知る能わず。大海、州の東に在れば、東望するに際無し。旧台湾志称して万□□水朝宗する処と為す。

「南部漁場」についても台湾総統府殖産局編纂『台湾之水産』第三号（殖産局出版第九〇号）「台湾の鰹漁業二（凌海丸）」前掲に依拠して調査

の内容を検討する。「南部漁場」とは、台湾本島南端の鵞鑾鼻から台東庁南部沿岸部、さらに沖合の紅頭嶼（現蘭嶼）等を含む海域を指す（「阿緱庁楓港より以南大板埒を経て台東庁巴塱衛に至る沿岸五十七浬餘の沖合及紅頭嶼並七星岩等の沿海」）(20)。この漁場の調査も前述の「東部漁場」と同時期に実施された。

天候に関しては、冬季に吹く強い北東信風の影響が深刻とされ、殊に本島「南湾」の付け根に位置する「大板埒」の東方は——黒潮に近いためであろう——風向きと潮流が相反して高い波（三角波？）がおこるという。

「海洋状態」「イ海況」　此区域に於ては十月以降は北東信風の影響を受け、大板埒以東は黒雲低く垂れ風力強烈にして海況険悪なり。強風連吹すれば風と潮とは常に相反するを以て、波浪高く従つて漁業も亦困難なり。然れども大板埒以西は風蔭に当るを以て風浪極めて静穏なり。且潮流も東方に比すれば緩にして波浪を起すことも尠く従つて漁業も亦容易なり。更に楓港以北に至れば風潮次第に減退す。一月に至れば風力次第に衰へ晴又は雨の日多く従つて海上静穏、大板埒湾内に鯨族来游する期節と成る。四月に入りては一般に風潮極めて静穏にして、晴天多く五月下旬よりは漸次雨期に入る。

「大板埒」以西については一月から五月下旬にかけて比較的静穏であるとされているものの、「南湾」全体では黒潮の複雑な動きが記録されている。黒潮は、本島南東端「鵞鑾鼻」、南東端「猫鼻頭」等を分岐点として、東部沿岸、南西分沿岸それぞれを北上、さらには「大板埒湾」（南湾）で反流するという。

「ロ海流」　菲律賓群島の東方より来る黒潮は本島の南端鵞鑾鼻に激衝して二派に分れ、其本派は本島東岸に沿うて北々東に一時間二浬二分の一の速度を以て奔流するも、支派は陸に沿うて大板埒湾内に入る、別に猫鼻頭に激衝するものは、西部沿岸を沿うて北流するものと相合して流るゝも、一部は湾内に入り鵞鑾鼻よりの派流と相激衝す、七星岩附近は黒潮の流域に当るを以て南々西より北々東に奔流す。大板埒にては大潮凡そ五尺に過ぎざるを以て満干潮は稍緩慢なり。満潮流は鵞鑾鼻より来り湾入して南西に向ひ猫鼻頭に出で干潮流は之に反す。潮色は殊に清澄にして深藍色を呈し混濁すること無し。

「台湾の鰹漁業二（凌海丸）」報告文は、「南部漁場」での鰹漁業が、改良漁網（「小台網漁」）の試験を経て運営の中心を民間（「台湾海陸産業株式会社」）に移し、「漁期」も四月初旬から九月と推定されるにいたったが、「餌料供給」と鰹餌付の不調、さらには八月・九月の天候不良により、当漁場での鰹漁は中止されたと述べている。

「漁期」　本区域に於ては鰹の游泳は三、四月頃既に之を認むるを以て、餌料供給の方法を講ぜんとし、別項記載の如く、明治四十四年末より四十五年二月迄、督府に於て小台網漁業の試験を為し、四十五年三月より五月末迄は台湾海陸産業株式会社に於て引継ぎ之を経営したるも、其漁獲少く餌料供給の見込立たず。鰹も亦餌附悪しく海陸産業の鰹漁船四隻は四月九日に初漁を為し六月上旬迄に四百餘尾を漁獲せしに止まり、以後餌料の供給断えたると共に天候不良の時期に向ひたるを以て、此の地を棄てゝ北部漁場に移りたり。然れども北部及び西南部其他漁場の実際に依れば、此南部漁場の鰹漁期は四月初旬以降九月に及ぶものと推定せらるべきも、八月及九月上旬は当地方に於ける荒浪期にして、海上一帯に浪高く操業不能の場合多く而して四、五月頃は餌料缺乏するが故に、旁ゝ此区域の鰹漁業は当分経済上の価値なきものと断定せざるべからざるを遺憾とす。

その上で、本報告書は、他から洄游してくる「通鰹」は確認されるであろうとしながらも、一年中この漁場に棲息する「瀬鰹」の群れの薄さ、そして最大の問題点としての「餌料供給」の困難を挙げて、最終的に「南部漁場」における鰹漁業の将来性に対して低い評価を下す。

「漁場及魚群の洄游状況」　当区域内には瀬鰹及通鰹の二あり。瀬鰹は七星岩、小紅頭嶼「フオレストベールロック」附近の潮上には周年其洄游を認む、北東信風強吹の時期には表面水温為に低下し上層洄游を見ざるも、四月以降水温の上昇と共に浮上す。……小紅頭嶼は鵞鑾鼻より東北東方三十餘浬紅頭嶼の南方約二分の一浬に在る小嶼にして、其南側の岩礁は帯状を成して約五鎖海中に突出し、鰹群は其礁の東南一浬を距て丶洄游するも群薄し。……通鰹は該季節中厦次本島西部楓港、後湾仔沖合及七星岩、「カツトロツク」を経て紅頭嶼に至る間及紅頭嶼と鵞鑾鼻間に於て曳縄に依り釣獲せられ又上層の洄游を鳥群に依り認識せらる丶に依り、又西南部漁場及北部漁場等に於ける鰹群の洄游状況に徴して、此南部漁場区域中には必ずや通鰹の漁場あるべきも前述の如く餌料の供給之に伴はず。又瀬鰹漁場としては七星岩其他漁場共に極めて狭小にして、魚群も稀薄に、且つ同じく餌料缺乏の状態に在るを以て、南部漁場は瀬鰹漁場としても望少きが如し。

以上、明治三十一年（一八九五）台湾総督府民政局「基隆蘇澳及近海鱶及鰹漁撈試験」および同四十五年（一九一二）台湾総督府殖産局「台湾の鰹漁業二（凌海丸）」の水産調査の報告を紹介した。限られた史料ではあるが、我々はこれらを通して、当時台湾総督府殖産局が黒潮流域圏の鰹漁業に関わる環境的特徴をどのようにとらえていたか、その一端を次のように知ることができる。

［1］黒潮は東北、東部、東南部、南部各漁場において一貫して急迅な流れをみせる。殊に、南部漁場（鵞鑾鼻附近）では「一時間二浬二分の一の速度」に達する。また、東部、南部漁場では、所謂反流や、潮汐の速度差が加わっておこる海渦など、陸地の間で複雑な流れを生んでいる。

［2］台湾本島の黒潮流域圏の沿岸部ならびに島嶼部（火焼島・紅頭嶼）は、海岸線の際まで陸地がせり出し、さらには岩礁を形成し、海底の深さも複雑に変化している。

［3］熱帯気候の下で、三漁場の天候は凡そ五月頃は穏やかであるが、冬季は東北信風が強く、そのため黒潮と相

反して漁場で三角波（「大尖波浪」）などを発生させる。他方、夏季は台風（「颱」）が漁の障碍となる。

［4］鰹は、三漁場において季節にしたがって洄游（三月から五・六月にかけて北上し、東北部の場合七月沿岸で産卵、十月から翌三月に南下）する「通鰹」と、各漁場の海岸淵に定着する「瀬鰹」に大きく分類できる。従前の台湾漁民は、「竹筏」や構造が単純な「罾網（すくい網）」を用いて沿岸に群来する鰹を捕っている。

［5］三漁場均しく鰛をはじめとする生き餌の供給が困難であり、とりわけ南部漁場については解決の見込みがない。


それでは、台湾総督府はこれらの問題をどのように解決しようとしたのであろうか。本章では、前章で分けた漁場に留意しつつ時間的展開をも考慮に入れ、関係する諸策の内容を明らかにするとともに、それに伴う漁村の変容の一端をみることにしたい。なお、漁村の動向については、可能な限り在地側で編纂された資料を用いることにした。

二　黒潮流域圏における鰹漁業振興施策

（1）　沿岸操業における漁網・漁法の改良

一八九八年、一九一二年の鰹漁業の調査結果の内、台湾総督府が最も早く対応したのは前章末尾に示した［2］・［4］に対するもの、即ち黒潮と陸地の間の岩礁多い沿岸において日本で改良された漁網・漁法を用いて鰹漁を進めることであったと考えられる。例えば、一八九八年の「基隆附近漁村状況」前掲には、その地方の漁網・漁法がすでに具体的に記載されている。東北部沿岸の漁民は、夜間火を燃やして「罾網（すくい網）」漁を行い、暗礁が障碍にならない限り場所を定めず自由に捕漁し、魚の種類によって漁網も小まめに変えている、逆に漁場を固定化させる「地曳網」の使用には、逆に他の漁民の妨礙を恐れて慎重である、と。

「一般の状況」　此地方ノ漁法ハ夜間海面ニ火ヲ燃シテ魚群ヲ誘致シ罾網《ツアンバン》ト称スル抄網ヲ用フルモノニシテ、暗礁ノ之ヲ妨ルナキ限リハ深浅ト底ノ泥沙等ハ敢テ問フ所ニアラス。故ニ漁場トシテ一定セルモノナク、唯意ノ嚮フ所ニ至リ或ハ網シ或ハ釣ス。人々皆此ノ如クニシテ各村先ヲ争ヒ漁撈スルヲ以テ時ニ衝突ヲ生シ激烈ナル闘争ヲ醸スコトアリ。而シテ独漁場ノミナラス釣具ノ如キモ一定ノ場所アルコトナシ。唯海岸ニ於テノミ使用スル地曳網ハ其妨害セラレンコトヲ恐レテ、村々敢テ疆ヲ越ヘサルヲ見ル。（句読点は筆者）

「漁具」　此地方ニ於ル漁具ノ最重要ナルモノハ罾網《ツアンバン》ト称スル抄網ニシテ、四破・目孔等ノ小魚ヲ捕獲スルニ供セラル。其他綾網《リエンバン》（流網刺網）鯛魚沙魚青甘等ヲ漁スルニ用井。釣魚（曳網）ハ鮂鱺鯚鯮等ヲ捕フノ具タリ。別に金梭・小管等ヲ釣ルニ釣鈎アリ。又二三ノ漁村ニ於テハ罟網《コーバン》（地曳網）ヲ使用シテ小魚ヲ捕獲スルモアリ。

これに対して、台湾総督府民政局『殖産報文』一巻一冊（一八九八年）「基隆蘇澳及近海鱶及鰹漁撈試験」前掲は、岩礁が張る基隆から蘇澳にかけての東北沿岸部に対して、より多くの釣果を促すべく、日本の改良型「揚繰網（あぐりあみ）」、「巾著網（きんちゃくあみ）」、「刺網（さしあみ）」を使用するよう提言している。

「漁場」「鰹漁場」　……元来鰹ハ群ヲナシテ洄游スルモノナレハ。漁場モ一定ナルコト能ハスシテ。時々港湾ニ群来シ曳網ニ罹ルカ如キモ亦鮮カラストス。故ニ漁具トシテハ揚繰網又ハ巾著網ノ如キモノヲ用井。魚群ヲ見懸テ随時漁獲スルヲ以テ良法ナリト信ス。

「漁具」　鰹釣ハ夏季ノ漁獲甚鮮シ。故ニ該季ニ於テハ適当ノ網具即内地ニ行ハルヽ改良揚繰網、巾着網又ハ刺網ノ如キ進歩シタル漁網ヲ用フルヲ以テ可トス。

しかも、明治四十五年（一九一二）の『台湾之水産』第三号「台湾の鰹漁業二（凌海丸）」前掲においては、「東部漁場」について以下のような予測も立てられている。沿岸における網操業は、黒潮本流を洄游する鰹の大群を追う日本の漁船団が到来するようになると、畢竟、餌の需要にも堪えられなくなるのではないか。つまり、鰹漁の生き餌に関して言えば、漁民が行っている「地曳網（じびきあみ）」・「抄網（すくいあみ）」漁、さらには潜水漁等は、岩礁に附着する小魚（鱧《はも》）等の捕漁に止まり、その産額も多くなく、ましてや「大型漁船」への給餌には堪えられないと述べるのである。

写真9　台湾抄網漁（『台湾的漁業』）

写真10　台湾地曳網漁（『台湾的漁業』）

「餌料」　本区域は一帯に鰮族の洄游を認むるも、漁業地としては花蓮港と卑南との二あるのみ。総て地曳網にて漁獲す。其産額は多からず。火焼島沿岸には鰮族を見ず。唯沿岸の岩礁附近に定著しり鱧方言馬鹿雑喉の類在るのみ。其漁法は抄網の類を張下し、漁夫潜水して岩礁間より魚族を駆出し抄ひ揚ぐ。然れども其産額は到底大形漁船の給餌を辨ずるに足らず(21)。

ならば、日本の改良型漁網は台湾のかかる実情に対して万能な手段であったのか。この点ふりかえるべきは以下の報告文である。即ち、台湾総督府民政局『殖産報文』一巻一冊（一八九八年）に所収された、基隆を中心とする十漁村に関する個別調査報告「基隆附近漁村状況」前掲には次のような結論も付されていた。当漁場は〝海底の深さが一定でなく、海底岩礁も多く、潮流も速く、港湾も少ない〟（「海ノ浅深区々」「海底岩石多キ」「潮流ノ急迅ナル」「港湾ニ乏キ」）ために、日本の改良型漁網（揚繰網、八手網、流網、小台網）を適宜用いるのも有効であろうが、飆（ヒョウ）など天候の急変に対応するには扱い難く、かえって構造が簡単で操縦自在な従前漁民が使用していた「罾網」（四つ手の籠を使うすくい網）の方が収拾し易く、この漁法も無視できないという。

> 東鼻頭角ヨリ西馬鎖岬ニ至ルノ間ハ、海底岩石ニシテ海岸屈曲ニ乏ク、山岳海ニ迫リテ直ニ岸ヲ成セリ。……蓋潮流ノ急迅ニシテ漁業ノ困難ナルハ、自然ニ退縮ノ傾嚮ヲ醸スノ主因ナルヘシ。漁具亦至テ幼稚ナレトモ、罾網ノ如キ構造簡単操縦自在ニシテ、陰晴常ナキ海面ニ於テハ最使用ニ適切スルモノナリ。何トナレハ漁業ヲ営ムノ際、遽ニ飇（飆）風ノ襲来ニ遭フモ、急ニ網ヲ収メテ難ヲ避ルニ便ナレハナリ。此地方ノ漁場ニ於テハ内地ノ揚繰網、八手網、流網、台網ノ如キ皆適当使用ノ途アリト雖、海ノ浅深区々ナルト海底岩石多キト潮流ノ急迅ナルト港湾ニ乏キト此四ノモノハ恐ク使用上大困難ヲ感セシムヘシ。（句読点は筆者）

そして、「南部漁場」においては、明治四十四年（一九一一）から四十五年にかけて日本の「小台網漁業」（富山県で開発された定置網漁）の試験が実施されたが、結局、餌料の安定的な供給は実現できなかったのである。

> 「漁期」　本区域に於ては鰹の游泳は三、四月頃既に之を認むるを以て、餌料供給の方法を講ぜんとし、……其漁獲少く餌料供給の見込立たず。鰹も亦餌附悪しく海陸産業の鰹漁船四隻は四月九日に初漁を為し六月上旬迄に四百餘尾を漁獲せしに止まり、以後餌料の供給断えたると共に天候不良の時期に向ひたるを以て、此の地を棄て、

北部漁場に移りたり。

鰹漁業は台湾における水産業の大きな柱の一つであった。漁網の改良は、鰹釣漁に必須の活き餌（鰮）を捕獲する上でも重要な条件であった。しかしながら、この漁法に関わる問題は、特に黒潮流域圏の陸域の地勢（岩礁の多さ等）、天候（冬季の北東風等）、他方、鰹と鰮の漁期のズレの問題にも左右されて、必ずしも良好な実績をあげるにはいたら

写真11―１　揚繰網（日本：流刺網）漁（『台湾的漁業』）

写真11―２　巾著網（日本：まき網）漁（『台湾的漁業』）

なかったのではないかと考える。

（2）　鰹節製造業

A　真鰹節と惣田鰹節

沿岸操業のための漁網・漁法の改良が唱えられた一九一〇年代、鰹漁業の一環として〈鰹節〉製造業が徐々に盛ん

写真11―3　延縄（日本：浮き延縄）漁（『台湾的漁業』）

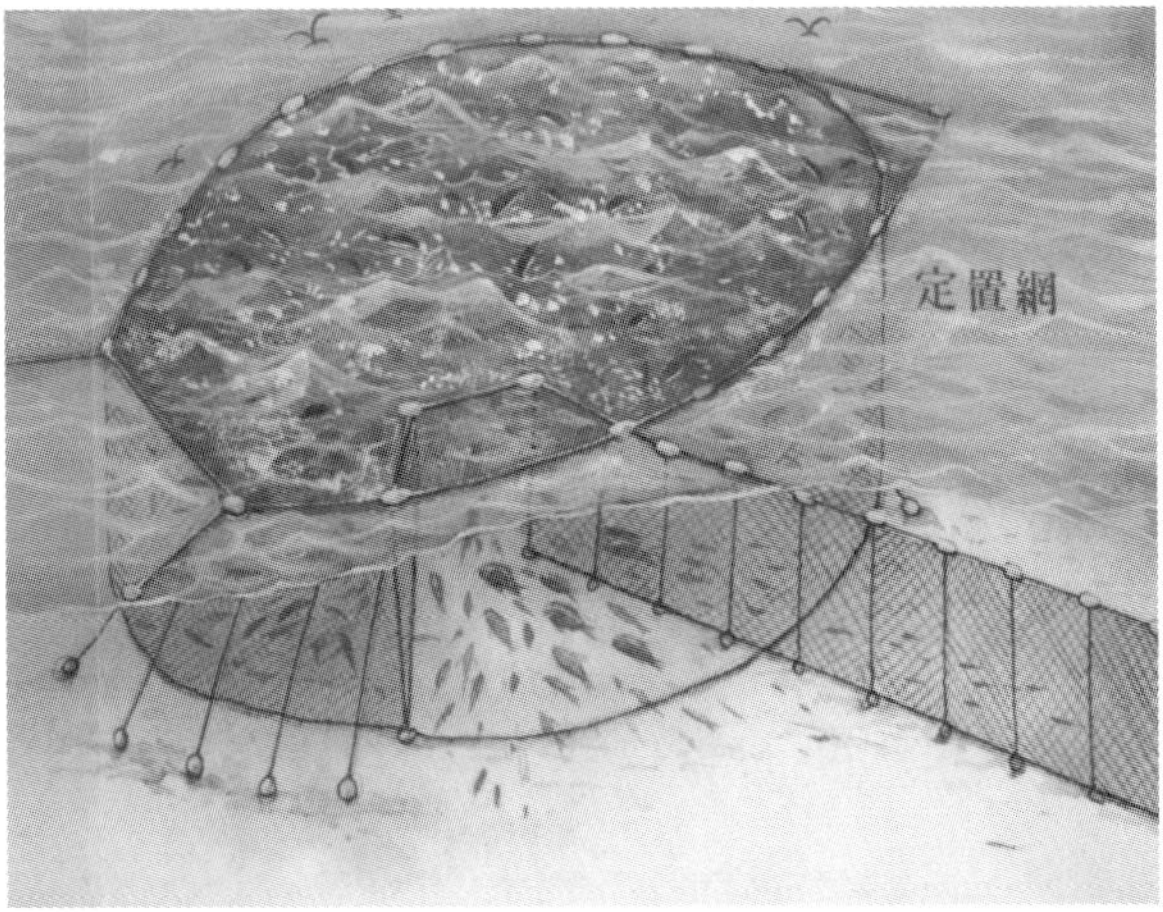

写真11―4　定置網（日本：小台網）漁（『台湾的漁業』）

写真12　大正十二年基隆鰹節工場（『台湾的漁業』）

になる。明治四十五年（一八九八）「台湾の鰹漁業二（凌海丸）」前掲の総括文には次のように書かれており、基隆を中心に水揚げされた鰹が節に加工されている状況が看てとれる。

「結論」　現時本島鰹漁業地として観るべきものは北部漁場のみ。他は天候、餌料其他の関係上未だ之に従事するもの無し。北部漁場に就ても尚改善刷新を要すべきものあり。

一、餌料の蓄養供給　二、漁夫の経済的使用　三、鰹節製造方法の改良（中略）

北部漁場の鰹漁期は六、七、八の三箇月にして盛夏の候なるを以て、生売の便無く殆ど其全部を鰹節に製造す、然るに其製法は職工の不足、一時の多漁等に依り良好の製品を得る能はず、一方生産費は職工の給料其他多額に上る為、原料を一貫目四十銭以上に買上ぐるに於ては収支相償はざる状態に在り。本島人男、女工の養成に依りて職工賃を減じ、他方製造法に注意し其品質の昂上を図り市価を高むると共に一方生産費を減ずるを得ば、原料鰹代金を引上げ得ること、成るを以て、本漁業は自然に其発展を来すべきなり。督府は此職工の養成及品質の改善に腐心し、斯くして北部漁場の鰹漁業は漸次発展の機運に向ひつゝあり。西南部及東部漁場の如きも餌料問題の解決に伴ひ、釣又は網漁法に依り、兎に角鰹漁業の成立する時機あるべきを信ず。

この点、本稿第一章で紹介したように、「鰹節製造方法の改良」事業が台湾全体において政策化されるのは明治四十五年（一九一二）

頃である。与儀喜宣・上妻定道共著『台湾に於ける水産製造工業』[22]の「第二章　真鰹節製造業」「第一節　沿革」には、明治四十三年（一九一〇）の「台北庁基隆街」について次のように書かれている。

本業は明治四十三年旧台北庁基隆街に於て吉井治藤太氏によって創始せられたもので、当業者の指導奨励によって逐年隆盛に向ひ、大正十二年には産額二〇〇万円を突破するの好況を呈したが、其後一般財界の不況と南洋産鰹節の進出により相場が著しく下落した為工場数は次第に減じ昭和七年には産額僅か十五万円に転落し、以後一進一退の状態を辿りつゝある。[23]

その後真鰹節製造業は、火焼島等にも工場が開設される勢いを見せ、日本在住の鰹釣兼業者が台湾現地人と随時定期契約を結ぶ動きもおこる。

最も隆盛であったのは大正一〇年以後昭和四年頃迄で、一時は二五工場を数へ生産数量二〇〇万貫を突破したが、現在は基隆市に三、火焼島に二、其他に三で合計僅かに八工場に過ぎない。……基隆地方の真鰹節製造業者は凡て内地人で鰹釣漁業を兼営し、主として自獲物を原料とするが、盛業期にだけ本漁業に従事する少数の他の漁業者からも一部の原料を得る。台東庁火焼島の業者も内地人であるが、原料は地元本島人の漁獲物を年期契約で買入れる。（同前）

同様のことは紅頭嶼（現蘭嶼）でもおこり、大正十二年（一九二三）以降、日本人による鰹節製造業への投資、さらには本島漢人による鰹加工業への従事も行われるようになる。[24]

ここで留意すべきなのは、『台湾に於ける水産製造工業』前掲「第三章　惣田鰹節製造業」「第一節　沿革」の中に次のような解説がなされていることである。当時日本人が台湾で手がけた「鰹節製造業」には「真鰹節」以外に「惣田鰹節」の製造があった。この「惣田鰹節製造業」の方が、日本統治以前からある台湾の塩煮加工品（「ヤナコ」）とつながる処もあり、明治三十三年（一九〇〇）には——恐らく真鰹節製造業よりも十年ほど早く——創始されていたことである。惣田鰹とは、真鰹より小ぶりの鯖科の魚であり、メジカ等とも称される。以下の文章からすると、「ヤナコ」は台湾東部の漁民が定置網を用いて捕魚した惣田鰹を原料としたものであろう。

惣田鰹節製造業　本島東部海岸は急激な傾斜をなし加ふるに暖流が岸に迫つて北上する為、惣田鰹等の定置業は領台前から行はれ漁獲物は塩煮品（台湾名ヤナコ）に製せられ明治三十三年惣田鰹節製造業創始されて以来逐年順調な発達を遂げ、遂に大正七、八年以来東部海岸に於ける本漁業の急激な発達と共に益々隆盛となり、本島重要水産製造業の一となった。……

而して本業者の多くは節製造と塩煮品（ヤナコ）製造を兼営するの外漁業をも経営し原料の適否と製品の相場によって或は節に或は塩煮品に製造する。この点、最近焼津に於ける鰹節製造と生り節製造との関係に類似する。しかも、この台湾伝統の食品「ヤナコ」との嗜好上の結びつきは、「惣田鰹節」製造業の伸展を少なからず支えた側面がある。同書「第三章　惣田鰹節製造業」「第四節　工場」には、本加工業が昭和六年（一九三一）をピークに生産高を減少させていった際も島内の「ヤナコ」の需要によって市場が維持されたとある。

最も隆盛であったのは大正一〇年後昭和五、六年迄で一時は六九工場を数へ生産高六〇万円を超えたが、昭和六年以後は内地産鰹節界の不況に伴って次第に減少し昭和一一年には僅かに四〇工場で産額六万餘円に転落した。産額の割合に工場数の減少しないのは塩煮品（ヤナコ）が相当の相場を維持した為めである。……

惣田鰹節は雑節類に属する為需要は関西地方に限られ、名古屋京都方面を中心として生産高の約八割を仕向け、其の他は島内に於て花鰹（削節）として消費される。

また、同書「第二節　当局の助成概況」による限り、惣田鰹節製造業は、台湾総督府殖産局の公的支援を受けて進められていたと考えられる。いわば、国策的性格を帯びていたといえるが、次の資料にあるように、明治三十九年（一九〇六）から四十二年にかけて「惣田鰹節製造試験」が実施され、それによって台湾の漢人・原住民の雇用、品質の向上、経費の節約につなげていく日本政府の戦略がみてとれる。台湾内の市場の動向、さらには日本の大阪等での評判をみる限り、当時真鰹節製造業よりも惣田鰹節製造業の方が安定的に進んだものと考えられる。

総督府に於ては明治三十九年より明治四十二年に亙り惣田鰹節製造試験を実施してその指導開発を計ると共に、各地方庁をして本島人職工の養成と蕃人に対する漁業製造の講習を実施せしめた結果、製品の向上と従業員費の節約とを達成することを得た。

B　火焼島における鰹節製造業

事実、一九二〇年代に入り、惣田鰹節製造業は「東部漁場」、とりわけ火焼島（現緑島）において大きな動きをみせる。このことは、前章で紹介した明治四十五年（一九一二）・台湾総統府殖産局編纂『台湾之水産』第三号「台湾の鰹漁業二（凌海丸）」前掲にも言及されている。次の文章は第二六七頁の資料に続くものであるが、それによると、明治四十五年頃（「近年」）火焼島ではすでに「曳縄」で捕漁した鰹を節とする加工業が始まっており、その動きは、明治四十三年真鰹製造業が基隆でようやく始まったのと比べると、より早かったといえよう。

「東部漁場」「根拠地」　前記の如く本区域内には風浪を避くべき港湾無し。然れども火焼島は其中央に八百尺の阿眉山聳立せるを以て、強風に際しては風浪の反面に周航避難するを得べく、又南寮湾は陸上に充分の餘地を存し、良水は随所に之を得べく雑役人夫の供給も充分なり。特に近年は曳縄に依りて得たる鰹を節に製造するに至れるを以て、工場役夫としては雇人に適す。薪炭も一日三千斤程度ならば供給し得るべく、沿岸線の航通は月二回、対岸卑南とは戎克又は発動機船に依り交通の便あるを以て、根拠地として格別の不便なし。衛生状態は良好にして風土病無く、一般に健康地と認めらる。将来餌料問題解決を得ば、火焼島を中心として本漁場は南部以上に発展し得べき見込あり。（傍点は筆者）

この点に関して、『緑島的故事』（台東県緑島郷公所　二〇〇七年）は、火焼島が受ける黒潮流域圏の自然環境の影響と関わらせて、以下のように鰹節製造の契機について述べている。

元来、火焼島は黒潮本流の「渦流域」の中に在り、かつ島をめぐる珊瑚礁附近は「湧昇流」による栄養豊富な塩分が含まれていた。正に「洄游魚類」の「天然漁場」であった。しかしながら、天候に大きな障害があった。夏季は炎暑の下にあり、常に台風（「颱風」）の襲来を受ける一方、冬季は温暖ながら潮湿気がありかつ東北の季節風が強烈に吹く。北上する黒潮は時に海岸を打つ東北季節風をして「鹹雨」（塩分を含む霧雨）を発生させ、樹木や農作物に被害を与える。西南季節風、台風を含めれば百日以上出漁できない。また、珊瑚礁の岩盤が広がる沿岸では「船筏」に頼らず多種を（直接）捕漁することも可能であった反面、島の地理、漁港設置の限界により漁民は漁業に専業できず、有り余った釣果は自家用以外では塩漬け、乾物として加工し台東に売るしかなかった。(25)

その上で、『緑島的故事』は「伝統漁撈的故事」「鰹竿釣漁業」の章で、日本の台湾統治が始まって以来、本製造業は鰹節製造試験所設置を契機として基隆を中心に発展し、漁場も火焼島（現緑島）、紅頭嶼（現蘭嶼）まで拡大し、その過程で、火焼島は鰹漁業発展の理想的拠点と認識されるようになったと述べている。

鰹を竿で釣る漁業は俗に「鰹釣り」と呼ばれた。日本統治時代、鰹釣り漁業は基隆より発展し、鰹節試験所の設立の下、基隆は当時日本人が設立した鰹節工場の集中地区となった。しだいに基隆の大型鰹釣船の漁場は火焼島・紅頭嶼に拡大され、基隆の鰹加工業者は、ここに始めて、火焼島が鰹漁業を発展させ得る理想的拠点であること

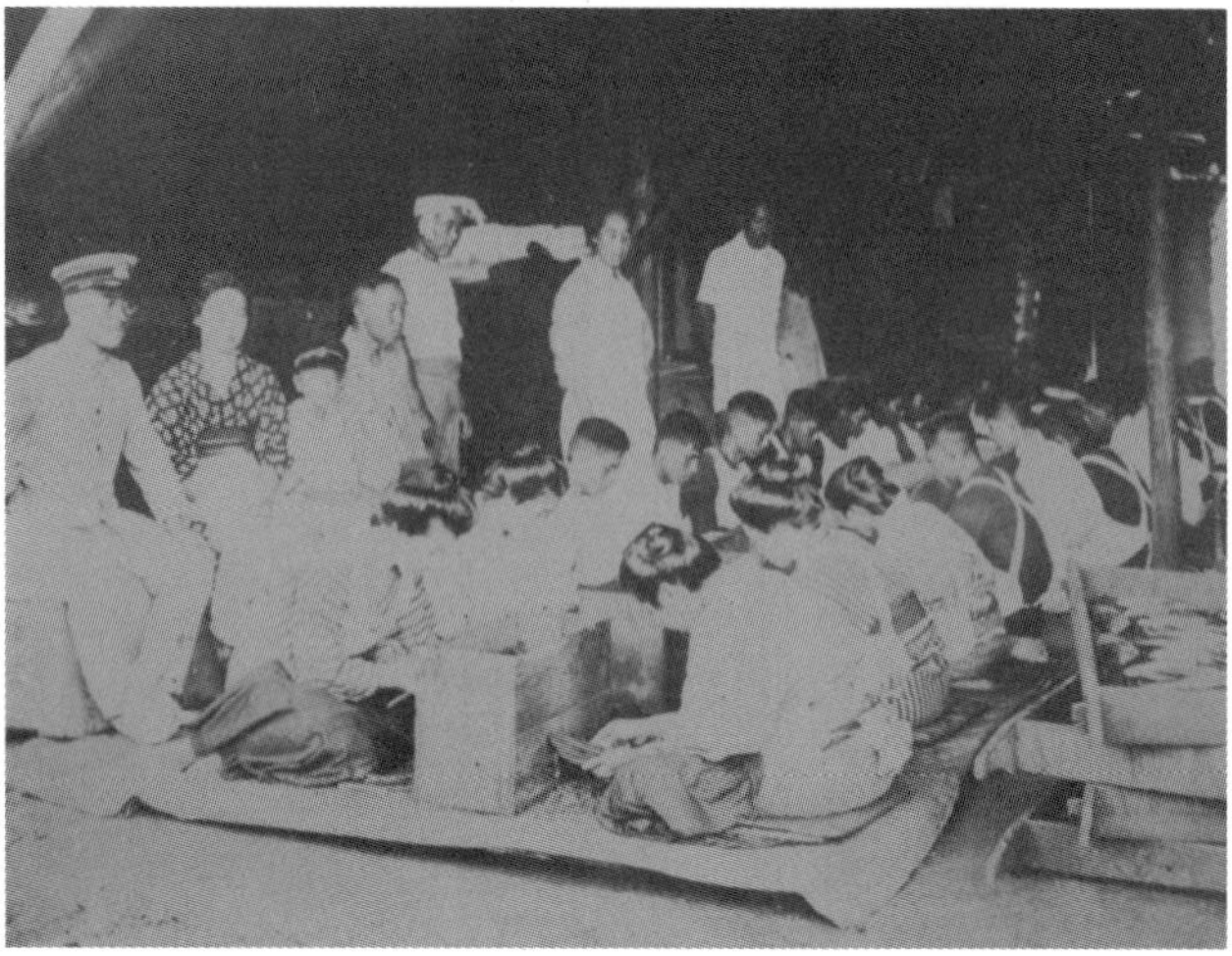

写真13　火焼島鰹節工場（『日本地理風俗体系』15　台湾）

を発見した。(26)

この点、『台湾に於ける水産製造工業』「第三章　惣田鰹節製造業」「第二節　当局の助成概況」前掲には、「漁業製造の講習」について、大正十三年（一九二四）に火焼島が属する「台東庁」に「公設」された「惣田鰹魚片講習所」において実施されたとあり、昭和八年（一九三三）までの間毎年卒業生を輩出し、その数は凡そ九十名にも及んだといわれている。(27)

興味深いのは、『緑島的故事』前掲に「鰹節（柴魚）製造業」の創始者として紹介されている日本人「南喜一郎」の活動である。

火焼島の最初の鰹節工場は、日本・大阪籍の南喜一郎なる人物によって、一九二二年（大正十一）「南寮（青仔溝）」に開設された「玉福鰹節製造工場」であった。鰹はたいへん腐乱しやすい魚であるため、一旦水揚げされると、必ずすぐ加工製造にまわさねばならなかった。……日本統治時代中期、本島を経由して基隆に向かう定期船があり、火焼島の鰹節はこの航路を通じて基隆に輸送集積された後、日本の大阪で販売された。一九二〇年代火焼島で鰹漁業が発展して以降、鰹節は本島の重要輸出品の一つとなった。(28)

「南寮」で南喜一郎が工場を開設してから四年後、同島「中寮村」で二番目の加工工場「旭漁業組合鰹節製造工廠」が設立される。以後、「南寮村」にあがった鰹は「玉福鰹節製造工廠」に専ら売られ、「中寮」と「公館」（地名）の鰹は、「旭漁業組合鰹節製造工廠」に売られる仕組みが作られた。[29]

この時、南喜一郎は別に原料の惣田鰹を安定的に確保するため、「琉球漁民」を招聘し本島の漁民に或る漁法を教えさせる。鰹を釣る餌そのものの確保に安定しない当時の状況の中で、「琉球漁民」は、（当初必ずしも順調ではなかったが）、「擬餌」を使って鰹を沿岸部で釣り上げる漁法を行うものだったからである。時に南は、重油による鰹釣専用の動力船をも導入し、火焼島の漁民をして急迅なる黒潮の中の火焼島と紅頭嶼の間、紅頭嶼と「小蘭嶼」の間の優良な漁場に到達せしめようしたのである。

一九二六年、中寮村でも別の鰹節工場「旭漁業組合鰹節製造工場」が開設され、「玉福」の鰹節用とは別に漁民の釣った鰹を買いつけようとした。南喜一郎は鰹節の加工原料を充足させるために、「琉球」の漁民を招き火焼島の漁民に鰹の釣り方を教えさせようとした。鰹釣り船は一般の漁船と異なり、専用の設備が必要であり、また漁期が過ぎると、陸に上げ休ませる必要があった。以前は、黒潮の流れが速くかつ強いため、動力のない帆船や人力船では台湾東部最良の鰹漁場に達する術がなかった。火焼島と紅頭嶼の間の「半洋」、ならびに紅頭嶼と「小紅頭嶼」の間の「羊仔山縫」の一帯では、日本人が動力機関の鰹釣り船を導入して以降、漁民は始めて当該の漁場に到達し鰹を釣ることができるようになった。[30]

明治四十五年（一九一二）「台湾の鰹漁業　二（凌海丸）」が〝火焼島は黒潮本流が近くをはしり又船の寄港も可能である、あとは餌料の供給の見通しが立たてば……〟と結論づけた課題は、大正十四年（一九二六）の南喜一郎の決断によって具体的な解決への第一歩を踏み出すことになったと言うべきであろう。

（3）「焼玉式」動力船の〝導入〟と築港

南喜一郎が火焼島に鰹釣専用の動力船を持ち込んだ一九二〇年代、台湾東北部の黒潮流域圏の他の漁村でも同様な動きが見てとれる。『宜蘭耆老談　日治下的産業』《日治時期之漁業耆老座談会》「二、第一階段　耆老個人発言」[31]は、カジキマグロ漁に関わる記事が中心であるが、宜蘭県漁村「南方澳」の長老（各々幼少期、青年期から「南方澳」に居住）に対して日本統治時代の事情を聞き取り調査した結果を詳しく掲載している。その中に、地元漁民の「焼玉式有機船」の購入、日本からの大型漁船団の到来等について具体的に述べられている。行論に関わる内容を中心に引用すると、次のようになる。

「**黄春万**」（大正十一・民国十一・一九二二年生）の言：一九二二年頃、「南方澳」には日本人漁民あるいは「琉球移民」が先に住み「小船」で網漁・手釣りをしていたが、秋・冬になると日本の九州・四国から大型漁船団がカジキマグロ（「旗魚」）をとって（「鏢」）は戻っていった。土地の漁民が整えられる船は小型であったが、当時は冬の漁でも一日に四十尾以上のカジキマグロがとれることもあった。日本から来る船団は大型の動力船であったが、本地の漁民が揃えられた小型船は馬力のなお弱い「やきだま」式に止まっていた[32]。

「**黄春生**」（民国十八・一九二九年生）の言：日本の船は四国や九州の長崎、鹿児島から来ていた。一九三〇年代南方澳で日本人による築港事業が始まると、父・祖父は職工となって日本語や測量技術を学ぶようになり、さらに父は日本船の船員となって捕漁技術を習得した。当時台湾では一般に動力船（「有機帆船」）はまだなかったが、家族は二十馬力ほどの「焼玉式帆船」を日本人から購入した。時に火焼島に至ってマナガツオやスルメイカ（「鯧魚・魷魚」）を捕った。その後まもなくして南方澳に造船所ができ、家族自らが船を造るようになった。南方澳は、その外海が台湾の中でも最も良好で「魚類資源非常豊富」な漁場であることを知る日本人によって、商業港でなく、漁港として開かれ、日本の漁民を移住させた[33]。

「侯昭源」（民国十九・一九三〇年生）の言：一九三〇年から数年経った時点で、南方澳は台湾で最も早く焼玉式ディーゼル（「焼球式柴油機」）船が発達した漁港であり、焼玉船は台湾漁業発展の初期の重要な要素であった。ただし焼玉船は今日（一九九八年時点）日本では二十数年前に廃棄され、台湾で使用されているディーゼル船は五百馬力近くある。［曾て］十馬力のディーゼル船から始まったが、高雄や基隆にまだ無かった時代、南方澳ではすでにそれを使用していた[34]。そして、日本統治時代の南方澳の最盛期は「太平洋戦争」直前であり、寄港する五分の四は日本漁船、この村の鉄工所の顧客は殆どが日本人であり、毎年秋冬になると九州・四国からカジキマグロ漁の四十馬力焼玉式ディーゼル船団がやってきた、本地の漁民の船はまだ二十五馬力程度にすぎなかったが[35]。

写真14　日本の初期動力船（『波濤を越えて』）

南方澳の漁民が焼玉式ディーゼル船を用い始めた頃、すでに日本の九州・四国からカジキマ

写真15　40ｔ型動力船（『同上』）

グロを捕る大型船団が毎年秋・冬にかけて到来・捕魚していた。その後この漁村に日本人による築港事業が立ち上がると、漁民はその職工等になって新たな漁撈技術も学ぶようになり、火焼島にまで至って——黒潮に引きつけていえば、黒潮の縁に沿って逆行南下したのであろう——自力で操業する者も現れた。開港されると、地元民による［鉄鋼船の補修・建造のための］造船所も設置され、以後「太平洋戦争」勃発まで多数の日本漁船が寄港した。以上のような変化が一九二〇年代後半から三〇年代にかけて「南方澳」の漁村で起こったと考えられる。

目を日本国内に転ずれば、明治四十年（一九〇七）前後を境に動力船の開発によって操業海域が拡大していく。鰹漁業においては、明治十四年（一八八一）、十五年頃までは盛況をみせたが、その後十年間、鹿児島、高知、和歌山、静岡、岩手等に及んで鰹は不漁となり、西欧諸国の東アジア海域での操業の圧力等も契機にして、以来、漁船の動力化による漁場の確保・拡大、近海・遠洋漁業の展開へと向かった(36)。『黒潮を追って』（土佐鰹漁業協同組合　一九七八年）に依り、高知県を例にその動きを示すと、次のようになる。

明治二十四年（一八九一）：サバの夜焚（たき）漁、フカの大縄漁、沿岸の樹林（魚付林の伐採）の外、黒潮流軸の移動のため深刻な不漁に陥る。五年後から三十四年にかけてようやく回復。

明治二十七年（一八九四）：大日本水産会幹事の村田保氏、高知商業会議所や漁業組合の要請で新しい時代の漁業情勢を説明し、遠洋漁業の将来性を説き、網漁業の改良、漁船、製造業の工夫の必要を奨励。

明治三十四年（一九〇一）：「漁業法」の公布にともない、高知県下に組合組織が作られ始める。五月、高知県水産試験場が設立される。

明治三十七年（一九〇四）

　〜三十八年（〜〇五）：漁船の機械化、大型化が漁場の拡大化の中で、室戸岬、足摺岬の海域で魚群を待って季節的操業をしていたカツオ漁船が、黒潮を越えて、次第に魚群を追うような操業形態をとることになっていく。

明治四十一年（一九〇八）：石油発動機船が初めて室戸の海を走る。「丁髷（ちょんまげ）船」、「ポンポン船」等の愛称をもつ。

明治四十二年（一九〇九）：操業用漁船に石油発動機を導入。室戸の資本家が高知市長浜の造船所で建造、土佐清水沖合のカツオ漁に出漁して大漁。

大正二年（一九一三）：高知市に土佐製氷株式会社が設立、漁業用にも大いに利用されていく。

大正七年（一九一八）

　〜八年（〜一九）：釣り船と称する漁船の殆どが発動機を装備。カツオ船も丁髷船からデッキ張りのハイカラ船になり、船型も十五トン級のカツオ船が出現。

大正十年（一九二一）頃：商務省水産局は鉄船建造へ補助金を出して、遠洋、近海漁業への足がかりを作る。

昭和四年（一九二九）：安芸郡水産会「ケッチ型造船術」の講習会を主催。近代漁業へ着実な歩みを見せる。漁船の操業も、従来の日帰り型から一週間から十日と延び、石油の積載量も七〇〜一〇〇缶とふえ、米、野菜、しょう油、酒も積み込み出漁するほどになり、一航海（十日間）で七〇〇〜八〇〇円から一、〇〇〇円を要し、カツオ漁は、このほかに多額のイワシ餌料を積み込む経費もかかった。


「南方澳」の長老が語った話は、正に当時の日本の情況を背景としたものであり、実際、漁船の動力化、地方の漁村での近代的築港事業は台湾の他の地区でも確認できる。留意すべきは、かかる築港においては、台湾の黒潮流域圏の環境に由来した目的もあったことである。台湾東北端の、南方澳にも近い漁村「貢寮」に関する研究、李明仁・江

写真16　蘇澳漁港（『日本地理風俗体系』15　台湾）

志宏著『東北角漁村的聚落和生活』「第五章　漁村的経済活動」[37]は興味深い見解を示している。[38]

一九三六年（日本・昭和十一）当時、「貢寮」（「澳底」）にはまだ風をさける港は修築されてなかったが、本地にはすでに小型漁船（「舢舨」）八十三隻、ディーゼル船五隻が居り、漁獲量は七九二・一〇〇台斤あった。その後日本人は分割して一九三八年に風をさけるための港を修築した。

宜蘭県「南方澳」の築港は「避風」（冬季の厳しい東北信風等を避ける）を目的としていたととらえられよう。「風」とは、かの明治四十五年（一九一二）「台湾の鰹漁業」（凌海丸）」が指摘していた黒潮流域圏の天候の特徴の一つ、冬季の厳しい北東信風を指しているとみてよいであろう。

そして、『東台湾展望』「三／跟著黒潮流動」「都鑾《ママ》魚場」前掲にも「東部漁場」の築港について次のことが述べられている。当漁場では、「南方澳」・「貢寮」より早く、大正六年（一九一七）に開鑿、大勢の原住民（阿美族）を徴用して昭和四年（一九二九）に沿岸道路も備えて「新港」（「卑南」）が落成した。

卑南渓の左岸から新港にかけて、距離凡そ十三里（約五十二キロ）の新港の道路（現在は海岸道の一部分）がある。新港の庁下の沿岸に居住する八千名の阿美族原住民によって、日本・大正六年（一九一七）に開鑿が着手された。工事期間に、庁長三人が交替し、昭和四年（一九二九）になってようやく完成され車は通るようになった。沿道には、太平洋に湧き起こる波が岸辺に打ちよせ、車輌は砥石を滑べるように疾走した(39)。

この「新港」が竣工される前後において、主要な鰹漁場である「都鑾漁場」の北側に巨大な堤防のようなものが海面に突出してあり、それが北・東信風をうまく遮っていると書いているのである。即ち、この「東部漁場」の築港の目的も亦「避風」にあったといえよう。

新港支庁における主要な漁場は、鰹漁を主とする「都鑾漁場」（現都鑾湾）であり、北側の陸地には巨大な突出した堤防のようなもの（筆者・築港途上工事中の堤防か?）が海面にしっかりと張り出し、ちょうど北・東の風を遮っている。「都鑾漁場」は日本・昭和三年（一九二八）より「都鑾青年団」（団員は全て阿美族）の許可を得て、かつ台東庁水産係の指導の下、漁撈作業を進めるようになった。特に言うべきは、捕漁から鰹節の製造まで全て阿美族が一手に請け負い、その産品は日本の大阪でも好評で、その地の日本人は皆その産品の精緻さを称讃していることである(40)。

写真17　台東県漁港（『東台湾展望』）

正に、一九二〇年代、三〇年代、台湾の黒潮流域圏における鰹漁、カジキマグロ漁等々の水産業が、動力船の〝導入〟と沿岸部の築港事業の動きを通して、日本の水産業界、その背後にある日本政府の海外拡大策を受け、本格的に近代化の枠の中に組み込まれていったことが見てとれる。

おわりに

これまで述べたことを整理しつつ、主題について卑見を述べることにしたい。

日清戦争以後、台湾総督府殖産局は、従前の実情をふまえて当地で行われてきた漁業の改善即ち近代化を推し進めようとした。その中で、黒潮流域圏は鰹漁の優良な漁場になるであろうと期待を寄せられ、諸策実施の前提として先ず当該海域の水産調査が行われた。曾て漢族が「万水朝東」（総ての海・河の水の集まる東の海）、「弱水」（船を支えられない海）さらには「落漈」（海の際限に落ちゆく流れ）等と称した黒潮、黒潮流域圏の姿が、ここに客観的に、日本人によって具体的に確認されることになる。

黒潮は、台湾の東北海岸ならびに亀山島に沿い、東部海岸ならびに火焼島、紅頭嶼、および南部海岸を速度「一時間に一浬以上」で流れていく強勢を有していた。その海域は正に「洄游魚類」の「天然漁場」として、鰹漁業振興の上で大いに期待をもたせるものであったが、同時に、海洋環境（反流の流れ、温度の変化等）のみならず、海岸の地質（岩礁の多さ）、天候（冬季の東北季節風、夏季の台風）等において注意すべき特徴をそなえていた。このような中で、鰹は東北部漁場からみれば三月から五・六月にかけて北上し（「上り鰹」）、七月沿岸で産卵、十月から翌三月に南下する（「下り鰹」）ように洄游し、また洄游性の「通鰹」のみならず瀬つきの「瀬鰹」も認められた。台湾本島の漁民は、これらの鰹に対して、固定した漁区などを設けず、主に沿岸に到来するものを「竹筏」や「罾網（抄網）」等の漁網を使って捕っていた。

これに対して、台湾総督府は、「漁網」「漁法」の改良（「揚繰網」、「流網」、「小台網」等の使用）、鰹節（惣田鰹節・真鰹節）製造業の振興、「焼玉式」動力船の導入と築港事業等々によって、黒潮流域圏における鰹漁業の近代化を強力に図った。敢えて言うならば、丈夫な漁網・組織的漁法を用いて沿岸操業で鰮等の活餌をも捕り、かつ馬力と速力のある専用の動力船に乗ってより速く漁場に到達すれば、加工製造にも十分堪えうる無尽蔵な鰹が捕獲できると考えられていたのではないであろうか。

管見の限りでは、一八九〇年代後半から一九三〇年代半ばにかけて、台湾の黒潮流域圏の漁村（基層社会）は、日本の水産業界およびその背後にある日本政府の拡大政策に対応するかのように徐々に変容していった。上掲した以外にも、次のような事例がある。「東北部漁場」に属し、宜蘭県の沖合に在って黒潮が極近くを流れる亀山島では、一八九五年に日本の統治が始まる。以後進められた漁撈に関する一連の「技術改良」事業は島民の社会・経済生活を大きく変え、伝統的宗教行事等に参加する彼らの時間をも労働に供せしめたといわれる。王崧興は、著書『亀山島――漢人漁村社会之研究』（中央研究院民族学研究所専刊之十三　一九六七年）「第一章　亀山島之一斑」「一、歴史背景」において、住民「陳龍宝」の言葉を借りつつ、当該の基層社会の変化を批判的に紹介している。

「陳龍宝」の言：日本人が台湾を統治すると、亀山島は台北州宜蘭郡頭囲庄亀山保に編入され、保正が設けられた。……日本人は一度やって来ると、大陸との往来を禁止し、辮髪を切らせ、纏足を禁止し、さらには捕漁技術を改良させ、本来あった宗教活動を取り締まる等々一連の措置を実施した。それによって亀山島には社会経済上甚大なる変化が生じた。島に元々あった「戯班」は［今からすれば］六十余年前に活動がみられなくなり、五月の端午の節句の「龍舟賽」をはじめ他の祭礼も一年一年活気を無くしていった。捕漁技術の改良は人々の労働時間を無駄に増やし、文化活動を顧みなくさせた[41]。

しかしながら、こうした台湾の黒潮流域圏における鰹漁業振興策は、畢竟、その時点での自然環境に左右されることになったと考えられる。小稿の検討の範囲でいうならば、その環境とは、鰹漁を進める上で必須の鰮等の活き餌を安定的に供給できない環境と言い得よう。水産調査の関係者においては、開始当初（一八九八年頃）から、東北部、東部、南部いずれの漁場についても餌不足への不安は自覚されていた。真鰹節、惣田鰹節の加工製造を発達させようとしたことも、気候「炎熱」による保存の難しさもさることながら、この「餌料不足」問題も深く関わっていたと考えられる。明治四十五年（一九一二）の台湾総統府殖産局編纂『台湾之水産』第三号（殖産局出版第九〇号）「台湾の鰹漁業　二（凌海丸）」には次のように書かれている。

「結論」　現時本島鰹漁業地として観るべきものは北部漁場のみ。他は天候、餌料其他の関係上未だ之に従事するもの無し。北部漁場に就ても尚改善刷新を要すべきものあり。

一、餌料の蓄養供給　二、漁夫の経済的使用　三、鰹節製造方法の改良

等之なり。餌料供給の便否は鰹漁業の消長を左右す。近年各地に於て鰹漁業者を煩悶せしむるものは、盛漁期に際し餌料缺乏の為、価格暴騰し甚しきは一小漁船の一回の出漁に百数十円の餌料費を要することに在り。本島北部に於ては前述の如く、漁期に際し餌料鰮は比較的豊富なるも、其漁法の焚入網なる為大に其活力を減じ、且月明の夜は之を漁獲し能はざる為同じく餌料供給の不足を来す。活籠、網活洲は既に使用せられ居るも、根拠地附近に一大蓄養池を造りて「しらす」より之を飼育し又は多漁の際之を蓄養して不漁の日に備へ以て其供給を饒多にする必要あり。目下其計画中なり。之が実現の暁は其面目を一新するに至るべし。（傍点は筆者）

文中「盛漁期に際し餌料缺乏……」は、さらに改良漁網の試験においてもはっきりと指摘されている。『台湾之水

産』一冊第三号前掲には、「小台網漁業試験報告」（明治四十四年五月〜四十五年二月、大正三・一九一四年三月〜四月試験実施）なる一文があり、次のように記載されている。

鰹釣餌料供給を主たる目的とし……。北部に於けるものは、最初は漁獲ありたれども、盛漁期と成りては、本島人在来の鰮漁法たる焚入網と利害相衝突するを以て、定設漁具たる本網の漁法は運用漁具たる焚入網に一籌を輸するに至れり。然れども月明にて焚入網使用不能の時又は沖合浪高くして焚入網の使用困難なる時及鰹釣漁船遠距離に出漁する為活力の大なる活鰮を得るの必要あるときは、本網漁の敷設を必要とすることを一般に認めしめたり。南部に於ける第一回試験の際は従来該季節（十二月〜二月）に於ては、鰮の漁獲無きものと信じ居りたるに相当の漁獲あり、……然るに此方面に於ける鰹釣漁期は三月下旬以後と成るべき見込みに付、此期間本試験を継続する必要ありたれども、本網は二月末に至り腐朽して用に堪へざるに至りたるを以て、……此分は不結果に終りたるを以て遺憾とす。惟ふに此附近に於ては両者（鰹と鰮）の漁期相伴はざるが如し。

即ち、日本の台湾における鰹漁業の近代化政策は、黒潮流域圏における餌料となる鰮等の不足、さらには鰮と鰹の漁期のズレに帰結する、いわば当時の黒潮流域圏の環境の特性そのものから直接影響をうける形で、以後の進路の変更を迫られることになったといえるのではあるまいか。事実、日本の鰹漁業の漁獲高の総額は一九二〇年代から三〇年代まで基本的に増加の途を辿ったが（【表】）、前述のように、台湾の真鰹節・物田鰹節製造業の産額は大正十二年（一九二三）頃をピークとして、昭和七年（一九三二）、同十一年（一九三六）年と下落する。

しかも、留意すべきは、当時の日本政府が、この台湾の鰹漁業（鰹釣漁と鰹節製造業）におこった矛盾の解決を、黒潮流域圏との更なる共生の模索ではなく、台湾以外に新たな「天然漁場」を探る方向に求めたことであり、そのことがまた、台湾の鰹漁業への大きな圧力となったととらえられることである。『台湾に於ける水産製造工業』前掲（昭

年次	漁獲量（千貫）	漁獲金額（千円）	貫当たり価格（円）	乗組員	乗組員１人当たり漁獲量（千貫）	乗組員１人当たり漁獲金額（千円）	漁船数	漁船トン数	１隻当たりトン数	１隻当たり漁獲量（千貫）	１隻当たり漁獲金額（千円）	１隻当たり乗組員数（人）
1921	13,378	24,147	1.81	39,521	0.34	0.62	1,602	33,923	21.2	8.3	15.1	24.6
1922	12,532	21,221	1.69	39,445	0.32	0.54	1,502	24,709	16.5	8.3	14.1	26.3
1923	12,574	20,513	1.63	43,292	0.29	0.47	1,626	28,798	17.1	7.7	12.6	26.7
1924	12,460	19,166	1.54	42,231	0.30	0.45	1,566	29,340	18.7	8.0	12.2	26.9
1925	14,280	20,948	1.47	42,882	0.33	0.49	1,548	29,744	19.2	9.2	13.5	27.8
1926	14,831	21,562	1.45	38,777	0.39	0.56	1,360	28,857	21.1	10.9	15.9	28.5
1927	19,010	19,850	1.04	33,675	0.56	0.59	1,221	27,300	22.4	15.6	16.3	27.6
1928	18,022	20,506	1.14	31,975	0.56	0.64	1,121	28,474	25.4	16.1	18.3	28.5
1929	16,094	16,128	1.00	30,908	0.52	0.52	1,067	28,428	26.6	15.1	15.1	28.9
1930	15,832	11,092	0.70	29,130	0.54	0.38	1,042	28,224	27.1	15.2	10.6	27.9
1931	18,806	11,176	0.59	27,022	0.70	0.41	909	29,719	32.7	20.7	12.3	29.7
1932	15,444	9,031	0.58	27,853	0.55	0.32	883	28,487	32.3	17.5	10.2	31.6
1933	18,058	12,267	0.68	25,583	0.71	0.48	806	28,624	35.3	22.4	15.2	31.7
1934	19,278	11,631	0.60	26,629	0.72	0.43	787	33,691	42.8	24.5	14.8	33.9
1935	16,669	11,178	0.67	27,732	0.60	0.40	910	36,544	40.2	18.3	12.3	30.5
1936	23,149	13,407	0.58	29,211	0.79	0.45	1,044	39,209	37.6	22.2	12.8	28.0
1937	25,701	13,958	0.54	27,241	0.98	0.51	924	36,565	39.6	27.8	15.1	29.5
1938	26,901	17,984	0.67	24,821	1.08	0.72	891	37,192	41.7	30.2	20.2	28.0
1939	27,769	23,753	1.04	24,482	0.93	0.97	851	35,967	42.3	26.8	27.9	28.8
1940	26,752	37,883	1.41	20,951	1.28	1.80	800	33,115	41.4	33.4	47.3	26.2

出所：山口和雄『水産』1965年　原資料は『農林省統計表』

表　鰹釣漁獲量（『かつお・まぐろ漁業の発展と金融・保証』）

和十五年・一九四〇）は、真鰹節、惣田鰹節それぞれ製造業の「将来の見込」に対して次のような悲観的な指摘を行っている。

真鰹節製造業：「将来の見込」基隆港を中心とする台北州北部に於ては餌料イワシの漁期は五月中旬より九月中であって概して漁期短く、火焼島及び本島南部に在っては瀬付の雑魚又は擬餌鈎を使用するのが現状で、餌料は豊富でない上に漁夫は年々内地より招致するのであるから、原料生産費は不廉である。其上又主要職工は年々内地より招致し製品は内地に搬出するのであるから生産費も亦内地よりも割高となる。只大型船の漁場は内地よりも近距離に在るので、此点内地よりは稍々有利ではあるが、内外南洋よりは著しく不利である。従って、真鰹節製造業が南洋地方で現状を持続する限り、本島では大なる発展は望まれない。

惣田節鰹製造業：本工業原料たる惣田鰹の漁獲高に大した変動はないが節としては南洋節の圧迫を受けることが著しいから、南洋節が劣へぬ限り漸次減退の運命を辿るであろうが、塩煮品は特色の嗜好を有する為に漸次増加するものと認められる。但し目下設立中の東部水産会社が各地に施設する冷蔵庫を利用し缶詰業を開始すれば本業は相当の影響を蒙るものと思われる。（傍点は筆者）

即ち、当時「南洋」へ漁場を拡大して造られた「南洋節」が、台湾の「真鰹節」・「惣田節」製造業と完全に矛盾を起こしていることがわかる。

では、以上の台湾・黒潮流域圏における鰹漁業の近代化の下で、台湾の漁民の黒潮に対するイメージは大きく変わっていったのであろうか。一九三〇年代、黒潮を前面に見る南方澳の漁民が自ら購入した「焼玉式機動船」に乗って火焼島に至り捕漁した活動――とくに、北上する黒潮を逆に沿って南下したあり方には、「万水朝東」等のイメージもかなり後退したかに見える。しかしながら、「東部漁場」の一大拠点をなした台東県では、阿美族――曾て日本統治時代に「新港」の建設にも深く関わった阿美族が、黒潮と陸地の間の海上を今もなお主たる漁場としている。阮文彬・劉炯錫「台東県成功鎮宜湾部落阿美族海洋漁獵活動之調査研究」[42]には、次のように述べている。

一　漁猟空間。宜湾部落の阿美族の海洋捕撈は、南の kihao（三仙台）から北の carapongngay（界橋）にいたる海湾を範囲としている。この海湾は、南から北にかけて pisirian（白守蓮）等部落民が居り、各部落の漁場に対する利用には領域を分けるということがない。海岸線から東においては、漁撈空間は hekal（潮目帯）・tiyor（浅青色の海域）・'elos（深青色の急流海域）に分けられる。漁撈は通常専ら 'elos の中の海域で行われ、'elos 域では一年中北向きに流れかつ流れは非常に急迅であり、「竹筏」ではなかなか流れに抗しきれず、遙か北方に流される可能性がある（原注：この海域は黒潮流域で、阿美族の言葉で急流区を意味する）。tiyor 海域に行って捕漁するには竹筏に乗らねばならず、通常男子が海域に向かう（原注：この海域は沿岸流が主で、比較的深い）。hekal での漁撈は竹筏に乗ったり泳ぐ必要はなく、潮が引いた時［海藻や貝類を］採集すればよい(43)。

同じく黒潮の直近に位置する紅頭嶼、現蘭嶼においては――一〇〇年ほど前日本人がその島の周囲も鰹の優良な漁場と見なし開発を進めようとしたが、餌料供給に全く見込みが立たず放棄した――、雅美族は専ら釣果の量を追求して無秩序に海（黒潮）に突き進むことはしない。現在も、一年の三月下旬から七月上旬、黒潮にのって群来する「飛魚」を待ってそれを捕漁し、この漁撈活動が島民雅美族の一年の生活を秩序づけている。台湾の原住民においては、あるいはその独自な文化によって黒潮に対する観念が変わらず保持されてきたのではなかろうか(44)。

総じていうならば、十九世紀後半から二十世紀前半において日本が試みた台湾の黒潮流域圏における鰹漁業の近代化政策は、台湾の人々が現在にいたる独自の近代化への途を切り開く重要な契機の一つにこそなれ、当時にあっては、黒潮流域圏の海洋環境の影響――鰹釣漁に対する餌料供給の不安定さに帰結する等々の影響を強く受け、その進路を遮られることになった。以後、日本の〝水産南進〟策の推進と敗戦にともなう台湾からの撤退によって、黒潮の危険海域としてのイメージ、黒潮との共生の営みは、台湾において原住民等の中によりはっきりと保たれるようになったのではないかと考えられる。

もとより筆者は、中国・台湾の中で独自に「万水朝東」等について具体的に解明していく歴史的過程があったことを否定視するものではない(45)。他方、凡そ十八世紀以降の西洋諸国による東シナ海をめぐる「探検航海」の動向やその研究についても強い関心をもっている(46)。台湾の黒潮流域圏における環境の認知の歴史、とりわけ海流の認知からとらえられる〈近代〉への道のりは、小論の内容にこれらの課題を重ね合わせて、今後さらに検討していきたい。

註

（1）これらの漢語に関する検討は、海洋学者川合英夫の労作『黒潮遭遇と認知の歴史』（京都大学学術出版会　一九九七年）に触発されたものである。この労作から学ぶべきものはこれからも多いであろう。参照されたい。

（2）黒潮に対しては、現在の台湾でも、急迅かつ反流など複雑な変化をそなえつつも海洋資源の宝庫というイメージが一般的にもたれている。胡興華著『台湾的漁業』（台湾地理文化一九　遠足文化事業有限公司　二〇〇三年）等参照。

（3）台湾地理文化一九　遠足文化事業有限公司　二〇〇三年

（4）台湾総督府開始陸続進行台湾水産調査工作、初始以淡水・新竹・鹿港・澎湖之水産事業及台南地区養殖開始陸続進行台湾水産調査工作、初始以淡水・新竹・鹿港・澎湖之水産事業及台南地区養殖為調査対象、次年拡及基隆・安平・屏東地区的水産業、新竹・鹿港地区的漁業与塩業・水産品市場等。之後、更拡大試験範囲到漁撈与漁具・漁法・水産製造以及養殖等。除了在各地成立水産試験所与養殖場、並対台湾周遭海洋漁場進行大規模調査。

（5）殖産局配置専業技術人員専責辦理水産事務、這就是台湾水産行政的開始。

（6）日本統治之初、開始調査漁業基本資料、委託民間試験。依拠調査分析結果、認為有輔導発展漁業的必要、因此従明治三八年（一九〇五）開始、擬訂水産奨励計画、逐年施行。

（7）公布「漁業法」、這是台湾漁業的基本法・而「台湾漁業規則施行規則」五十六条、更対台湾的漁業型態与捕魚方式有詳細描述与規範。這些法規有的是依拠日本本土規定、有的則是由台湾総督府制訂。

（8）総督府建造了台湾第一艘専用水産試験船――「凌海丸」、従事沿近海漁業試験調査。後来又加大「凌海丸」的排水量与馬力、執行遠洋漁業調査、沿近海漁業試験則改由試験船「緑丸」担任。

（9）日本各界即提出「水産南進」的口号、将漁船作業区域向南伸展、並且到東沙・南沙群島開採磷礦。

（10）州・庁地方政府也積極参与、視本身漁業特色及条件、分別辦理奨助。当時的各種奨励項目、1・漁法・漁具的改良及漁船設備改善　2・建造動力漁船　3・発展養殖事業　4・水産加工奨励等々。

(11) 除了継続沿近海・南中国海・婆羅州・菲律賓等地遠洋試験調査以外、還登陸呂宋島「斯加保羅礁」調査観測。
(12) 本稿では、高知県立図書館「塩見文庫」所蔵本を用いた。
(13) 後に本文に示す調査報告書、明治四十五年（一九一二）の台湾総統府殖産局編纂『台湾之水産』第三号（殖産局出版第九〇号）「台湾の鰹漁業　二（凌海丸）」には「西部漁場」の状況も含まれている。ただし、本項においては抑も小稿の主題である「黒潮」に全く触れていない。結果としても、鰹の洄游は「小琉球」以北の沖合では殆どみられなくなり、かつ鰹の時期に鰮が捕れないことが言われている。故に、小稿においては検討の対象から外すことにした。
(14) 『台湾の水産』も高知県立図書館「塩見文庫」所蔵本を用いた。
(15) 当時台湾総督府は、淡水から、基隆を中心にして宜蘭にかけての漁場を指して「北部漁場」という言葉を使っている。小稿は、この言い方を尊重しつつも、特に黒潮とのつながりを留意しかつ読者にその主旨をより分かりやすく伝えるため敢えて「東北部漁場」という言葉を用いている。
(16) 縁海東行百六七十里、至雞籠山、是台之東北隅。有小山円鋭、去水面十里、孤懸海中。以雞籠名者、肖其形也。過此而南、則為台湾之東面。東西之間、高山阻絶、又為野番盤拠、勢不可通。而雞籠山下、実近弱水、秋毫不載、舟至即沈、或云：名為万水朝東、水勢傾瀉、捲入地底、滔滔東逝、流而不返。二説未詳孰是、従無操舟往試、帰告於人者。海舟相戒不敢出其下、故於水道亦不能通、西不知東、猶東之不知西也。
(17) 烏石港沙汕之外、即係大洋深水。査蘭属洋面、与通台南北異風、潮汐反信。縁北来有雞籠・卯鼻之険、南去万水宗東、落漈不遠、毎遇船隻入蘭、必依島嶼而行。否則東風一扇、便如弱水傾舟矣。
(18) 本来ならば、台湾総督府民政局『殖産報文』一巻一冊（一八九八年）に準じた報告書に拠って行論すべきであるが、今回それを果たせなかった。後日を期したい。
(19) 例えば、清・『雅堂文集』巻三・筆記・台湾漫錄・蛇人の項には次のようにある。「台湾処絶海之上、附麗諸島、若彭佳嶼、火焼嶼、紅頭嶼俱已発見、即後山亦漸開拓。但有野番、而無怪物。如台湾志略所載蛇人、幾如山経所言、豈窔窊独陽之類果有其種耶。志略曰：康熙二十三年八月、福建陸路提督万正色有海舟将之日本、行至鶏籠山後、因無風、為東流所牽、抵一山、得暫息。舟中七十五人皆莫識何地。有四人登岸探路、見異類数輩疾馳至、攫一人共噉之。三人逃帰、適遇一人於莽中。与之語、亦泉人。携之登舟。具言妖物噉人状、曰：彼非妖、此地之人也、蛇首猙獰、能飛行、然所越不過尋丈。往時余舟至、同侶遭噉、唯余独存、問何以独存故、則挙項間一物曰：彼畏此、不敢近爾。視之、雄黄也。衆皆喜曰：吾輩得生矣。出其篚、有雄黄百餘斤、各把一握。頃之、妖物数百風行而来、将近船、皆伏地不敢仰視、逡巡而退。逮後水転西流、其舟仍回至廈門」

(20)『台東県史・雅美族篇』「第二章 歴史与地理」「第二節 歴史」「二・文献歴史資料所見的蘭嶼」(台東県政府編印 二〇〇一年)等によれば、紅頭嶼は、康熙二十年代に清朝・漢族の漂着故事が残されているものの、以後は、十七世紀末バターン諸島におけるキリスト教宣教師の活動、十八世紀末からのフィリピン(マニラ)のスペイン植民地政府の成立等の影響を受けていった。この間、清朝はオランダ統治時代において土地測量等も実施されたが、文化情況の掌握はなかなか進まなかった。この点は、火焼島が元来台東の阿美族、紅頭嶼の雅美(達悟)族等を主体としつつも十九世紀初以降徐々に漢族社会に転じたのとは異なる。『緑島的故事』「先民移民的故事」には次のようにある。「緑島曾経是原住民越洋遷移台湾的跳板、台東的阿美族和蘭嶼的雅美(達悟)族原住民、都曾有部分居住緑島的説法或回憶、直到一九世紀初漢人移入、原住民才逐漸他遷、緑島転型為漢人社会」。清・光緒年間『恒春県志』には「紅頭嶼は海中の孤島であり、その原住民は穴居している。農業に精通しておらず、雑糧を蒔き魚を捕り畜養して生計を立てている。体つきは台湾の原住民と他ならず、性格は順良である。言葉は大西洋のそれに近く、実際その由来は分からない。七つの村(「社」)があり、四方に散らばっている。老若男女千人に満たない」(「紅頭嶼、在恒春県東八十里。孤懸荒島、番族穴居不諳耕稼、以蒔雑糧、捕魚、牧養為生。樹多椰実；有鶏、羊、豕、無他畜。形狀無異台番、性最馴良。牧羊於山、翦耳為誌、無争奪詐虞之習。民人貿易至其地者携火槍、知其能傷人也、輒望望然去之。語音有與大西洋相似者、実莫測其所由。地勢周囲六十餘里、山有高至五、六十丈者。社居凡七、散列四隅；男女大小不及千丁。光緒三年、前恒春県周有基、船政藝生游学詩、汪喬年偕履其地、帰述其所見如此」『恒春県志』巻末「旧説 附紅頭嶼与火焼嶼」)。また、台湾文献叢刊『台湾雑詠合刻』「台陽雑詠」にも次のようにある。「海面遙看挽髻螺、両三孤嶼似星羅(離台湾最近者為小琉球、在鳳山県之南、海道三十里、居民二千人、帰鳳山管轄。瑯嶠之東有紅頭嶼、火焼嶼、海面倶一百餘里。紅頭嶼皆土番、火焼嶼多漳、泉人住之。又有五獅嶼、在噶瑪蘭頭囲対渡)、蓬壺未許来徐福(五獅嶼有意往

求、毎不可得）、瀛嶠何縁到鄭和（光緒三年春、丁中丞命前署恒春県周有基帯同機器学生游学詩、汪喬年往探紅頭嶼。嶼中分八社、番衆皆穴地而居、略似台湾生番。「府志」称：『紅頭嶼産金、番無鉄、以金為鏢鏃、鎗舌』、今無其事）」

一方、『台東県史・雅美族篇』「二・文献歴史資料所見的蘭嶼」前掲によれば、清朝が正式に紅頭嶼に官員を派遣したのは、光緒三年（一八七七）の所謂牡丹社事件以降、日清開戦前後その防衛拠点として注目されたためであり、日本による本島の調査開始は明治三十年（一八九七）であった（「鳥居龍蔵於明治三一年（一八九八）在恒春、当地人汪金明提供他光緒三年（一八七七）実勘蘭嶼之復命書及其他相関公文書…雖然清朝官方一直到光緒初、也就是一八七七年、才正式渉足蘭嶼、但是民間与其接触的時間是更早的。康熙六一年的記載（黄叔璥一七三六年）雖然可以明顕地看出、当時台湾本島居民対蘭嶼当地的社会人文景況、不是很瞭解、甚至誤解」、「明治三〇年二月組成調査団、三月一〇日出発一五日抵紅頭嶼、一九日離開、二〇日返航抵基隆。調査隊対当地人諭告該島已収入日帝国版図、並給予帝国国旗。在此次調査結束後、調査隊之佐野事務官建議：「島民温順、各部落関係親密、無闘争殺戮之事。所以現在若不設立行政機構・推動拓殖事業。小島上約一千的人口、依然可以過著平和的生活。但若永遠置之不理、会影響帝国威信。若将之帰入恆春・台東管轄、因航程険悪、一旦有事、無法随時往返。応該可以設立一種撫墾署、負責行使下級之行政与司法権、一辺撫育蕃民、一辺調査山林漁業礦業農業、如此蕃民可成帝国之臣民。同時移住計画也可適時進行。則不論対内・対外、皆可周全」。当該の「南部漁場」に対する鰹漁業の水産調査はこのような過程の後に実施された。

(21) なお、こうした改良網への移行の理由は、こと鰹漁業については従前沿岸での操業を専らにし、かつ暗礁多き海岸で（入会地が無いことによって）起こる漁業争議を回避するためでもあったのではないかと考えられる。台湾総督府民政局『殖産報文』一巻一冊「基隆附近漁村状況」前掲には以下のような文章もあり、鰹網漁と漁民の社会生活との関係については後日検討したい。「『一般の状況』　此地方ノ漁法ハ夜間海面ニ火ヲ燃シテ魚群ヲ誘致シ。罾網（ツアンバン）ト称スル抄網ヲ用フルモノニシテ。暗礁ノ之ヲ妨ルナキ限リハ深浅ト底ノ泥沙等ハ敢テ問フ所ニアラス。故ニ漁場トシテ一定セルモノナク。唯意ノ嚮フ所ニ至リ。或ハ網シ或ハ釣ス人々皆此ノ如クニシテ。各村先ヲ争ヒ漁撈スルヲ以テ時ニ衝突ヲ生シ激烈ナル闘争ヲ醸スコトアリ。而シテ独漁場ノミナラス釣具ノ如キモ一定ノ場所アルコトナシ。唯海岸ニ於テノミ使用スル地曳網ハ其妨害セラレンコトヲ恐レテ村々敢テ疆ヲ越ヘサルヲ見ル。要スルニ支那政府ハ塩業ノ外。渾ノ水産業ヲ以テ人民ノ自営ニ放任シ。嘗テ課税ヲナセシコトナク。随テ又毫モ取締ヲ施シタルコトナシ。故ニ漁場ハ到処入会ナラサルナク。而モ其漁場ハ沿岸ニ止リ遠洋ニ出ルモノハ絶テ之ナシトス」

(22)　厚生閣　一九四〇年

(23)「吉井治藤太」については、今回調査にいたらなかった。後日を期したい。

(24)『台東県史・雅美族篇』「第二章 歴史与地理」「第二節 歴史」「二・文献歴史資料所見的蘭嶼」「(三) 日治時期」) 前掲に次のようにある。「在大正一二年、就有日本人到島上従事鰹魚加工製造的投資。昭和二年、則有台湾 (漢) 人到島上従事鰹魚加工」

(25)「日本治理台湾後、将火焼嶼改称火焼島。戦後初期、国府仍沿用火焼島、後来於一九四九年 (民国三八年)、将火焼島改称緑島。緑島和蘭嶼一様、是火山噴発而成的島、周囲全為裙状隆起珊瑚礁所環繞、海岸多断岸或陡坡。全島面積約一五平方公里、其中丘陵地佔七〇%以上、可供建立聚落或耕種之地僅佔三〇%左右。気候方面、夏季炎熱・冬季温暖而潮湿；夏季常遭颱風侵襲、」冬季則東北季風強勁、全年強風日数約達半年、偶有焚風；颱風侵襲其間常使交通中断、冬季的東北季風掀動海潮拍岸造成霧状「鹹雨」、傷害農作・樹木、是緑島較為艱苦的生活季節。由於緑島位処黒潮北流通道上之渦流海域、海域多珊瑚礁、附近又有湧昇流帯来豊富的営養塩、因此海洋生物豊富、成為迴游魚類的天然漁場、自日治時起、漁業就成為緑島居民的経済命脈。(『緑島的故事』(台東県緑島郷公所　二〇〇七)「先民移民的故事」前掲)

「先民因捕魚遇風的因縁来到緑島、捕魚原本就是維生的方法之一、捕魚称為討海、意謂従海龍王的管轄区内討一口飯吃；捕魚維生的人就是討海人。緑島海域包括沿岸漁場和近海漁場、魚貝類豊富。但毎年受西南気流・颱風・東北季節風的影響、有一〇〇多天無法作業；加上地理位置・漁港設備等之限制、只能以小船作業。也就是説、捕魚無法成専職、必須捕魚加上農牧、才能維持温飽。本島沿岸均為裙状珊瑚礁、退潮時均露出海面、郷民不分男女、皆可信歩撿拾海藻・貝類・海参等。沿岸漁場有……。近海漁場有廻遊魚類的鮪・鰆 (土魠)・鰹・鰡 (鬼頭刀)・雨傘旗魚・旗魚・鯊魚等、季節性魚類有飛魚、底棲魚類的黒鯛・牛港鰺……。(『緑島的故事』「伝統漁撈的故事」前掲)

「由於緑島位於黒潮流経之処、島的周辺又有珊瑚礁環繞、在良好的漁業環境下、島民往往不必使用船筏、也能很容易就可以捕到魚。只是早期漁民在平時兼業所捕獲的魚没有銷售的市場、除家用外、多余的鮮魚大多只能製成鹹魚或魚乾；因為緑島的天気熱、多余的魚若不塩漬就很難儲存。直到日治時期、島上除了鰹竿釣的漁獲之外、其他捕到的魚大部分供自家食用、若有商人来島上、也只能帯少量的漁獲去台東販售。這不僅只是市場有限的問題、島上貨品要運到台東出售、還得克服交通上的障礙。（『緑島的故事』「伝統漁撈的故事」「倫学釣魚的方法」前掲）

(26)「鰹竿釣漁業俗称『釣鰹仔』、日治時期、従基隆開始発展鰹竿釣漁業、在鰹節（柴魚）試験所的設立下、基隆成為当時日本人設立鰹節工廠的集中区。漸漸地、基隆較大的鰹竿釣船的漁場已経拡展到了緑島・蘭嶼一帯、基隆的鰹魚加工業者、這才発現緑島是個可以発展鰹漁業的理想拠点」

(27)「另外由台東庁経営的惣田鰹魚片講習所自大正十三年起、毎年連続開設、畢業的学生已経約有九十名」（『東台湾展望』（「三／跟著黒潮流動」「都鑾魚場」前掲）

(28)「緑島的第一家柴魚工廠、為日本大阪籍人士南喜一郎、於一九二二年（大正一一年）在南寮（青仔溝）開設的『玉福鰹節製造工場』。……鰹魚是一種很容易腐壊的魚、因此漁獲一上岸、就必須立刻趕工製造。……日治中期後、緑島的対外交通、有商船航線固定経過緑島航向基隆、緑島的柴魚便是透過此一航線、運送到基隆集中之後、再運到日本大阪出售。自一九二〇年代緑島発展鰹漁業後、柴魚逐漸成為島上重要的輸出品之一」（『緑島的故事』「伝統漁撈的故事」「倫学釣魚的方法」）。なお、南喜一郎が主に扱った鰹は、真鰹でなく、惣田鰹ではなかったかと推測する。例えば、『台湾の水産』（昭和五年・一九三〇）前掲の「附図」に記載された東部漁場一帯の魚種においては、惣田鰹が真鰹を明らかに圧倒している。この点を含めて、「南喜一郎」についての調査は後日を期したい。

(29)「日治時期、台湾鰹漁業的発展以基隆為中心。数年之後、基隆較大的鰹竿釣漁場已経拡展到緑島・蘭嶼一帯海域、因此才発現緑島是個可発展鰹魚業的理想拠点。緑島第一家鰹節製造工廠、為日人南喜一郎所設立的『玉福』柴魚工廠、『玉福』柴魚工廠設立四年後、中寮村就有了第二家柴魚加工廠・『旭漁業組合鰹節製造工廠』；南寮村的鰹魚専売給『玉福』、中寮和公館的鰹魚則売給『旭』柴魚工廠」（『緑島的故事』「伝統漁撈的故事」「鰹竿釣漁業」）。ここに『旭漁業組合鰹節製造工廠』には

「漁業組合」という言葉が入っている。『旭』は『玉福鰹節製造工廠』以上に複数の生産集団による有機的な構成を具えていたと推察され、この点でも当時本島における鰹節製造業の急速な拡大が推察される。

(30)「一九二六年、中寮村也開設了另一家柴魚工場、名為『旭漁業組鰹節製造工場』、和『玉福』柴魚分別収購漁民所釣得的鰹魚。南喜一郎為了維持柴魚加工的原料充足、因此聘請琉球漁民至緑島教漁民釣鰹魚。由於鰹竿釣漁船与一般漁船的配備不同、需要専船専用、等到漁期過了之後、釣鰹船就会拖上陸地休息、以前因為黒潮流速強、無動力帆船或人力船筏無法到達台湾東部最好的鰹魚漁場、緑島与蘭嶼之間的『半洋』、和蘭嶼与小蘭嶼之間的『羊仔山縫』一帯、有了日本人引進的機動鰹釣漁船後、漁民才能到達該漁場釣鰹魚」(『緑島的故事』「伝統漁撈的故事」「鰹竿釣漁業」前掲)。関連する記事は次のようにも述べられている。「聴緑島老一輩的人説、当初南喜一郎要在緑島発展鰹魚事業的前提是、要有足夠的原料、因此他請琉球漁民前来教導緑島漁民釣鰹魚。拠説那些琉球漁民其実不願意教緑島人的魚、只願意自己釣来供業者加工、換取現金。他們捕魚回来後、釣鉤和自製的擬餌都装在一個小木盒内随身携帯、絶不讓外人看到、所以緑島漁民一時還学不到這種的捕魚技術。有一天緑島漁民在偶然間拾獲琉球漁民的一対此種魚鉤和擬餌、在実際釣過魚後発現魚獲効果不錯、這可能就是緑島漁民学到曳縄(拖釣)和鰹竿釣漁法的開始、将緑島的漁業帯入了另一個階段」(同「伝統漁撈的故事」「偸学釣魚的方法」前掲)

(31) 宜蘭文献叢刊一四　宜蘭県立文化中心　一九九八年

(32)「黄春万:我是大正一一年出生在南方澳、我母親還没生我之前、就已経住在内埤了、以前南方澳並没有幾戸人家、我母親説我們是最早来的。日本人是漁民先過来、従前神州戯院那裡有幾十戸日本住民、内埤那裡則都是琉球移民、最初日本人用小船捕魚、用手釣。到了秋冬時、日本九州及四国漁船都会過来鏢旗魚、那些漁船就比較大艘、鏢完旗魚就回日本了。那時我已経開始整船了、是比較小艘的、以前的漁船都是やきだま(註:焼玉式引擎)、這個大家都知道、因為都経歴過。以前漁冬非常好、記得我最多曾一天鏢到四〇多尾丁挽(註:旗魚)、随便鏢就有、這尾没鏢到再換別尾、到処都有、不像現在一天鏢不到一尾的情形也常見」

(33)「黄春生:民国一八年出生在南方澳、畢業於蘇澳公学校高等科。我們家族最早住在猴猴、到我祖父時才搬来、在這裡種田跟牽罟。毎年秋冬時、日本四国・長崎及鹿児島的漁船都会来南方澳鏢旗魚。日本人来南方澳開港時、我父親及祖父被叫去做工、並開始学習日語及測量。築完内埤港後、我父親就和三木工程師、到基隆築社寮港。築完之後、就去当日本人的船員、在船上煮飯及学習捕魚技術、那時我們全家幾乎都受雇於日本人。当時台湾還没有機帆船、我們就向日本人買了一部二〇馬力的水式やきだま（原文）。我父親叫黄来成、那艘船命名為協成、主要到火焼島的鯧魚・鮲魚、開発那裡的漁業。有一次碰上颱風、我父親繞到新港外海避颱風、雖然船破損了、幸好人安全回到南方澳。回来後南方澳正好成立造船所、我父親造了一艘2号南洋的新船、我家鏢丁挽不輸給日本人、一等・二等的旗子都是我們拿的。南方澳漁港是台湾最早開発的漁港、南方澳漁会也是台湾最早成立的、因為日本発現南方澳外海的漁場是全台湾最好的、魚類資源非常豊富。因此日本是闢建漁港而不是商港、並且還将日本漁民移民来南方澳」

(34)「侯昭源：民国一九年我出生在基隆、五歳時搬到南方澳、我父親比我們早過来。……最早台湾漁業発達的重要因素、就是靠焼球式柴油機、這也是南方澳最早発展的、這種機器日本在二〇幾年前已経不用了、但台湾目前還在用、差不多使用到五〇〇馬力。日本時代所有類型的柴油機我父親都做過、最早是従一〇馬力的柴油機做起、那時高雄和基隆還没開始做、只有南方澳在做而已」

(35)「太平洋戦争前的南方澳可以説很繁栄、当時幾乎都是日本漁船、台湾漁船大概佔不到五分之一、我們鉄工廠的顧客大部份都是日本人。毎年秋冬日本九州及四国的漁船都会南方澳鏢魚、那時他們已経有四〇馬力的やきだま、而我們只有二五馬力而已」

(36)　羽原又吉著『日本近代漁業経済史（上・下）』（岩波書店　一九五七年）柏尾昌哉著『日本の漁業』（ミネルヴァ書房　一九五六年）等。また、日本の地域社会の動向としては、『黒潮を追って』（土佐鰹漁業協同組合　一九七八年）、『波濤を越えて――遠洋漁業六十年のあゆみ――』（室戸岬鰹鮪船主組合　一九七四年）、『かつお・まぐろ漁業の発展と金融・保証』（日本かつお・まぐろ漁業信用基金協会　一九八五年）等も参照。なお、高知県の関係資料等については、かつて高知県信用漁業協同組合連合会に勤務された方より提供を受けた。ここに記してお礼申し上げる。

(37)　北県郷土与社会大系　五　台北県立文化中心出版　一九九五年

(38)「在一九三六（日本昭和十一）年時、澳底尚未修築避風港、但是該処已有舢舨漁船八十三艘、機動漁船五艘、漁産量七九二・一〇〇台斤、其後日人分於一九三八年修建避風港」

(39)　「従卑南渓左岸到新港、大約有十三里（約為五二公里）距離的新港道路（今海岸公路一段）、是由居住在新港支庁下沿岸的八千名阿美族原住民、従日本大正六年（一九一七年）開始著手開鑿、興建期間、替換了三届庁長、直到日本昭和四年（一九二九年）終於完工通車。沿路上、太平洋上掀起的海浪拍打岸辺、車輌馳騁於如磨刀石般平滑的新道路上、来過此地的人、対此都不吝惜給予讃美」。因みに本道路を基礎に新しく開かれた舗装道路を、筆者自身も高知大学大学院黒潮圏海洋科学研究科の調査の折、自動車で走っていただいたことがある。その景観は高知県東部の海浜道路のそれに極めて類似していた。〝黒潮流域圏〟という枠組みを実感した瞬間であった。

(40)　「新港支庁下、主要漁場就是以捕鰹魚為主的都鑾漁場（今都鑾湾）、北側陸地有如巨大・突出的堤防、断然地突出在海面上、正好阻擋了北面・東面的風。都鑾漁場自日本昭和三年起（一九二八年）獲得都鑾青年団（成員皆為阿美族人）的許可、在台東庁水産係的指導下進行漁撈作業；特別的是、従捕撈到鰹魚片的製造、都是阿美族人一手包辦、其産品在日本大阪也受到好評、当地日本人都称讃其産品精緻」（『東台湾展望』「台東庁」「三／跟著黒潮流動」「都鑾魚場」前掲）

(41)　「一八九五年日人侵台、居民陳龍宝氏又報導説：……。日人據台後、亀山島編入台北州宜蘭郡頭囲庄亀山保、設有保正。……当了二十餘年、直到本省光復為止。日人一来、禁止与大陸来往、剪辮子、厳禁纏足、捕魚技術改良、固有宗教活動的取締等一連串的措施、使得亀山島在社会経済上起了甚大的変化。島上原有之戯班終於在六十餘年前停止活動、端午五月節賽龍舟之盛況或其他歳時祭儀一年不如一年。由於捕魚技術改良、人們花在生産活動的時間加多、以致無暇顧及這類活動」

(42)　劉炯錫編著『東台湾原住民民族生態学論文集』（東台湾叢刊之四　東台湾研究会　二〇〇〇年）

(43)　一漁猟空間……宜湾部落居民之海洋捕撈範囲……南起 kihao（三仙台）、北至 carapongngay（界橋）的海湾内、在這海湾由南往北計有 pisirian（白守蓮）・…等部落居民、各部落対漁場的利用並無領域之画分。由海岸線往東、漁猟活動範囲又可分為 hekal（潮間帯）・tiyor（浅藍色海域）・‘elos（深藍色急流海域）。漁猟活動一般只在 ‘elos 内的海域、‘elos 区域的水流終年往北、且水流很急、竹筏很難抵禦水流、可能被流向遙遠的北方（註：此区為黒潮水域、阿美族語意思為急流区）。到 tiyol（r?）区域捕魚須乗竹筏、通常由男人前往（註：此区以沿岸流為主、海域較浅）。在hekal 之捕撈活動不須乗竹筏、靠游泳・退潮時採集即可、婦女常在此採海菜（藻類）及螺貝類等……。

（44）　実際、紅頭嶼（蘭嶼）の雅美族は、漢族文化とも一線を画する歴史をもっていると言われている。註（20）を参照されたい。

（45）　例えば、前稿『台湾海流考』前掲で紹介した清・嘉慶年間『台湾志略』（嘉慶十二・一八〇七年刊本『続修台湾県志』八巻の藍本となったといわれる）の撰者「朝邑郷薦」李元春は、諸々の史書の内容を地理学的に相互に検討した上、「万水朝東」に関する台湾東北端の雞籠山沖説と台湾南端の沙馬磯頭沖説とを一体的に解釈しようとする。中国史における黒潮の認知の独自の過程を具体的に予感させる事例の一つと考える。

（46）　註（1）に紹介した川合英夫著『黒潮遭遇と認知の歴史』第七章「鎖国時代の西洋人による黒潮の認知」、第八章「近代における黒潮の認知」によれば、当該時代のイギリス・ロシア・ドイツ等もまた「落漈」・「尾閭」・「万水朝東」等の外側から〈黒潮〉と交わりながら、東シナ海に入り「探検航海」（海洋調査）を行っていたという。この分野の人文学的研究は、日本では未開拓ではないかと思われ、本書の内容は研究史の考察を含めて、貴重な指針となるであろう。

（追記）　本稿は、高知大学大学院黒潮圏海洋科学研究科（現総合自然科学研究科黒潮圏総合科学専攻）の研究プロジェクト「海洋生態系の解明とその資源の持続的有効利用」の「新海洋秩序の形成へ向けた黒潮圏島嶼諸国の統合的資源管理」（平成十七年度～二十一年度）に参加して得た知見にも多く依拠している。ここに記して高知大学名誉教授　諸岡慶昇先生にお礼を申し上げる。

【地図】

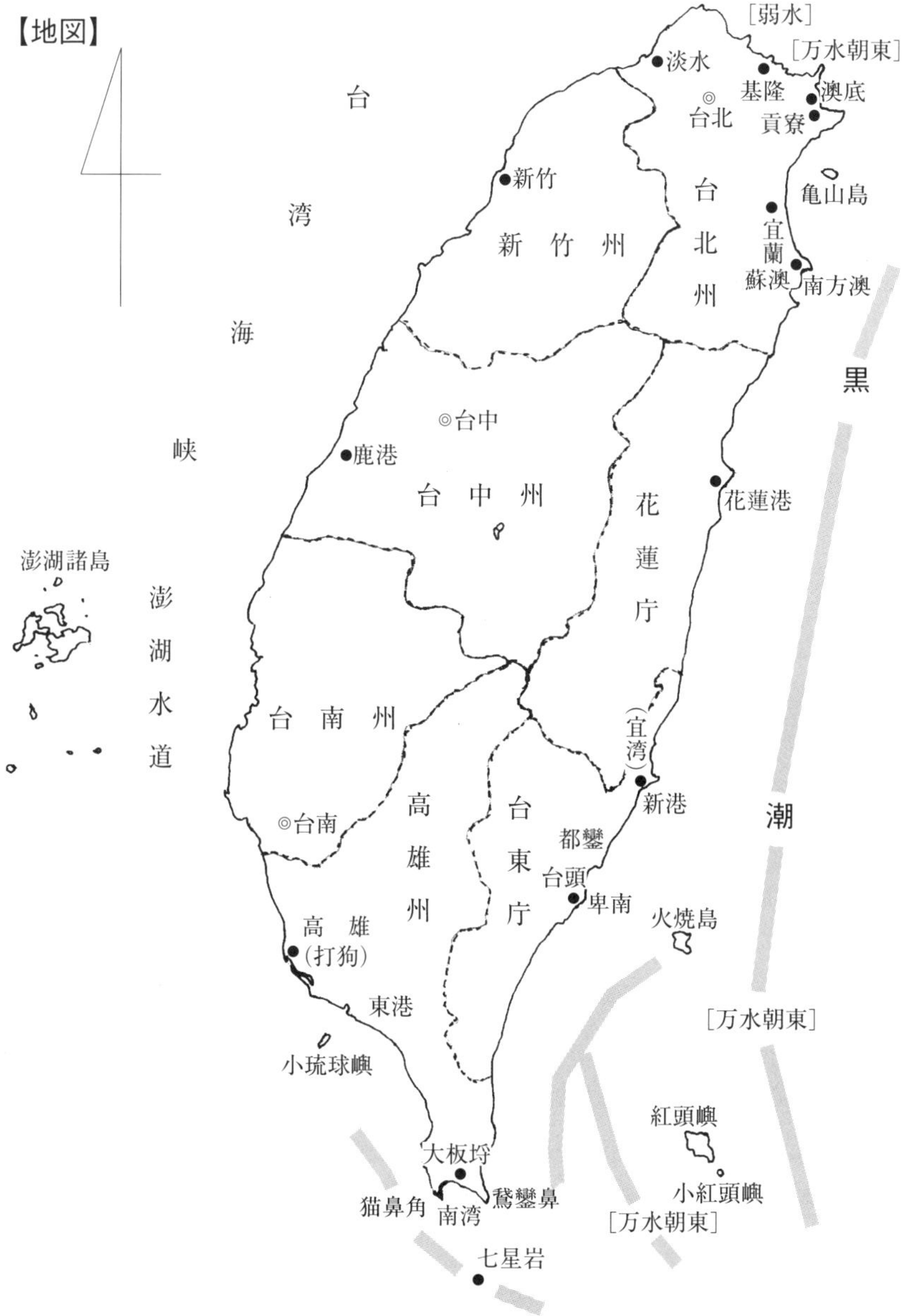

※本図は、『日本地理風俗大系』第15巻「台湾篇」(新光社　1931年) 所収「台湾地方全図」にもとづいて作成した。

あとがき

各執筆者の原稿を確認し、「序文」を書き終えて今改めて思うのは、岡元司という研究者がこの中心にいないという事実である。私自身も含めて本巻発刊のために論文を寄せた者は、殆どすべてが岡先生によって集められた者である。それほど本巻は先生にとって大事な企画であった。

二〇〇九年の五月頃だったと思うが、突然、先生から「『東アジア海域』世界の歴史の特質を環境の視点から論じるような論文集を出しませんか、そのために一緒に編集をやっていただけないか」と言われて非常に驚いた。特定領域科研「東アジアの海域交流と日本伝統文化の形成――寧波を焦点とする学際的創生――」においては、部門の下に置かれた研究班が活動の基幹をなす一方、それらを越えて一つのテーマについてアドホックのようなグループが立ち上がることは聞いていた。岡先生の言によればすでに二、三名とは交渉を終えており、私には主に海域自体について議論を展開できる人選をという話であった。躊躇はあったが、いろいろな理由により、承諾した。

その後確定した執筆陣は、同年十月三日の岡先生の逝去という予想だにしなかった不幸に遇したにも関わらず、一人の辞退者も出すことなく、発刊の日を迎えた。私自身、この日を迎えることができ、ほんとうにうれしく思う。

「にんぷろ」のメンバーからは、「現地調査研究部門」、「文化交流研究部門」を中心とする以下の方々が参加され、本来の班の仕事に並行してこの企画を担当していただいた。

松浦　章……「現地調査研究部門」「海港をとりまく地域社会――「地域」からの日中交流史――」班

山口　聰……「現地調査研究部門」「宋代浙江の茶文化研究――茶の湯文化の源流として」班
吉尾　寛……「現地調査研究部門」「東アジア海域における黒潮圏交流の総合的研究」班
山内晋次……「文化交流研究部門」「十一～十六世紀の東アジア海域と寧波――博多関係」班
八木　光……「文化交流研究部門」「日中交流史における海事・造船技術に関する工学的検討」班

ご覧いただければ分かるように、このメンバーは、各班の固有の活動を行なう中で「環境」への思索を温めてきた研究者である。岡先生がいかに緻密に「にんぷろ」組織の構成員全体の志向に注意をはらっていたかがうかがわれる。

さらに、岡先生からは、『海洋迷思』（江西高校出版社　一九九九年）の著者として知られる中国・厦門大学の黄順力先生に執筆依頼がなされた。（たっての依頼であったと聞いている。因みに、吉尾が初めて黄先生と厦門大学でお会いした直後に、岡先生が亡くなられた。先生のお引き合わせというものであろうか）他方、吉尾からも、同じく、すでに「文献資料研究部門」「日記および文集に見える宋元時代の東アジア交流と両浙地域の社会、経済」班に海外研究協力者として所属し、『燕行録』の研究を進めておられた韓国・東国大学の徐仁範先生にご参加をお願いした。

読者が本巻から少しでも歴史研究の新たな試みを一体的に感じとっていただけることがあれば、その理由は、各執筆者がこれまで岡先生と直接的、間接的に交わした対話の賜とお考えいただきたい。

最後に、岡元司先生が逝去された後もこの企画がなくならず、そのことによって岡先生の重要な遺稿の一つが公表されるにいたったことに対して、改めて「にんぷろ」の領域代表である小島毅先生に心からお礼を申し上げたい。と同時に、本巻発刊には翻訳者のご厚意に多くを負っていることも記しておきたい。黄順力先生の論文は、すでに土居智典先生自身による邦訳文が『東アジア海域交流史現地調査研究～地域・環境・心性～』第四号（二〇〇九年）に掲載されていたが、吉尾より黄先生に追補をお願いして成った新修原稿を土居先生には再度点検・翻訳していただいた。土居智典先生は、「現地調査研究部門」調整班で一貫して翻訳の労をとられており、私にとってはこの間の事情を熟知する土居先生の支援を得られてほんとうにありがたかった。一方、徐仁範先生の論文の翻訳にあたっては、渡昌弘先生にお願いした。先生は、これまで韓国明史学界の著名な論著を複数日本語に翻訳しておられ、私の急で無理な依頼に対してたいへん困惑されたと思われるが、同意していただいた。他に代え難いご支援を頂戴した想いである。

もとより、本巻発刊に際して謝意を表すべき方々は以上にとどまらない。この責は、より多くのご批判を受けるべく、執筆者各位にゆだねることにしたい。そして、私は、今回岡先生から与えられた仕事を一つの節目として、今後さらに「東アジア海域」世界の歴史について考えを進めていきたいと思う。

二〇一一年二月十八日

土佐の地より岡元司先生を偲びつつ　吉尾　寛　識

East Asian Maritime World Series Vol.4

Environment and Culture in the Maritime World

YOSHIO Hiroshi ed.

Contents

Part Three Modern World and Marine Environment

執筆者紹介（掲載順）

岡　元司（おか　もとし）1962年生。元広島大学文学部准教授。2009年10月逝去。「南宋期の地域社会における「友」」（『東洋史研究』61巻2号、2003年）、「宋代における沿海周縁県の文化的成長——温州平陽県を事例として——」（『歴史評論』663号、2005年）、『宋代社会の空間とコミュニケーション』（共編、2006年、汲古書院）、『宋代社会的空間与交流』（共編、2008年、河南大学出版社）、「地域社会史研究」（遠藤隆俊・平田茂樹・浅見洋二編『日本宋史研究の現状と課題』2010年、汲古書院）など。

山口　聰（やまぐち　さとし）1947年生。玉川大学農学部教授。博士（農学）。「照葉樹林文化の一要素としてのチャ利用」（金子努・山口裕文編著『照葉樹林文化論の現代的展開』（北海道大学図書刊行会、2001年）ほか、茶に関する研究成果として、育種選抜技術の改善・ふうしゅん、りょうふう、そうふう、などの実用品種の育成・日本緑茶の起源解明など。

吉尾　寛（よしお　ひろし）1953年生。高知大学人文学部教授。博士（歴史学）。『明末の流賊反乱と地域社会』（汲古書院　2001年）、「内藤湖南の中国共和制論—『支那論』から『新支那論』への道すじを考えつつ」（内藤湖南研究会『内藤湖南の世界（アジア再生の思想）』河合文化教育研究所　2001年）、『台湾海流考——漢籍が表す台湾をめぐる海流と〈黒潮〉遭遇——』（『海南史学』44号、2006年）、「変法派人士の日本亡命中の一齣——東京、高知…『山本憲関係資料』を糸口にして——」（『高知市立自由民権記念館紀要』18、2010年）、‘The Role of Ocean Environment in the History of the East Asian Seas’, Kuroshio Science 4-1, 2010など。

徐　仁範（Seo, In-Beom）1960年生。韓国東国大学文学部副教授。文学博士（日本 東北大学）。訳註『崔溥、漂海録』（ソウル：한길사、2004年）、『東アジア歴史においての韓国と中国』（編著、ソウル：서해문집、2005年）、『中国歴史家たちのモンゴル認識』（ソウル：高句麗研究財団、2006年）、『疏通と交流の場、新義州』（ソウル：혜안、2007年）など。

山内　晋次（やまうち　しんじ）1961年生。神戸女子大学文学部准教授。博士（文学）。『奈良平安期の日本とアジア』（吉川弘文館、2003年）、『海域アジア史研究入門』（共編著、岩波書店、2008年）、『日宋貿易と「硫黄の道」』（山川出版社、2009年）など。

八木　光（やぎ　ひかる）1947年生。東海大学海洋学部教授。博士（工学）。
『イラスト図解　船』(監修、日東書院、2010年)、「APPLICATION AND DEVELOPMENT OF A LARGE DUCTED PROEPELLER FOR A 280,000DWT TANKER THORSAGA」(共著、Transactions of the Society of Naval Architects and Marine Engineers 1974年)、「船体一体型ダクトプロペラ付き船型の抵抗推進特性に関する研究」（大阪大学学位論文、1993年)、「沖縄進貢船の船型と抵抗性能」（日本船舶海洋工学会講演会論文集、2006年)、「船体形状復元法に関する基礎研究——多点レーザー照射システムの適用と精度評価——」（共著、『海—自然と文化』東海大学紀要海洋学部 Vol.5 No.1 2007年）など。

松浦　章（まつうら　あきら）1947年生。関西大学東西学術研究所所長、関西大学文学部教授。文学博士（関西大学)。『清代海外貿易史の研究』（朋友書店、2002年)、『清代上海沙船航運業史の研究』（関西大学出版部、2004年)、『近代日本中国台湾航路の研究』(清文堂出版社、2005年)、『江戸時代唐船による日中文化交流』（思文閣出版、2007年)、『東アジア海域の海賊と琉球』（榕樹書林、2008年)、『清代帆船沿海航運史の研究』（関西大学出版部、2010年)、『近世東アジア海域の文化交渉』（思文閣出版、2010年）など。

黄　順力（こう　じゅんりき）1953年生。中国厦門大学歴史系教授。博士（歴史学)。福建省歴史学会秘書長、福建省林則徐研究会副会長。台湾政治大学、米国シアトル・ワシントン大学、日本創価大学客員教授等。主要著書『海洋迷思——中国海洋観的伝統変遷』（江西高校出版社、1999年)、『中国近代思想文化史探論』（岳麓書社、2005年)、『従林則徐到毛沢東——中国人的百年救国路』（河南人民出版社、1993年）など。

＊　＊　＊

渡　昌弘（わたり　まさひろ）1956年生。人間環境大学人間環境学部教授。『明代社会経済史研究——紳士層の形成とその社会経済的役割』（翻訳書、汲古書院、1990年)、『明代政治史研究——科道官の言官的機能』（翻訳書、汲古書院、2003年)、「明代生員の徭役優免特権をめぐって」（『東方学』97輯、1999年)、「明代中期の国子監官と監生につ

いて」(『歴史研究』54・55合併号、2009年）など。

土居　智典（どい　とものり）1973年生。長崎外国語大学准教授。博士（文学)。「清末湖南省の省財政形成と紳士層」(『史学研究』227号、2000年)、「清代財政監査制度の研究――交代制度を中心として――」(『史学研究』247号、2005年)、「从田賦地丁看晩清奏銷制度」(『北大史学』〔北京大学歴史系〕11輯、2005年)、「清末度支部金銀庫の収支に対する一考察」(『現代中国研究』20号、2007年）など。

東アジア海域叢書4

海域世界の環境と文化

平成二十三年三月二十三日発行

監修 小島 毅
編者 吉尾 寛
発行者 石坂 叡志
発行所 株式会社 汲古書院
〒102-0072 東京都千代田区飯田橋二-五-四
電話〇三-三二六五-九七六四
FAX〇三-三二二二-一八四五

富士リプロ㈱

ISBN978-4-7629-2944-1 C3300

――東アジア海域叢書　監修のご挨拶――

にんぷろ領域代表　小島　毅

この叢書は共同研究の成果を公刊したものである。文部科学省科学研究費補助金特定領域研究として、平成十七年（二〇〇五）から五年間、「東アジアの海域交流と日本伝統文化の形成――寧波を焦点とする学際的創生」と銘打ったプロジェクトが行われた。正式な略称は「東アジア海域交流」であったが、愛称「寧波プロジェクト」、さらに簡潔に「にんぷろ」の名で呼ばれたものである。

「東アジアの海域交流」とは、実は「日本伝統文化の形成」の謂いにほかならない。日本一国史観の桎梏から自由な立場に身を置いて、海を通じてつながる東アジア世界の姿を明らかにしていくことが目指された。

同様の共同研究は従来もいくつかなされてきたが、にんぷろの特徴は、その学際性と地域性にある。すなわち、東洋史・日本史はもとより、思想・文学・美術・芸能・科学等についての歴史的な研究や、建築学・造船学・植物学といった自然科学系の専門家もまじえて、総合的に交流の諸相を明らかにした。また、それを寧波という、歴史的に日本と深い関わりを持つ都市とその周辺地域に注目することで、「大陸と列島」という俯瞰図ではなく、点と点をつなぐ数多くの線を具体的に解明してきたのである。

「東アジア海域叢書」は、にんぷろの成果の一部として、それぞれの具体的な研究テーマを扱う諸論文を集めたものである。斯界の研究蓄積のうえに立って、さらに大きな一歩を進めたものであると自負している。この成果を活用して、より広くより深い研究の進展が望まれる。

東アジア海域叢書　全二十巻

○にんぷろ「東アジアの海域交流と日本伝統文化の形成――寧波を焦点とする学際的創生――」は、二〇〇五年度から〇九年度の五年間にわたり、さまざまな分野の研究者が三十四のテーマ別の研究班を組織し、成果を報告してきました。今回、その成果が更に広い分野に深く活用されることを願って、二十巻の専門的な論文群による叢書とし、世に送ります。

【題目一覧】

1	近世の海域世界と地方統治	山本英史 編	二〇一〇年十月	刊行
2	海域交流と政治権力の対応	井上　徹 編	二〇一一年二月	刊行
3	小説・芸能から見た海域交流	勝山　稔 編	二〇一〇年十二月	刊行
4	海域世界の環境と文化	吉尾　寛 編	二〇一一年三月	刊行
5	江戸儒学の中庸注釈と海域世界	市来津由彦・中村春作・田尻祐一郎・前田　勉 編	二〇一一年五月	刊行予定
6	碑と地方志のアーカイブズを探る	須江　隆 編	二〇一一年七月	刊行予定
7	外交史料から十～十四世紀を探る	平田茂樹・遠藤隆俊 編	以下続刊	
8	浙江の茶文化を学際的に探る	高橋忠彦 編		
9	寧波の水利と人びとの生活	松田吉郎 編		

10 寧波と宋風石造文化　山川　均　編
11 寧波と博多を往来する人と物　伊藤幸司・中島楽章　編
12 蒼海に響きあう祈りの諸相　藤田　明良　編
13 蒼海に交わされる詩文　堀川貴司・浅見洋二　編
14 中近世の朝鮮半島と海域交流　森平　雅彦　編
15 中世日本の王権と禅・宋学　小島　毅　編
16 平泉文化の国際性と地域性　藪　敏裕　編
17 儒仏道三教の交響と日本文化　横手　裕　編
18 明清楽の伝来と受容　加藤　徹　編
19 聖地寧波の仏教美術　井手　誠之輔　編
20 大宋諸山図・五山十刹図　注解　藤井　恵介　編

▼Ａ５判上製箱入り／平均３５０頁／予価各７３５０円／二〇一〇年十月より毎月～隔月刊行予定
※タイトルは変更になることがあります。二〇一一年三月現在の予定

編者のことば

本書は、日本江戸期の中庸注釈を中心として、四書の学とその注釈学を東アジア海域文化交流の展開の中に位置づけ、東アジア近世儒学を捉える視座を革新しようとするものである。

第一部は、四書注釈の特質とその意義を、それがもと生まれた中国を中心化した視座からではなく、中国、朝鮮、琉球、江戸期日本の、相関する東アジア海域文化の全体的展開という視座から論じる。二〇〇八年一二月に大阪大学で開催した国際シンポジウム「東アジアにおける近世の『知』と四書注釈」の論議を発展させたものである。

第二部は、江戸期の代表的な中庸注釈もしくは中庸論について、第一部の論議の成果を取り込みつつ個別に論じる。各書物や議論の内容や論点のポイントを読者に精確に伝えるように配慮し、研究の基礎解説として使用できるように論述した。

市來津由彦・中村春作
田尻祐一郎・前田勉　編

江戸儒学の中庸注釈と海域世界

東アジア海域叢書5

編者のことば

本書では、東アジア海域交流において、日本への学術等の発信の窓口となっていた、中国側の寧波とその周辺地域に着目し、そこに記録として残されてきた石刻や地方志の、史料としての特質や価値、可能性を検討する。そしてそうした史料性を踏まえた上で、これらの史料から如何なる地域性や歴史性に関わる新知見が得られ、それら保存記録の利用によりどのような新たな研究の可能性が生まれるのかを、研究環境を異にする各国の研究者から、また比較史的視点をもった研究者からも提言してもらおうというのが、本巻の試みである。

編者の企画によって、二〇〇九年一月に東京大学で開催した国際シンポジウム「寧波とその周辺―地方文献に見える史料性・地域性・歴史性―」での議論を基調としつつ、にんぷろで組織された地方志・碑記班がその他の国際会議等で学術交流を行った海外の研究者の成果をも積極的に盛り込み、国際的かつ比較史的な視点から、寧波とその周辺地域の唐末・五代・宋・元・明・清にわたる歴史的特質の解明を期したものである。

須江　隆　編

碑《いしぶみ》と地方志のアーカイブズを探る

東アジア海域叢書6

編者　須江　隆